Freedom without Justice: What Constitutes Law, Liberty, and Justice?

정의가 없는 자유:

법, 자유, 정의란 무엇인가?

저자 전형준 · 이현정

SAMWONSA 삼원사

서 론: 자유의 오독과 정의의 실종

영화의 한 장면이 던지는 질문: 자유를 법으로 견디는 힘

1950년대 후반, 동서 냉전의 열기가 극한으로 치닫던 미국. 소련 스파이가 체포되자 국가는 체제의 우월성을 증명하듯 "적국의 스파이에게도 방어권이 있다"는 원칙을 확인하고, 형사사건 경험이 거의 없는 보험 전문 변호사를 대리인으로 세운다. 곧이어 정보기관은 국가 안보를 이유로 피고인에게서 얻은 정보를 제출하라 압박하지만, 변호사는 변호사-의뢰인 비밀유지의무를 내세워 단호히 거부한다. 그때 그는 이렇게 되묻는다.

"우리를 미국인으로 만드는 것은 결국 같은 법에 '동의하고, 그 법을 지키는' 일 아닙니까." (영화 「스파이 브릿지(Bridge of Spies, 2015)」의 한 장면)

영화적 과장이 일부 섞여 있다 해도 이 장면은 자유의 실천이 법의 형식과 절차 위에서만 온전해질 수 있음을 정확히 포착한다. 자유가 '감정', '일방적 주장'이나 '다수의 분노'에 기대 순식간에 방향을 바꾸는 순간, 법의 일반성·예측가능성·절차적 정당성은 무너지고, 정의는 그 잔해 속에서 가장 먼저 실종된다. 냉전기의 위협은 오늘의 그것과 비교할 수 없을 만큼 거대했지만, 그럼에도 공동체는 법의 보편 규범적 성격을 스스로에 대한 구속으로 받아들였다. 바로 그 자기구속이 자유를 방종으로, 안보를 만능 명분으로 타락시키지 않게 한 최소한의 장치였다.

오늘의 우리는 종종 자유를 '개인의 욕구를 방해받지 않는 상태'로 협소화하며, 법을 '상황과 편의, 구성원의 동의에 따라 유연하게 바꿀 수 있는 장치'로 오해한다. 그러나 자유가 법을 가볍게 건너뛰는 순간, 자유는 가장 약한 곳에서부터 폭력이 된다. 법은 다수의 일시적 열정, 특정 진영의 정치적 주장, 급변하는 정세에 따라 달리 적용될 수 있는 통행증이 아니다. 법이 스스로를 지키는 힘이 약해질수록, 정의는 구호로만 남는다. 신자유주의적 효율과 선택의 논리가 길게 드리운 그늘 속에서 우리가 체감하는 '암흑'의 정체는, 바로 이 최소한의 법적 자기구속의 붕괴다. 이 책은 그 붕괴의 실제를 추적하며, 자유가 다시 정의와 재결합하도록 - 즉 자유가 법을 통해 '견디는' 공동체의 조건을 복원하도록 - 독자와 함께 논증해갈 것이다.

자유 담론의 편중 현상은 단순한 사상적 경향을 넘어 실질적인 사회적 비대칭성을 야기한다. 오늘날 지배적인 담론 환경은 개인의 자율성 보장이라는 자유주의의 긍정적 기여를 넘어섰다. 즉, 공동체적 책임과 규범적 정의에 대한 논의를 주변화하는 결과를 초래했다. 특히 상호 존중이라는 명분 아래 비판적 토론의 회피가 일반화되면서, 오류를 포함한 견해나 부당한 행위에 대한 건전하고 학술적인 논쟁의 장이 사라지고 있다. 이는 자유 개념이 오용되어 비판적 성찰 기능을 마비시키는 현상으로 이어진다.

이러한 현상의 근저에는 자유주의의 내재적 한계를 간과하는 태도가 자리 잡고 있다. 자유주의가 인간의 존엄과 권리를 보호하는 데 필수적인 사상임은 분명하나, 자유의 추구가 반드시 정의로운 결과를 보장하지 않는다는 점을 직시해야 한다. 개인이 '타인에게 피해를 주지 않는 한 무엇이든 할 자유'를 주장할 때, 종종 구조적 불평등이나 약자의 비자발적 희생을 야기하는 거시적인 사회 정의의 문제가 간과된다.

자유가 공정성(Fairness)과 형평성(Equity)의 제약 없이 남용될 때, 이는 강자의 무질서를 합리화하고 권력의 비대칭적 행사를 묵인하는 기제로 작동할 수 있다. 이에 대해 존 롤즈(John Rawls)는 정의의 우선성(Priority of Justice)을 천명함으로써 자유주의 내부의 한계를 비판적으로 조명했다. 롤즈가 제시한 정의의 제1원칙은 각자가 평등한 기본적 자유를 가질 권리를 명시하며, 이 자유는 다수의 더 큰 이득을 위해 소수의 기본적인 자유와 권리를 침해하거나 희생시키는 것을 절대적으로 부정한다. 롤즈의 관점은 공리주의적 계산에 의한 소수 희생의 정당화를 단호히 거부하며, 사회적 편익 증진이 개인의 근본적 권리보다 우위에 설 수 없음을 이론적으로 확립했다. 그럼에도 불구하고 현 사회 담론은 '자유'의 수호라는 명분 아래 이러한 롤즈적 정의의 원칙을 위반하며 약자의 희생과 불평등을 합리화하는 오류를 범하고 있지 않은지 깊이 성찰해야 한다. 결국 자유 담론의 과도한 편향성은 본질적으로 정의의 우선성 원칙을 침해하며 규범적 담론의 토대를 약화시키고 있다.

자유주의 전통과 현대의 딜레마

현대 한국 사회의 자유 담론은 서구로부터 수입된 자유주의 이념과 제도 위에서 전개되었다. 그러나 이론과 제도적 실천 사이에는 구조적 괴리가 존재해 왔다. 서구의 자유주의를 제도 이식하는 과정에서, 원래 사상이 지닌 맥락과 정의의 요소가 충분히 전달되지 못한 측면이 있다. 그 결과 자유주의 이념은 표면적으로 수용되었지만, 정치문화와 현실에서는 왜곡된 형태로 나타나곤 했다. 예컨대 식민지배와 냉전이라는 특수한 역사 속에서 한국의 자유 담론은 종종 이념 대립의 도구가 되었다. 진영 논리 속에서 자유의 개념이 남용되거나 편향되면서, 자유주의가 지향했던 보편적 정의와 인권의 가치는 희석되기 일쑤였다. 이러한 역사적 맥락이 바로 오늘날 자유의 오독을 낳은 한 배경이라 할 수 있다.

이처럼 자유주의 전통이 제대로 이해되지 못한 현실을 극복하려면, 자유주의 사상이 원래 지니고 있던 균형 감각을 재발견해야 한다. 자유주의의 거장들 역시 자유와 다른 가치의 조화를 끊임없이 모색해왔다. 실제로 이사야 벌린과 같은 사상가는 진정한 자유가 때로 평등이나 정의와 충돌할 수 있음을 지적하며, 사회적 약자를 보호하고 정의를 실현하기 위해서는 경우에 따라 자유를 제한할 필요도 있다고 강조한다. 자유만이 유일최고의 선이 아니며, 공공 질서나 안전, 그리고 무엇보다 정의와 평등 같은 가치들과 균형을 이루어야 한다는 통찰이다. 마찬가지로 롤즈 역시 자유와 평등의 조화를 위해 정의로운 사회의 원리를 제시했고, 어떤 경우에도 기본적 자유만큼은 침해될 수 없다고 역설했다. 요컨대 자유주의 전통 내부에도 자유와 정의의 재균형을 모색하는 노력은 꾸준히 존재해왔던 것이다.

그렇지만 현실 정치에서는 이런 이론적 균형이 잘 구현되지 않았다. 법과 제도를 통해 정의를 보장하면서도 자유를 존중하는 일은 말처럼 쉽지 않다. 때로는 절차적 정당성만 강조되고 실질적 정의는 놓치기도 하며, 중립적 공론장을 지향하다가 도리어 공허한 논의에 그치는 경우도 있다. 예를 들어, 롤즈가 제시한 '공적 이성'과 '중첩적 합의' 같은 개념들은 다원화된 현대 사회에서 정치적 안정을 위한 방안이지만, 실제 현실에 적용할 때는 포용과 배제의 딜레마에 부딪친다. 누구까지 포용해야 하고, 어디서 관용의 한계를 그어야 하는지 쉽지 않은 문제이다. 또한 디지털 미디어 시대에 공론장의 성격이 급변하면서, 전통적인 공적 이성의 역할도 재구성될 필요에 처해 있다.

이처럼 정치적 자유주의를 현실에 구현하는 과정에서 나타나는 이론적 긴장도 현대 자유 담론의 중요한 딜레마이다. 나아가 21세기에 접어들어 자유주의 자체가 위기에 직면했다는 진단도 나온다. 일부 학자들은 현대 자유주의가 자기모순에 빠져 정당성의 위기를 겪고 있다고 지적한다. 무한한 도구적 이성에 의존한 결과 공동체의 가치 기반이 허약해지고, 절차만 중시하는 정의관이 시민들의 정서적 동의를 얻지 못한다는 것이다.

실제로 하버마스는 시장과 관료제 같은 '체계의 논리'가 생활세계 깊숙이 파고들면서, 사람들 사이의 의사소통적 합리성이 훼손되고 삶의 세계가 물화(物化)된다고 비판한다. 이는 곧 시민 공동체의 도덕적 기반이 잠식되고 있다는 경고이기도 하다. 다시 말해 자유주의적 개인주의와 시장 논리의 팽창이 공동체의 연대와 정의를 위협하는 21세기의 위기를 초래하고 있는 것이다. 이러한 문제들을 직시하면서, 우리는 이제 '정의 없는 자유'의 위험성을 진지하게 성찰해야 한다.

이 책의 목표와 구성

이 책은 현대 사회에서 자유의 본질을 다시 탐구하고, 왜 정의에 대한 담론이 실종되었는지를 역사적으로 분석함으로써, 자유와 정의의 올바른 균형점을 모색하고자 한다. 또한 이 책은 철학과 법학, 정치학의 경계를 넘나들며 교양 독자들을 위한 학술 에세이 형식으로 쓰였다. 어렵고 전문적인 이론을 풀어 설명하면서도 핵심 쟁점에 대해서는 가감 없이 문제 제기를 하고자 노력했다. 목표는 분명하다. 자유주의에 대한 오해를 바로잡고, 자유와 정의가 어떻게 조화를 이루어야 하는지 함께 고민해보자는 것이다. 이를 위해 이 책은 크게 세 부분으로 구성되어 있다:

제1부 - 정의가 없는 자유: 먼저 1부에서는 자유주의 이론과 제도적 실천의 괴리를 짚어본다. 한국 사회가 서구 자유주의를 받아들이는 과정에서 어떤 왜곡이 있었는지, 법과 제도의 이식은 어떻게 의미의 변질을 가져왔는지 살펴본다. 이어서 자유주의 전통 속에 내재된 자유와 정의의 균형 감각을 재조명한다. 이를 위해 존 롤즈의 정의론이 제시하는 자유와 평등의 통합을 검토하고, 공화주의에서 말하는 비지배로써의 자유 개념도 탐구한다. 나아가 자유주의와 공화주의 사상이 규범적으로 수렴되는 지점을 찾아봄으로써, 자유와 정의를 함께 구현할 수 있는 이론적 쇄신의 방향을 모색한다. 마지막으로 정치적 자유주의의 현대적 전개 과정을 살펴보며, 공적 이성의 제도화, 중첩적 합의의 조건, 포용과 배제의 딜레마 등 현실 정치에서 부딪히는 긴장 요소들을 분석한다. 1부의 여정은 자유주의 전통을 비판적으로 재검토하여, 왜 우리가 자유의 이면에 있는 정의를 놓치게 되었는가에 대한 역사적 통찰을 제공할 것이다.

제2부 - 자유: 간섭 없는 삶에서 자기 실현으로: 2부에서는 자유 개념 자체를 철학적으로 파고든다. 우선 자유의 두 얼굴, 즉 소극적 자유(negative liberty)와 적극적 자유(positive liberty)의 개념을 살펴보고 그 이론적 기초를 설명한다. 고대부터 근대에 이르는 자유 개념의 발전을 더듬어보고, 자유의 철학적 심화 과정에서 나타난 쟁점들을 이야기한다. 특히 '간섭 없는 삶'으로서의 소극적 자유와 '자기 실현'으로서의 적극적 자유가 갖는 장점과 한계를 비교한다. 이러한 철학적 논의를 토대로 자유의 한계는 어디에 두어야 하는가라는 규범적 기준도 제시한다.

이어지는 장들에서는 법과 정책의 현실 속에서 자유 개념이 어떻게 적용되었는지 구체적으로 다룬다. 예컨대 미국 연방대법원의 로크너 판결(Lochner v. New York, 198 U.S. 45, 1905)을 통해 소극적 자유(계약의 자유)를 지나치게 절대시 했을 때 어떤 사회적 모순이 발생하는지 살펴본다. 20세기 초 미국에서 자유방임적 자본주의 하에 노동자 보호법이 자유 침해라는 이유로 무효화되던 로크너 시대의 사례는 자유의 오남용이 어떻게 사회 정의의 침해로 이어지는지 잘 보여준다. 이어서 네비아 판결(Nebbia v. New York, 291U.S. 502, 1934)과 웨스트 코스트 호텔 판결(West Coast Hotel v. Parrish, 300U.S.379, 1937)을 통해 미국 헌법 질서가 로크너 시대를 마감하고 헌법적 패러다임 전환을 이룬 과정을 소개한다. 이는 자유의 절대화에서 공공의 복지로 무게추를 이동시킨 역사적 전환이었다. 또한 캐롤린 프로덕츠 판결(United States v. Carolene Products Co., 304U.S. 144, 1938)로 대표되는 차등적 헌법심사 체계의 확립을 다루어, 현대 헌법에서 자유와 정의(혹은 공익)의 균형을 어떻게 제도화했는지 설명한다.

한편, 적극적 자유의 측면에서는 자유를 실질적 권리로 보장하려는 노력과 그 위험성에 대해 논의한다. 남아프리카 공화국의 *Grootboom* (Government of the Republic of South Africa v. Grootboom, 2000)과 TAC 판결(Minister of Health v. Treatment Action Campaign, 2002)을 통해, 헌법이 주거권이나 보건권처럼 사회적 기본권을 적극적으로 보장하려 할 때 나타나는 성과와 한계를 살펴본다. 독일 연방헌법재판소의 인간다운 최소한의 생계 보장 권리 판례나 유럽인권재판소의 Airey 판결, Osman 판결 등도 검토한다. 이를 통해 적극적 자유관이 가져온 복지국가적 성취와 동시에 내재된 위험 - 가령 국가에 의한 과도한 간섭이나 비용 문제, 행정력의 한계 - 등을 짚어볼 것이다. 2부는 궁극적으로 '진정한 자유란 무엇인가'에 대한 철학적 사색을 풍부한 사례와 함께 제공함으로써 독자들이 자유의 여러 측면을 입체적으로 이해하도록 도울 것이다.

제3부 - 법: 마지막 3부에서는 논의를 법철학의 영역으로 확장한다. 여기서는 법의 근본적 본질이 무엇인지, 법과 정의(도덕)의 관계는 어떠해야 하는지를 탐구한다. 먼저 법철학의 고전적 물음들 - "법이란 무엇인가", "악법도 법인가" - 에 대해 살펴보고, 이에 답하려 했던 자연법론과 법실증주의 전통을 소개한다. 리그즈 대 팔머 사건(Riggs v. Palmer, 115 N.Y. 506, 1889)이나 베를린 장벽 경비병 사건(독일 통일 후)이 던진 딜레마를 통해 법의 형식적 합리성과 도덕적 정당성 사이의 갈등을 현실 사례로 살펴본다. 또한 독일 항공보안법 사건 판결을 사례로, 현대 헌법재판에서 자연법적 가치(인간의 존엄 등)가 어떻게 법해석에 영향을 미치는지 분석한다. 이는 국가 안보와 개인의 자유가 충돌할 때 법이 어떤 기준으로 판단해야 하는가라는 어려운 물음을 제기한다. 더불어 영국의 Belmarsh 구금 사건(A and Others v. Secretary of State for the Home Department, 2004) 등을 통해, 위기 상황에서 법치와 인권의 긴장을 살펴본다. 이러한 사례 연구를 바탕으로, 법과 도덕의 관계에 대한 이론적 논쟁도 다룬다. 풀러의 '내재적 법도덕' 이론이나 드워킨의 논의처럼, "악법은 과연 법이 아닌가"라는 문제를 놓고 법실증주의에 도전한 사상들을 검토한다. 동시에 레즈 그린이나 라드브루흐, 로버트 알렉시 등의 법철학자들이 제시한 법과 정의의 불가분성에 대한 통찰도 살펴본다. 3부의 논의는 결국 자유주의 법질서가 정의의 원칙과 어떻게 조화를 이뤄야 하는지, 그리고 도덕을 배제한 법이 얼마나 위험한 결과를 낳을 수 있는지를 성찰하게 해줄 것이다.

이렇듯 이 책은 철학적 탐구와 현실 사례 분석을 통해 현대사회에 만연한 '정의 없는 자유'의 문제를 다각도로 조명하려 한다. 저자들은 이 책을 집필하면서 하나의 확신을 갖게 되었다. 그것은 자유와 정의는 결코 대립되는 개념이 아니라는 것, 그리고 정의 없는 자유는 결국 진정한 자유도 아니다라는 점이다. 자유는 방종과 다르며, 정의는 자유를 억압하는 족쇄가 아니다. 오히려 정의로운 질서 속에서만 개인의 참된 자유도 꽃피울 수 있다. 부디 이 책이 독자 여러분께 자유의 본질을 성찰하고 정의의 의미를 재발견하는 작은 계기가 되기를 바란다. 자유에 대한 심층적 이해를 통해 우리는 비로소 법과 제도를 바로 세우고 정의로운 사회로 나아갈 비전을 얻을 수 있을 것이다. 오늘날의 혼란스러운 자유 담론을 넘어 자유와 정의가 조화된 공동체를 꿈꾸며 이 책의 서문을 마친다.

2025년 12월 독일 Erlangen연구실에서 전형준, 이현정

목차

제5장 적극적 자유의 철학적 구조와 내재적 한계

제3부 법

제6장 법의 본질과 이론적 기초

제7장 이론과 현실의 충돌 - 판례와 현대적 쟁점

제8장 법과 도덕의 관계

정의가 없는 자유:

법, 자유, 정의란 무엇인가?

제1부 정의가 없는 자유

제1장 제도 이식으로서의 자유주의 오독

1. 자유주의의 해석적 정치: 보편적 원리와 제도적 실천의 변증법적 긴장

현대 정치이론에서 자유주의의 핵심 딜레마는 보편적 원리와 특수한 맥락 사이의 긴장에 있다. 존 롤즈(John Rawls)가 『정의론』에서 '정의는 사회 제도의 제1덕목이며, 진리가 사상 체계의 제1덕목인 것과 같다'고 말할 때 그는 자유주의가 추상적 이념의 선언이 아니라 제도라는 구체적 장치를 통해 현실화되어야 함을 지적한 것이다. 그러나 제도화의 과정은 항상 마찰을 동반한다. 동일한 원칙이 다른 역사적 경험과 문화적 관습, 경제 구조 속에 이식될 때 자유주의의 핵심 가치들 사이에 예기치 않은 불균형이 발생하기 쉽다. 이는 자유주의가 단순한 기술적 장치의 묶음이 아니라 인간의 존엄과 자율, 상호성에 관한 일정한 가치 체계와 생활 양식을 전제로 하기 때문이다. 따라서 자유주의의 성패는 원리의 순도를 지키는 일과 맥락에 맞춘 설계를 조화시키는 능력에 달려 있다.

자유주의가 단일한 교설(doctrine)이 아니라 사상적 가족을 이룬 전통이라는 점도 문제를 복잡하게 만든다. 이사야 벌린(Isaiah Berlin)이 구분한 소극적 자유와 적극적 자유는 서로 다른 인간관과 사회관을 전제하며, 이 차이는 제도 설계의 방향을 근본적으로 달리한다. 소극적 자유는 타인의 간섭이 부재한 영역을 지키는 데 초점을 두며, 이는 고전적 재산권 보호, 계약의 자유, 규제 완화와 같은 제도적 형태로 구체화된다. 반면 적극적 자유는 스스로의 삶의 주인이 되고자 하는 능력과 자기통제를 강조하며, 이는 사회권 보장, 교육과 의료에 대한 공적 개입, 노동 보호 제도 등으로 번역된다. 이 둘 사이의 긴장은 단순한 철학적 논쟁에 머물지 않는다. 표현과 사생활의 보호를 어디까지 확장할지, 교육과 복지와 노동의 제도를 어떻게 설계할지, 정치 참여의 문턱을 어떻게 낮출지 같은 문제에서 구체적 선택으로 드러난다. 자유의 의미를 어떻게 해석하느냐에 따라 제도의 방향과 우선순위가 달라지며, 그 결과는 다시 시민의 자유 경험을 재구성한다. 이런 상호작용 속에서 자유주의는 원리와 제도의 선순환을 만들기도 하고 반대로 경직된 교리나 표피적 모방에 갇히기도 한다.

자유와 정의의 관계는 표면적으로는 조화를 전제하는 것처럼 보이지만, 실제로는 서로의 정당화 조건을 끊임없이 문제화하는 해석적 긴장의 장을 형성한다. 로널드 드워킨(Ronald Dworkin)이 말하는 권리를 진지하게 받아들인다는 것은 국가 권력이 행사하는 모든 정치적 결정이 각 개인의 삶에 미치는 효과를 동등한 존중과 배려의 관점에서 평가해야 한다는 것을 뜻한다. 이때 권리는 단순한 정책 목표나 효용 극대화의 수단이 아니라 다수결이나 공익의 이름으로도 쉽게 침해될 수 없는 우선적 고려 사유로 기능한다. 그러나 이러한 권리의 우선성 테제는 즉각적인 난점에 봉착한다. 서로 다른 권리들, 예컨대 표현의 자유와 혐오표현으로부터의 보호, 재산권과 사회적 기본권, 종교의 자유와 차별금지 원칙 등은 상호 충돌할 수밖에 없으며, 단일한 우선순위 규칙으로는 이 긴장을 일괄적으로 해소하기 어렵다. 드워킨 자신도 권리 충돌 상황에서 어떤 권리가 우선하는지를 판단하기 위해서는 각 권리의 기저에 있는 평등한 존중과 배려의 원칙으로 되돌아가 해석적 논증을 수행해야 한다고 본다. 이는 권리론이 자기완결적 체계가 아니라 지속적인 도덕적·법적 해석을 요구하는 열린 구조임을 시사한다.

따라서 권리 충돌 상황에서 요구되는 균형과 조정은 단순히 중간 지점을 찾는 타협의 기술이 아니다. 그것은 각 권리가 지니는 규범적 무게와 그 침해가 초래할 도덕적 손실을 논증을 통해 정교하게 평가하는 해석적 작업에 가깝다. 예를 들어 표현의 자유와 혐오표현 규제 사이의 긴장을 다룰 때, 단순히 양자 사이의 수량적 균형을 모색하는 것이 아니라, 표현의 자유가 보호하고자 하는 자율성과 공적 토론의 가치 그리고 혐오표현이 특정 집단에게 가하는 존엄성 훼손과 민주적 참여의 배제 효과를 각각 그 구조와 맥락 속에서 검토해야 한다. 이 과정에서 우리는 혐오표현이 단순히 불쾌한 발언이 아니라 체계적 차별 구조를 강화하고 피해 집단의 사회적 지위를 열등화하는 구조적 효과를 지닌다는 캐서린 맥키넌(Catharine MacKinnon)과 제레미 월드론(Jeremy Waldron)의 통찰을 고려해야 하지만, 동시에 표현 규제가 국가 권력의 검열로 전환될 위험, 특히 정치적 반대 의견에 대한 억압 수단으로 악용될 가능성 역시 무시할 수 없다. 이처럼 권리 충돌을 둘러싼 논의는 필연적으로 법적·도덕적 해석의 문제이며, 자유와 정의의 관계는 추상적 이념의 병치가 아니라 해석과 판단의 구조 속에서만 구체적 의미를 드러낸다.

그렇다고 해서 이러한 해석 작업이 순수한 이론 공간에서만 이루어질 수 있는 것은 아니다. 무엇을 기본적 자유로 간주할 것인지, 어떤 유형의 행위 제한이 공공질서나 타인의 권리 보호를 이유로 정당화될 수 있는지, 또한 사회경제적 불평등을 어떤 조건 아래 허용하고 어떠한 기준과 절차에 따라 시정할 것인지는 모두 특정 사회가 지닌 제도적 역량과 역사적 경험 그리고 시민들 사이의 상호 신뢰 수준에 강하게 의존한다. 이는 단순히 맥락이 중요하다는 상투적 주장이 아니라 규범적 원칙의 실현 가능성 자체가 제도적 조건에 의해 구성된다는 보다 근본적인 문제를 제기한다. 제도는 원리를 단순히 적용하는 장치가 아니라 원리의 의미를 구성하고 발명하는 장소이다. 사법적 심사(judicial review)라는 제도를 예로 들면, 이는 단순한 법 집행 절차가 아니라 헌법적 자유의 의미를 끊임없이 재정의하는 실천적 행위이다. 법원이 표현의 자유의 범위를 판단하고, 평등권의 적용 영역을 확장하며, 사생활 보호의 새로운 차원을 인정하는 과정은 추상적 권리 조항에 구체적 내용을 부여하는 동시에 그 권리의 규범적 의미 자체를 변화시킨다. 이처럼 제도적 실천은 원리를 현실에 번역하는 일방적 과정이 아니라 원리와 실천이 서로를 구성하는 변증법적 순환(dialectical cycle) 속에 놓여 있다.

예를 들어, 실질적 법치가 확보되어 있지 않거나 행정 능력이 취약한 사회에서는, 자유 제한을 수반하는 복잡한 규제나 정교한 재분배 제도를 설계하더라도 그 집행의 공정성이 담보되기 어렵고, 그 결과 제도는 선언적 수준에 머물거나 오히려 자의적 권력 행사의 도구로 전락할 가능성이 크다. 한국 현대사에서 경제개발 시기 노동권과 정치적 자유의 제한이 경제성장이라는 명목으로 정당화되었으나, 실제로는 권위주의 체제의 지배를 공고화하는 수단으로 기능했던 사례는 이러한 위험을 잘 보여준다. 자유 제한의 명분이 아무리 그럴듯해 보여도, 그것을 집행하는 권력 기구가 민주적 통제와 사법적 심사로부터 자유롭다면, 그 제한은 불가피하게 자의성과 남용의 위험에 노출된다. 이는 제도의 설계가 단순히 기술적 문제가 아니라 권력의 분산과 견제, 투명성과 책임성을 어떻게 확보할 것인가라는 정치적 문제임을 드러낸다.

공적 토론의 관행 역시 핵심적이다. 숙의적 절차가 허약하고, 사실 검증과 논리적 논증보다 선전·동원과 혐오 정치가 지배하는 공론장에서는 자유 제한과 불평등 시정에 관한 판단이 원칙적 검토가 아니라 정치적 기회주의의 산물로 전락할 위험이 크다. 위르겐 하버마스(Jürgen Habermas)가 강조했듯이, 민주적 정당성은 단순히 투표라는 형식적 절차에서 나오는 것이 아니라 시민들이 공적 이성의 규범에 따라 서로 이유를 주고받으며 합의를 모색하는 의사소통적 실천에서 발생한다. 그러나 이러한 숙의적 공론장이 작동하기 위해서는 최소한의 제도적 전제 조건들 - 언론의 독립성, 표현의 자유, 정보 접근권, 사법부의 독립성 등 - 이 보장되어야 하며, 동시에 시민들 사이에 상호 인정과 신뢰, 즉 나와 다른 의견을 가진 상대방도 나와 동등한 도덕적 지위를 지닌 숙의 파트너로 대우하겠다는 문화적 토대가 형성되어 있어야 한다. 이러한 조건들이 결여된 상황에서 자유주의적 원칙들을 형식적으로 도입하는 것만으로는 민주적 정당성을 확보할 수 없으며, 오히려 절차의 외피만 갖춘 채 실질적으로는 특정 집단의 이해관계를 관철하는 도구로 전락할 위험이 있다.

이러한 맥락에서 자유주의는 이론과 제도적 실천 사이의 해석적 긴장에 직면한다. 자유주의 규범이 요구하는 이론적 일관성, 예컨대 모든 개인을 동등한 도덕적 존재로 대우해야 한다는 요구, 권리의 우선성을 인정해야 한다는 요구, 자의적 불평등을 정당화할 수 없다는 요구 등은 종종 현실에서의 적용 가능성과 충돌한다. 자원과 정보는 제한되어 있고, 집행 기구는 불완전하며, 시민들의 가치관과 이해관계는 상충한다. 이 상황에서 이론적 원칙을 무리하게 관철하려 할 경우, 제도는 현실과 괴리된 도덕적 교리로 비쳐지기 쉽고, 시민들의 실제 경험과 필요로부터 유리된 엘리트적 담론으로 전락할 위험이 있다. 반대로 현실 정치의 제약을 이유로 원칙을 반복적으로 후퇴시키다 보면 자유주의 자체가 단순한 수사로 전락하며, 결국 권력 관계의 현상 유지를 정당화하는 이데올로기적 장치에 불과하다는 비판에 직면하게 된다. 그러나 이 긴장은 이론의 결함이라기보다는 자유주의가 살아 있는 정치·법적 프로젝트로 남아 있기 위한 동력이다. 이 긴장을 단절이나 실패로만 보는 것이 아니라 실천을 통해 원리의 의미가 지속적으로 정교화되고 이 정교화된 원리가 다시 실천을 교정하는 변증법적 순환으로 이해해야 한다.

자유주의가 방향을 잃는다는 것은 바로 이 두 요구 - 원칙의 일관성과 현실의 작동 가능성 - 를 동시에 만족시키지 못한 채 어느 한쪽으로 과도하게 기울거나, 또는 그 사이를 임기응변적으로 오가면서 자신이 무엇을 옹호하는지조차 불분명해지는 상태를 가리킨다.

1990년대 이후 신자유주의적 전환 과정에서 많은 자유주의 담론은 경제적 자유와 시장 효율성을 절대화하면서 사회권과 재분배 정책을 후퇴시켰고, 그 결과 자유주의는 불평등을 심화시키는 이데올로기로 인식되었다. 이는 벌린의 틀로 보자면, 소극적 자유의 원칙을 적극적 자유가 요구하는 영역으로까지 과도하게 확장하여, 자유의 이름으로 평등의 조건이 침해되는 제도적 역설을 낳은 것이다. 시장에서의 계약의 자유는 형식적으로는 개인의 자율성을 보장하는 것처럼 보이지만, 실질적 협상력의 불균형과 사회경제적 자원의 편중이 존재하는 조건에서는 오히려 강자의 지배를 정당화하는 장치로 기능할 수 있다. 반면 일부 진보적 자유주의자들은 평등과 사회정의를 강조하면서 표현의 자유나 개인의 자율성에 대한 과도한 제한을 정당화하는 경향을 보였고, 이는 권위주의적 온정주의라는 비판을 초래했다. 이러한 분열과 혼란은 자유주의가 단일한 교리 체계가 아니라 다양한 해석과 강조점을 지닌 전통임을 보여주지만, 동시에 그 다원성이 자의적 선택이나 정치적 편의에 따른 원칙의 왜곡으로 흐를 위험 역시 드러낸다.

따라서 과제는 단순히 원칙을 지킬 것인가, 현실을 고려할 것인가라는 이분법을 넘어선다. 자유주의는 보편적 원리의 규범적 힘, 즉 모든 사람의 자유와 권리가 같은 무게를 가진다는 명제를 포기하지 않으면서도, 그 원리가 실제 사회 맥락 속에서 어떻게 구현되고 수정될 수 있는지에 관한 제도적·절차적 상상력을 요구한다. 이는 존 롤즈가 정의의 두 원칙과 함께 제시한 정의감의 안정성과 실현 가능성에 대한 고려를 상기시킨다. 롤즈는 정의로운 제도가 단순히 이론적으로 정당화 가능한 것만으로는 충분하지 않으며, 그것이 시민들의 도덕적 심리와 양립 가능하고, 시간이 지나면서 그 제도 속에서 성장한 시민들이 정의감을 발달시킬 수 있어야 한다고 보았다. 이는 규범적 원칙과 제도적 실천 사이의 관계를 일방향적 적용이 아니라 상호 구성적 과정으로 이해해야 함을 시사한다. 구체적 제도 설계와 정책 실험은 보편적 원리를 현실에 적용하는 데 그치지 않고, 그 과정에서 드러나는 문제점과 부작용을 통해 원리 자체의 해석을 수정하고 세분화하는 계기가 될 수 있다.

여기서 중요한 것은 원리와 제도 사이의 관계를 학습의 과정으로 이해하는 것이다. 예를 들어, 복지 제도의 설계와 운영 과정에서 발생하는 낙인 효과, 관료적 비효율성, 도덕적 해이 같은 문제들은 단순히 집행상의 기술적 결함이 아니라 사회권의 의미와 정당화 방식에 대한 우리의 이해를 재검토하도록 요구한다. 마찬가지로 표현의 자유를 둘러싼 논쟁들 - 가짜 뉴스 규제, 혐오표현 금지, 명예훼손 처벌 등 - 은 표현의 자유가 보호하려는 가치가 무엇인지, 그리고 그 가치가 다른 권리나 공공선과 어떻게 조화될 수 있는지에 대한 이론적 논의를 더욱 정교화하도록 촉구한다. 이러한 학습 과정이 작동하기 위해서는 경험적 근거에 기초한 평가 메커니즘, 공적 이유 제시에 기반한 비판과 반론의 절차, 사법적·입법적·행정적 판단이 서로를 견제하면서도 학습하는 구조가 필요하다. 이는 단순히 삼권분립이라는 형식적 원칙을 넘어서 각 권력 기구가 서로 다른 시간적 지평과 판단 기준을 가지고 있으며, 이러한 다원성이 오히려 정치 체제 전체의 오류 수정 능력을 높인다는 인식을 함축한다.

이와 같은 학습 절차가 작동할 때 자유주의는 고정된 교리 체계라기보다 스스로를 점검·수정하는 공적 이성의 실천으로서 생동하게 된다. 공적 이성이라는 것은 단지 합리적 개인들이 자신의 이해관계를 계산하는 능력을 의미하지 않는다. 그것은 서로 다른 세계관과 이해관계를 지닌 시민들이 서로를 동등한 논의 파트너로 인정하고, 상호 수용 가능한 이유를 제시하려는 태도와 규범을 포함한다. 롤즈는 공적 이성의 개념을 통해 민주 사회에서 헌법의 본질과 기본적 정의 문제에 관해서는 시민들이 자신의 포괄적 교리 - 종교적·철학적·도덕적 세계관 - 에만 호소할 것이 아니라 모든 합리적 시민이 수용할 수 있는 정치적 가치에 근거하여 논증해야 한다고 주장했다. 이는 공적 토론에서의 자기 제한을 요구하는 것처럼 보이지만, 실제로는 다원주의 사회에서 상호 존중과 정당성의 조건을 확보하기 위한 규범적 요청이다. 만약 각자가 자신의 포괄적 교리에만 의존하여 정치적 권력 행사를 정당화한다면, 그 권력은 다른 교리를 지닌 시민들에게는 단순한 강제로 경험될 것이며, 이는 민주적 정당성의 기초를 훼손한다.

그러나 공적 이성의 규범은 종종 오해되거나 왜곡되어 적용된다. 일각에서는 공적 이성을 특정한 세속적 자유주의적 가치관의 강요로 해석하거나 종교적·문화적 소수자들의 목소리를 배제하는 장치로 비판한다. 이러한 비판은 부분적으로 정당하다. 공적 이성이 지나치게 협소하게 정의되어 특정한 형식의 논증만을 허용하고 다른 형태의 의사소통 - 예컨대 서사, 증언, 정서적 호소 등 - 을 배제한다면, 그것은 실제로는 특정 집단의 의사소통 방식을 특권화하는 결과를 낳을 수 있다. 그러나 공적 이성의 핵심은 특정한 논증 형식을 강요하는 것이 아니라 권력 행사가 그 권력에 복종해야 하는 모든 시민들에게 정당화될 수 있어야 한다는 상호성의 원칙에 있다. 이는 다양한 의사소통 방식과 문화적 표현을 인정하면서도, 궁극적으로는 서로 다른 배경을 지닌 시민들이 함께 살아가기 위한 공통의 근거를 모색하려는 노력을 포기하지 않는다는 것을 의미한다.

공적 이성의 작동은 궁극적으로 문화적 전제 조건에 의존한다. 혐오표현 문제에서 논의했듯이, 공적 이성이 실제로 기능하기 위해서는 상호 존중의 문화가 필수적이다. 이 문화는 단순히 선언되는 것이 아니라 평등한 사회적 지위와 배제되지 않는 공론장 경험을 통해 형성된다. 특정 집단이 체계적으로 모욕당하고 사회적으로 열등화되는 조건에서는 그들이 공적 토론에 동등한 참여자로서 발언하기 어렵다. 혐오표현이 문제인 것은 단지 불쾌한 감정을 유발하기 때문이 아니라 피해 집단의 공적 지위를 훼손하고 그들을 숙의 공동체로부터 배제하는 구조적 효과를 지니기 때문이다. 따라서 공적 이성의 실천은 표현의 자유라는 형식적 권리의 보장만으로는 충분하지 않으며, 모든 시민이 실질적으로 발언할 수 있고 그 발언이 경청될 수 있는 사회적 조건의 확보를 요구한다. 이는 자유와 평등이 별개의 가치가 아니라 서로를 전제하고 구성하는 관계에 있음을 보여준다.

정치적 자유주의가 말하는 '공적 이성'의 규범에 따르면, 자유주의는 타당한 이견의 가능성을 인정하고, 권리를 단순한 다수결의 도구로 취급하지 않으며, 사실 판단과 가치 판단을 구별하려 노력하고, 권력 행사에 대해 공적으로 정당화 가능한 이유를 제시하려는 규범을 제도와 실천의 차원에서 구현해야 한다. 그리고 그 과정에서 자신이 내세운 보편적 원리가 실제로 어떠한 삶의 조건을 만들어내는지에 대해 지속적으로 성찰해야 한다. 이러한 성찰적 태도는 자유주의가 단순히 특정 정책 처방의 집합이 아니라 스스로를 비판하고 수정할 수 있는 능력을 내장한 정치적 기획이라는 점을 드러낸다. 한나 아렌트(Hannah Arendt)의 칸트 해석을 따라 말하자면, 정치적 판단은 고정된 규칙을 기계적으로 적용하는 일이 아니라 정해진 규칙이 주어지지 않은 상황에서 '다른 사람들의 입장에 서서 생각해 보는' 대표적 사고, 곧 공통의 세계를 함께 나누는 사람들의 다양한 관점을 상상하며 판단하는 능력을 필요로 한다.

자유와 정의의 관계가 갖는 복잡성과 긴장은 이때 더 이상 이론의 결함이 아니라 자유주의가 살아 있는 정치·법적 프로젝트로 남아 있기 위한 동력이 된다. 만약 자유와 정의 사이에 완전한 조화가 가능하다고 주장하거나 모든 권리 충돌을 해소할 수 있는 궁극적 원리가 존재한다고 믿는다면, 그것은 오히려 자유주의를 경직된 독단으로 만들고 역사적 변화와 새로운 도전에 대응할 수 있는 능력을 약화시킬 것이다. 반대로 이러한 긴장을 인정하고, 그 긴장 속에서 끊임없이 숙의하고 조정하며 학습하는 과정을 자유주의의 본질로 이해한다면, 자유주의는 고정된 답의 목록이 아니라 더 나은 질문을 제기하고 더 정교한 판단을 모색하는 집단적 실천으로 재개념화될 수 있다. 이러한 관점에서 볼 때, 자유주의의 위기는 원리의 실패가 아니라 원리를 현실 속에서 구현하려는 제도적·문화적 노력의 실패, 그리고 그 과정에서 발생하는 긴장과 모순을 성찰하고 학습하려는 의지의 결여에서 비롯된다. 자유주의가 다시 방향을 찾기 위해서는 추상적 원칙의 순수성을 고집하는 것도, 현실 정치의 제약 앞에서 원칙을 포기하는 것도 아니라 원칙과 현실 사이의 긴장을 생산적으로 매개할 수 있는 제도적 상상력과 비판적 성찰의 문화를 재건하는 것이 필요하다.

2. 정치문화의 변용: 대립적 정치심성과 자유주의 담론의 왜곡

정치문화가 자유주의적 제도의 실제 작동 방식에 미치는 영향력은 민주화 연구에서 중요하게 다뤄져야 할 차원이다. 토마스 카로더스(Thomas Carothers)가 지적했듯이, 많은 "이행 국가들"은 완전한 독재도 아니고 민주주의를 지향하는 것도 아닌 "회색 지대"에 위치하며, 이러한 상태가 수십 년간 지속될 수 있다. 권위주의 체제에서 민주주의로의 이행을 경험한 사회에서 자유주의는 단순한 정치 제도를 넘어 집단적 기억과 정체성의 구성 요소로 기능하는 경우가 많다. 억압적 체제에 대한 저항 경험은 자유를 핵심 가치로 각인시키지만, 동시에 이러한 역사적 경험이 자유에 대한 이해를 특정 방향으로 형성할 가능성이 있다. 민주화 투쟁의 기억이 정치적 사고의 주요 준거틀로 작용할 때, 자유주의의 복합적 성격이 투쟁과 대립의 이분법적 논리로 해석되는 경향을 보일 수 있다. 이는 자유주의가 추구하는 다원적 공존과 합리적 토론의 가능성에 일정한 제약을 가할 수 있다.

이행 패러다임 비판과 회색지대 정치 체제: Carothers의 분석을 중심으로

이행 패러다임의 전제와 구조적 한계

1980-90년대 Samuel Huntington 이후 민주화 연구와 민주주의 실무에서 지배적 분석틀로 자리잡았던 이행 패러다임(transition paradigm)은 권위주의 체제로부터 이탈하는 국가를 민주주의로 향하는 이행 과정에 있는 것으로 전제하였다. Thomas Carothers는 2002년 발표한 "The End of the Transition Paradigm"에서 이 패러다임이 다섯 가지 핵심 가정 위에 구축되어 있다고 분석하였다.

첫째, 권위주의 체제가 어느 정도 개방되면 해당 국가는 '이행 국가(transition country)'로 분류된다. 둘째, 민주화는 개방(opening), 전환(breakthrough), 공고화(consolidation)라는 정형화된 단계를 순차적으로 거친다는 선형적 발전 모델이다. 셋째, 선거(elections)가 이 과정의 핵심 동력이며, 제도화된 선거 자체가 추가적 민주화 개혁을 견인한다는 가정이다. 넷째, 경제 발전 수준, 역사적 제도 유산, 민족·종교 구성 등 구조적 조건은 부차적이며 정치 엘리트의 전략적 선택이 결정적이라는 '무전제(no preconditions)' 가정이다. 다섯째, 기능하는 국가(state)의 존재를 전제하며, 국가건설(state-building) 문제는 민주화 과정과 분리될 수 있다는 관점이다.

이 패러다임에 따라 냉전 종식 이후 라틴아메리카, 동·중유럽 및 구소련 지역, 사하라 이남 아프리카, 아시아, 중동에 걸쳐 약 100개 국가가 '이행 국가들'로 분류되었다. 그러나 Carothers는 이 중 20개 미만만이 작동하는 자유민주주의를 향해 진전하고 있으며, 나머지는 권위주의로 회귀하거나 독재도 민주주의도 아닌 '회색지대(gray zone)'에 위치한다고 주장하였다. 회색지대 국가들은 야당과 시민 사회에 제한적 공간을 허용하고 정기적 선거와 민주적 헌법을 보유하지만, 대표성 결여, 정치 참여 저조, 법의 지배 위반, 제도 신뢰 결핍, 국가 능력 부재 등의 민주주의 결함을 나타낸다.

회색지대 정치 체제의 유형론: 무기력한 다원주의와 지배적 권력 정치

Carothers는 회색지대에 위치한 국가들에서 관찰되는 두 가지 정치적 패턴을 구분하였다. 첫 번째 유형인 무기력한 다원주의(feckless pluralism)는 정치적 자유, 정기적 선거, 정권 교체가 존재하지만 선거 외 정치 참여가 저조하고 정치 엘리트 전체가 부패·무능한 집단으로 인식되는 체제이다. 정권 교체가 발생해도 정책이나 제도의 실질적 변화는 미미하며, "누가 집권해도 동일하다"는 냉소주의가 확산된다. 국가 능력은 취약하고 경제·사회 정책의 일관성과 효과성이 낮다. 그 결과 형식상 다원주의를 유지하면서도 시민과 엘리트 간 단절로 인해 민주주의가 실질적 내용을 상실한다.

두 번째 유형인 지배적 권력 정치(dominant-power politics)는 제한적 정치적 공간과 야당의 경쟁, 민주주의적 제도 형식을 갖추지만 특정 정치 세력이 권력을 장기 독점하며 권력 교체 가능성이 구조적으로 차단된 체제이다. 국가와 집권 세력 간 경계가 모호해지며, 재정, 공무원 인사, 국영 미디어, 경찰력 등 국가 자원이 집권 세력의 권력 유지에 동원된다. 사법부는 예속되고, 선거는 노골적 부정 선거 수준은 아니지만 조작과 편향을 통해 결과가 예정된다. 시민들은 정치 변화를 불가능한 것으로 인식하고 야당은 주변화되며, 이는 Levitsky와 Way가 개념화한 경쟁적 권위주의(competitive authoritarianism)에 근접한 형태로 작동한다.

이 두 유형은 완전한 독재도 공고화된 자유민주주의도 아니기 때문에 이후 비교정치학 연구에서 하이브리드 정권(hybrid regimes), 경쟁적 권위주의, 선거권위주의(electoral authoritarianism) 등의 개념으로 정교화되었다.

이행 개념의 비판적 재구성과 학술적 함의

Carothers의 분석은 이행 패러다임의 목적론적(teleological) 전제에 대한 비판을 제기하였다. 권위주의로부터 이탈한 국가가 자동적으로 민주주의로 향한다는 가정, 그리고 회색지대 상태가 일시적 정체에 불과하며 최종적으로는 공고화된 민주주의에 도달할 것이라는 선형적 발전론은 경험적으로 뒷받침되지 않는다는 것이다. 다수 국가들이 부분적 자유와 선거 제도를 유지하면서도 권력 남용과 제도적 취약성을 결합한 하이브리드 체제로 장기간 안정화되는 현상이 나타났다.

이 비판은 이후 비교정치학에서 개념적 논의를 촉발하였다. 현재 학계에서는 '이행 국가들'을 자동적으로 '민주주의로 향하는 국가들'로 전제하지 않으며, 각 국가의 정치 체제가 실제로 작동하는 방식을 경험적으로 분석해야 한다는 방법론적 입장이 지배적이다. '이행 국가들'이라는 용어는 단순히 민주주의로 가는 중간 단계를 지칭하는 중립적 기술어가 아니라 특정한 이론적 가정과 역사적 맥락을 내포한 개념으로 이해되어야 한다.

권위주의에서 민주주의로의 이행을 경험한 사회가 반드시 공고한 자유민주주의에 정착하지는 않으며, 이행이 장기화·정체되면서 독자적 정치 논리를 가진 회색지대 체제를 형성할 수 있다. 이러한 인식은 민주화 연구에서 규범적 기대와 경험적 분석을 구분하고, 각 국가의 정치 체제를 그 자체의 논리와 역학 속에서 파악해야 한다는 분석적 전환을 의미한다.

<한국의 상황에 적용가능한가?>

Carothers는 권위주의 붕괴→개방과 선거→민주주의 공고화로 이어지는 "선형적 이행" 가정이 경험적으로 자주 성립하지 않음을 지적하며, 다수 국가가 민주주의·권위주의 어디에도 완전히 포섭되지 않는 "회색지대(gray zone)"에 장기간 정체할 수 있다고 논했다. 그는 특히 회색지대 내부의 상이한 작동 방식으로 (1) 경쟁 엘리트가 교체되나 대표성과 책임성이 공허해지는 "무능한 다원주의(feckless pluralism)", (2) 제도적 외양은 유지되지만 실질적 권력 교체 가능성이 희박해지는 "지배 권력 정치(dominant-power politics)"를 구분했다. 또한 민주주의의 성패가 선거의 존재만이 아니라 국가 가능, 법치, 견제·균형의 실제 작동에 달려 있으며, 외부의 민주화 지원이 선거에 과도하게 집중하는 경향을 비판했다.

2024년 12월 3일 윤석열 대통령의 비상계엄 선포와 그 직후 국회의 해제 의결(12월 4일), 그리고 국회의 탄핵소추(12월 14일)는 한국 민주주의가 '선거민주주의'의 형식만으로 완전하게 보장되지 않음을 드러낸 사건으로 평가될 수 있다. Freedom House는 2024년의 "주요 동향"으로 계엄 선포와 그에 수반된 언론·집회 제한을 명시하고, 국회의 해제 표결 및 탄핵 절차의 전개를 함께 서술한다. 헌법재판소는 2025년 4월 4일 전원일치로 파면을 인용하면서, (가) 비상계엄의 실체적 요건(전시·사변 또는 이에 준하는 국가비상사태 등)이 객관적으로 충족되었다고 보기 어렵고, "부정선거 의혹"은 위기 상황의 존재를 정당화하지 못하며, (나) 국무회의 심의·부서(서명)·공고·국회 통고 등 절차적 요건도 위반되었고, (다) 군·경을 동원해 국회의 권한 행사를 방해한 점이 중대하다고 설시하였다. 이러한 판단 구조는 민주주의 위기가 '선거 경쟁의 부재'가 아니라 '선출 권력이 헌법적 절차와 권력 분립을 무력화하려 할 때' 발생할 수 있음을 보여주며, 위기 수습 역시 선거 자체만이 아니라 입법부의 통제와 헌재의 위헌·위법 심사라는 법치적 장치에 의해 1차적으로 가능했음을 시사한다.

다만 Carothers의 회색지대 개념을 한국에 적용할 때는 "권력 교체가 구조적으로 차단된 상태"만이 회색지대의 전부가 아니라는 점을 분명히 할 필요가 있다(Carothers는 권력 교체가 실제로 일어나더라도 대표성과 정책 성과가 공허해지는 유형을 회색지대의 한 축으로 제시한다). 한국은 헌재의 파면 결정과 헌정 절차에 따른 조기 대선(2025년 6월 3일)이 작동했다는 점에서, 최소한 '지배 권력 정치'의 전형(권력 교체 전망의 장기적 봉쇄)과는 구별된다. 그럼에도 국제 지표들은 2024~2025년의 급격한 제도 기능 왜곡과 시민적 자유의 위축을 "후퇴(backsliding)"의 징후로 기록한다. Freedom House는 한국의 2025년 "Global Freedom Score"를 전년 83점에서 81점으로 하향하면서, 12월 계엄 선포 및 그에 따른 군 동원 시도와 집회·시위 관련 점수 하락을 명시했다. V-Dem 관련 평가를 인용한 다수의 국내외 보도와 연구 기관 글 역시 한국이 2025년 보고서에서 '자유민주주의'가 아닌 '선거민주주의'로 분류되었다고 전한다. 요컨대 한국은 "고착된 회색지대"로 규정되기보다는, 헌정 위기가 발생한 특정 시기에 국가긴급권의 남용, 국가기관의 정치화, 시민적 자유의 위축이 결합하며 회색지대적 작동 방식이 급격히 강화되었다가, 다른 제도(국회·헌재)의 개입으로 제어된 사례로 개념화하는 편이 더 정밀하다.

여기에 2025년 대선 직전 전개된 사법부의 개입 양상 - 특히 당시 야권 유력 주자였고 현재 대통령인 이재명에 대한 공직선거법 사건의 처리 - 을 함께 놓으면 "법치와 견제 장치"가 민주주의를 복원하는 기제인 동시에 정치 경쟁의 구조를 재형성하는 변수가 될 수 있다는 점이 더 선명해진다. 항소심은 2025년 3월 26일 공직선거법 위반 혐의에 대해 무죄를 선고했으나, 대법원은 검찰 상고를 심리한 뒤 2025년 5월 1일 유죄 취지로 파기환송하였다. 이 결정은 2025년 6월 3일 조기 대선을 약 한 달 남겨둔 시점에 내려졌고, 대법원은 4월 29일 선고일을 공지한 뒤 이틀 후 결론을 선고했다. 또한 사건은 4월 22일 소부 배당 직후 전원합의체로 회부되는 등 이례적으로 빠르게 진행되었다는 동시대 보도가 존재한다. 학술적으로는 이 '속도' 자체를 곧바로 정치적 의도나 사법부 편향의 증거로 환원하기보다 (1) 선거 직전의 사법 판단이 유권자 선택과 후보 경쟁에 미치는 효과(절차적 공정성·정치적 중립성 인식), (2) 선거법 사건의 신속재판 요청과 피선거권 제한이라는 규범 충돌, (3) 상급심이 법리 통일을 명분으로 개입할 때 발생하는 "사법의 정치화/정치의 사법화" 위험을 분리해 검토할 필요가 있다.

파기환송은 결과적으로 대선 출마를 즉각 봉쇄하지 못했다. 파기환송 시점에는 확정판결이 아니었고, 서울고등법원은 재상고심 첫 공판기일을 선거 이후(6월 18일)로 연기하여 선거기간 중 심리가 진행되지 않도록 조정했다. 더 나아가 이재명이 2025년 6월 4일 취임한 뒤, 서울고등법원은 헌법 제84조(대통령 불소추 특권) 등을 근거로 해당

재판을 "기일 미정"으로 사실상 무기한 연기했다. 따라서 "출마 가능성의 불확실성"은 선거 이전에는 확정판결 부재 및 기일 변경으로, 선거 이후에는 불소추 특권 해석을 통해 제도적으로 완화·유예되었다고 정리할 수 있으며, 이는 '법치'가 위기 대응 장치이면서도 정치 일정과 결합할 때 새로운 쟁점을 생성함을 보여준다.

종합하면 2024년 말~2025년 중반의 한국 사례는 (가) 최고통치권자의 헌법 일탈이 단기간에 민주주의를 위기로 몰아넣을 수 있다는 점, (나) 그 위기의 전개가 곧바로 전면적 권위주의로의 "회귀"라기보다 제도는 존속하되 기능이 급격히 왜곡되는 회색지대적 양상으로 나타날 수 있다는 점, (다) 동시에 헌재·국회·법원이 상호 긴장 속에서 제어와 조정을 수행함으로써 추락을 완전히 막는 "회복" 통로도 존재한다는 점을 함께 보여준다. 향후 연구 및 제도 개혁 과제는 선거의 정기적 실시를 넘어 긴급권 발동의 실체·절차 요건을 사후적으로뿐 아니라 사전적으로도 통제할 장치, 수사·기소 및 사법 판단의 정치적 중립성에 대한 신뢰를 보강할 구조 그리고 "부정 선거"와 같은 음모론적 담론이 국가긴급권 남용의 구실로 재활용되지 않도록 하는 정보·정당성 생태계의 복원에 초점을 둘 필요가 있다.

이사야 벌린(Isaiah Berlin)의 소극적 자유와 적극적 자유 구분은 이러한 정치문화적 편향을 분석하는 유용한 틀을 제공한다. 권위주의적 억압에 대한 저항은 주로 소극적 자유, 즉 외부 간섭으로부터의 해방에 대한 요구로 나타나는 것이 일반적이며, 이는 역사적 맥락에서 이해할 만한 반응이다. 그러나 이러한 경험적 배경은 적극적 자유, 즉 자기 실현과 공동체 참여를 통한 자유의 적극적 구성에 대한 관심을 상대적으로 약화시킬 가능성이 있다. 특히 주목할 점은 이러한 역사적 경험이 대립적 정치문화로 고착화될 때 나타나는 구조적 영향이다. 투쟁의 기억이 정치적 사고의 기본 프레임워크가 될 경우 정치는 합의와 타협을 통한 점진적 발전보다는 대결과 승부를 통한 경쟁의 성격을 강하게 띨 수 있다. 이는 자유주의가 전제하는 합리적 토론과 상호 존중에 기반한 정치적 과정과는 다른 정치문화를 형성할 가능성이 있다.

칼 슈미트(Carl Schmitt)가 1932년 『정치적인 것의 개념』에서 제시한 "정치적인 것의 특수한 구별은 친구와 적의 구별"이라는 명제는 이러한 대립적 정치문화의 논리를 이해하는 데 중요한 참조점을 제공한다. 슈미트의 분석에 따르면 정치적 적대 관계는 개인적 원한이나 경쟁과는 구별되는 공적 차원의 실존적 대립을 의미한다. 민주화 투쟁의 기억이 정치를 '우리 대 그들'의 구도로 이해하게 만들 때 이는 슈미트가 묘사한 친구-적 구별의 논리와 유사한 양상을 보일 수 있다. 이러한 정치문화에서는 타협과 협상이 원칙의 배반으로 여겨지고, 정치적 상대방의 선의를 인정하기 어려워질 수 있다. 정치가 도덕적 선악의 투쟁으로 인식될 때 실용적이고 점진적인 해결책을 모색할 수 있는 정치적 공간이 제약받을 가능성이 있다. 이는 자유주의가 전제하는 합리적 토론, 상호 존중, 그리고 점진적 개선의 가능성에 구조적 제약을 가할 수 있다.

하버마스(Jürgen Habermas)의 숙의민주주의 또는 담론민주주의(deliberative democracy)의 이상은 이러한 대립적 정치문화와 대조적 특징을 보인다. 하버마스의 숙의민주주의 이론에 따르면 민주적 정당성은 "상호 이해를 지향하는 의사소통 행위"를 통해 형성되며, 이는 단순한 다수결 원리를 넘어서 "더 나은 논증의 강제 없는 강제력"을 인정하는 것이다. 하버마스의 이론 체계에서 정치적 의사 결정의 정당성은 시민들 간의 자유롭고 평등한 토론 과정에서 도출되는 합리적 합의에 기반한다. 이러한 의사소통적 합리성(communicative rationality)은 참가자들이 진실성, 정당성, 이해가능성의 타당성 요구를 상호 인정하고, 더 나은 논거에 의해 설득될 준비가 되어 있다는 전제 하에서 작동한다. 그러나 대립적 정치문화가 지배적일 때, 이러한 의사소통적 합리성의 기본 전제들이 약화될 수 있다는 점이 중요한 문제이다. 정치적 상대방을 원칙적 적대자로 간주하는 문화에서는 진정한 소통과 상호 학습이 제약받을 수 있다. 이 경우 자유주의 담론이 본래 목적인 다원적 공존과 합리적 토론을 실현하기보다는 특정 집단의 정치적 정체성을 강화하는 수사적 도구로 활용될 위험이 있다.

이러한 정치문화적 역학은 현대 민주주의가 직면한 중요한 과제를 보여준다. 최근 연구들은 시민들이 선거와 같은 핵심적 민주주의 제도에 대해서는 강한 지지를 보이지만, 사법부 독립성이나 언론 자유와 같은 자유주의적 원칙들에 대해서는 상대적으로 관대한 태도를 보인다는 점을 지적하고 있다. 자유주의 제도들이 효과적으로 작동하기 위해서는 법적·제도적 틀뿐만 아니라 관용과 타협, 상호 존중에 기반한 정치문화가 중요하다.

3. 자유와 정의의 재균형: 제도적 실험과 이론적 쇄신

1) 권리 절대주의의 구조적 모순

현대 자유민주주의가 직면한 핵심 역설은 권리 담론이 정치적 정당성을 확보하는 데 탁월한 성과를 거둘수록 동시에 그 한계 또한 노출된다는 점이다. 권리 언어는 20세기 후반 이후 정치적 정당성의 가장 강력한 규범적 문법이 되었지만, 바로 그 영향력 때문에 거의 모든 정치적 요구가 '권리'라는 형식을 빌려 제기되고, 그 결과 서로 충돌하는 권리들 사이의 긴장은 피할 수 없게 되었다. 문제는 이러한 충돌 상황에서 특정한 단일 권리를 항상 최우선적으로 배치하려는 해법이 정치 공동체가 실제로 직면한 복합적인 가치 갈등을 지나치게 단순화하려고 한다는 데 있다. 권리를 어떠한 경우에도 양보할 수 없는 '절대적 방패'로 이해하는 관점은 표면적으로는 최대한 보호하는 것처럼 보이지만, 실제로는 민주적 숙의의 공간을 축소시킨다. 이는 과장된 수사나 정치적 전략의 차원을 넘어 정치 공동체가 집합적으로 마주하는 규범적 딜레마를 각자의 개별 권리 주장으로만 환원함으로써 공적 이성이 작동할 수 있는 여지를 제도적으로 좁히는 구조적 문제다.

특정 권리를 절대화하는 태도는, 역설적으로, 그 권리가 보호하고자 했던 가치 자체를 장기적으로는 약화시킬 수도 있다. 권리는 고립된 도덕 명령이 아니라 서로를 권리 보유자로 인정하는 상호성의 관계망 속에서만 실제 효력을 갖기 때문이다. 다시 말해 권리의 실효성은 다른 권리들과의 조화를 전제로 하며, 이러한 조화의 조건을 무시한 권리 절대주의는 스스로의 규범적 기반을 잠식하는 결과를 낳을 수 있다.

드워킨이 제시한 '트럼프로서의 권리(권리를 다른 고려를 이기는 최종 우선권 카드로 이해하는 비유)' 개념은 본래 공리주의적 다수 행복 계산이 소수자의 기본권을 쉽게 희생시키지 못하도록 권리의 특별한 규범적 지위를 부각시키려는 시도였다. 여기서 '트럼프'란 카드 게임에서 어느 상황에서도 다른 카드들을 이기는 결정적인 승부 카드를 가리키며, 드워킨은 이를 빌려 권리가 단순한 정책 고려 사항이 아니라 일정한 한계에서는 다른 정책적 이익에 우선해야 하는 기준임을 설명하고자 했다.

그러나 이 비유는 공적 담론에서 종종 단순화·왜곡되어 마치 모든 권리가 모든 상황에서 다른 모든 고려보다 자동적으로 우월한 것이라는 식의 이해로 이어지곤 한다. 드워킨 자신은 권리들 사이에 충돌이 발생하는 경우 해석과 조정, 그리고 일정한 균형 설정이 불가피하다는 점을 분명히 했으며, 권리를 절대불변의 단일 명령이 아니라 정치 공동체의 도덕 원칙 체계 안에서 해석되어야 할 개념으로 보았다.

따라서 권리 담론은 정치적 논쟁을 조기에 종결시키는 무기가 아니라 오히려 보다 정교한 공적 논의를 촉발하는 계기가 되어야 한다. 이러한 인식은 권리를 민주주의와 대립되는 것처럼 이해하기보다는 민주적 숙의를 한층 정교하게 만드는 방향으로 권리 이론을 재구성하려는 시도로 이어진다. 이때 권리는 고정된 '소유물'이라기보다 상호 관계 속에서 끊임없이 재구성되는 '동적인 지위'로 파악되며, 권리의 내용과 경계는 공동체 구성원들의 숙의 과정 속에서 형성되고 수정·조정된다는 전제가 함께 요구된다.

2) 가치 다원주의와 맥락 의존적 조정

자유, 평등, 연대, 안전, 존엄성은 서로 무관하게 존재하는 독립적 가치라기보다 상호 구성적 관계 속에서만 의미를 획득하는 규범적 군집이다. 이들 가치는 상호 보완적이면서도 잠재적 긴장을 품고 있으며, 개별 가치의 실현은 다른 가치들로부터의 최소한의 뒷받침 없이는 실질적 내용을 갖기 어렵다. 자유가 단순한 형식적 권리 보장에 그친다면 실질적 능력과 자원 분배의 불평등 하에서는 특정 집단에게만 작동하는 특권으로 변질될 수 있다. 반대로 평등이 모든 영역에서의 결과를 획일적으로 맞추는 강제 조치로 이해될 때 그것은 각자의 선택과 자율성을 뒷받침하는 조건의 공정한 배분이라는 본래 규범적 의미를 상실하게 된다.

연대 역시 순수한 자발성이나 개인적 선의에만 기대는 덕목이 아니라 결사의 자유에 기초하면서도 사회적 위험과 취약성을 집합적으로 관리해야 한다는 공적 책임의 차원을 포함한다. 안전은 자유의 행사와 권리 보장을 위한 전제 조건이지만, 동시에 과도한 통제와 감시를 정당화하는 논리로 작동할 때 자유를 직접적으로 위협할 수 있는 양면성을 지닌다. 존엄성 역시 이러한 가치들 위에 추상적으로 군림하는 최상위 원리가 아니라 구체적 제도와 상호 인정의 실천 속에서만 유지·구체화될 수 있는 관계적 지위이다.

이와 같은 가치들의 상호의존성은 개념 분석의 수준에 머물지 않고 곧바로 제도 설계와 정책 선택의 문제로 이어진다. 표현의 자유와 공중보건의 충돌, 재산권과 주거권의 긴장, 개인정보 보호와 공공안전 사이의 균형 문제는 어느 한 가치를 일방적으로 포기하거나 일괄적으로 우선시키는 방식으로 해결될 수 없다. 각 사안은 서로 다른 맥락적 조건, 영향을 받는 집단의 취약성 정도, 대체 가능한 수단의 실현 가능성, 문제의 시간적 긴급성과 같은 다층적 요소를 종합적으로 고려하여 조정해야 한다.

예를 들어 병원 인근에서의 시위를 둘러싼 논쟁에서 핵심 쟁점은 표현의 자유라는 가치 자체를 인정할 것인가의 문제가 아니라 특정한 시·공간에서 그 권리의 행사 방식이 환자의 치료 환경, 의료진의 업무 수행, 인근 주민의 안전과 평온에 어떤 구체적 영향을 미치는가의 문제이다. 주거권 논의에서도 재산권 일반을 부정하는 것이 아니다. 주택이 단순한 투자·투기 대상이 아니라 기본적 생활 기반이라는 점, 주거 취약계층이 직면한 실존적 위험, 도시 공간이 갖는 사회적·공동체적 기능 등을 고려해 재산권의 내용과 한계를 맥락적으로 재조정하는 것이 핵심이다. 전염병 대응에서의 정보 공개 문제 또한 개인정보 보호라는 원칙을 전면 부정하는 것이 아니라 역학조사의 필요성, 공개 정보의 범위와 세부 수준, 익명화와 가명 처리의 가능성, 정보 주체의 동의 방식 등을 체계적으로 검토하여 공공의 안전과 개인의 권리를 동시에 최대한 보장하는 방안을 모색하는 과정으로 이해되어야 한다.

가치 간 조정이 규범적 정당성을 갖기 위해서는 결과가 어느 정도 합리적으로 보이느냐뿐만 아니라 그 결과에 이르는 *과정*이 얼마나 포용적이고 투명한가가 결정적이다. 여기에는 정치 공동체의 구성원들이 가치 충돌을 어떤 절차를 통해 다룰 것인지, 누구의 이해와 목소리가 어느 수준에서 반영될 것인지, 결정의 근거가 어떤 방식으로 공개되고 이후 검증 가능한 형태로 유지될 것인지가 모두 포함된다. 이는 단지 형식적 절차 요건(공청회 개최 여부, 법적 고지의 충족 등)의 충족 여부를 넘어 서로 다른 가치와 이해관계를 지닌 집단들이 동등한 발언 기회를 갖고, 상호 비판과 설명을 통해 일정 수준의 상호 이해와 이유 제시에 도달할 수 있는 숙의적 환경을 구축하는 문제이다. 그런 의미에서 가치 다원주의와 맥락 의존적 조정은 민주적 정당성을 강화하는 숙의적 제도 설계와 분리될 수 없는 과제로 이해되어야 한다.

3) 비례성 심사의 규범적 작동과 인식론적 한계

비례성 원칙은 특히 독일 연방헌법재판소의 판례를 통해 정교하게 발전하면서, 기본권 제한의 정당성을 평가하는 핵심 심사 기준으로 자리 잡았다. 그러나 비례성 심사는 종종 오해되듯이 일정한 공식을 기계적으로 적용하는 절차가 아니다. 목적의 정당성, 수단의 적합성, 필요성, 협의의 비례성(상당성)이라는 단계별 심사는 각 단계마다 복잡한 규범적·사실적 판단을 요구한다. 예컨대 "정당한 목적"의 범위를 어디까지 인정할 것인지, 다수의 편의나 효율성이 소수의 기본권 제한을 어느 정도까지 정당화할 수 있는지, "덜 제한적인 대안"의 존재를 어떻게, 누구의 관점에서 판단할 것인지가 문제 된다. 이 질문들은 경험적 사실의 확인만으로는 충분히 해결될 수 없으며, 정치 공동체가 공유하거나 정당화해야 할 가치의 우선순위와 규범적 직관에 의존한다. 겉보기에는 중립적인 기술적 절차처럼 보이는 비례성 심사의 각 단계는 실제로는 판단자의 가치 전제, 사실 인식의 한계, 미래 상황에 대한 불확실한 예측이 개입하는 해석적 실천이다.

알렉시의 비례성 이론은 이러한 심사 구조를 원칙 이론의 차원에서 체계화한다는 점에서 규범이론적 의의를 지닌다. 그는 기본권을 단순한 '이익'이나 '정책 목표'가 아닌 규범적 위상을 지닌 '원칙(principle)'으로 파악하며, 원칙들 사이의 충돌을 '최적화 명령들의 경쟁'으로 이해한다. 규칙(rules)이 특정 조건이 충족되면 그대로 적용되는 '전부 아니면 전무'의 명령이라면 원칙은 가능한 한 최대한 실현되어야 하지만 동시에 다른 원칙들과의 공존을 요구받는 규범이다. 이때 비례성 심사는 상충하는 원칙 각각을 사실적·법적 가능성의 한계 내에서 어느 범위까지 실현할 수 있을지를 단계적으로 탐색하는 절차로 구조화된다. 적합성, 필요성, 상당성의 단계는 바로 이러한 최적화 과정을 형식화한 것으로 각 단계는 "왜 바로 이 수단이어야 하는가, 그리고 다른 대안은 어떤 점에서 더 덜 정당화되는가"라는 질문을 제도적으로 반복하도록 강제한다.

그러나 이와 같은 최적화 모델은, 논리적으로, 가치들 사이의 일정 정도의 '비교 가능성'과 '측정 가능성'을 전제한다. 알렉시가 말하는 원칙의 '중대성'과 '실현 정도'를 결합하여 비례성을 판단하는 구조는 결국 표현의 자유, 인격권, 종교의 자유, 성적 지향에 따른 평등권 등 서로 성격이 다른 기본권과 가치들을 하나의 비교 가능한 척도 위에 올려놓고 상대적인 '무게'를 부여할 수 있다는 전제에 의존한다. 이 전제는 원칙들의 충돌을 준(準)수학적 계산 혹은 비용-편익 분석과 유사한 형태로 파악하도록 유도한다. 하지만 가치 다원주의의 관점에서 보면 이러한 이해는 강한 이론적 비판에 직면한다. 상이한 가치들 가운데 일부는 단순한 선호 수준의 차이가 아니라 서로 양립하기 어려운 세계관·인간관에 뿌리를 두고 있어서 이를 하나의 공통된 척도로 완전히 환원하여 비교·계산할 수 있다는 주장은 설득력이 약해진다.

가치 다원주의를 진지하게 수용할 경우 특정한 기본권 충돌은 단순히 '정도의 차이'가 아니라 '종류의 차이'를 드러낸다. 예컨대 종교적 양심에 따른 의료 행위 거부와 환자의 생명·건강에 대한 권리는 각각 인간 실존과 공동체 질서에 대한 서로 다른 포괄적 이해에 뿌리를 두고 있다. 두 권리 사이의 긴장을 "얼마만큼의 양심의 자유를 제한하면 얼마만큼의 생명권이 추가로 보장되는가"와 같은 형태로 환산하는 시도는 각 가치가 지닌 질적 고유성, 특히 개인의 정체성과 자기 이해에 미치는 구조적 의미를 충분히 반영하지 못할 수 있다. 이런 점에서 비례성 심사를 기본권 충돌을 자동적으로 해결해 주는 '충돌 해결 공식'으로 보는 관점은 헌법적 갈등의 심층을 가리는 형식주의로 전락할 위험을 내포한다.

그렇다고 해서 비례성 이론이 전면적으로 폐기되어야 한다는 결론이 도출되는 것은 아니다. 오히려 비례성 심사는 '완결된 해답'을 제공하는 장치라기보다는 충돌의 구조를 명료화하고 논쟁의 초점을 정련하는 분석적 도구로 이해될 때 그 강점을 드러낸다. 비례성 심사는 각 기본권이 갖는 핵심 영역(core)과 주변 영역(periphery)을 구별하도록 요구하고, 제한 수단의 강도, 지속 기간, 적용 범위 등을 체계적으로 검토하게 함으로써 막연한 직관이나 이데올로기적 선입견에 의존하기 쉬운 논쟁을 보다 정교하고 논증 가능한 차원으로 끌어올린다. 다시 말해 비례성 심사의 핵심 가치는 서로 다른 가치들 사이의 '정량적 비교 능력'에 있다기보다 각 가치가 어떤 조건에서, 어떤 방식으로, 어느 정도까지 양보될 수 있는지를 공적으로 설명하고 비판 가능한 언어로 번역하게 만든다는 데에 있다.

특히 비례성 원칙의 규범적 핵심은 권리 제한에 대한 정당화 부담을 명확하게 공권력 행사자에게 전가한다는 점이다. 국가는 기본권을 제한하고자 할 때 그 제한이 지향하는 목적이 정당한지, 그 목적을 달성하는 데 해당 수단이 실제로 적합한지, 덜 제한적인 대안이 존재하지 않는지, 그리고 최종적으로 당사자에게 부과되는 손해가 공익의 증진에 비해 과도하지 않은지에 관해 일련의 질문에 답해야 한다. 이 과정에서 비례성 원칙은 정치적·도덕적 판단이 자의적이거나 은폐된 형태로 남지 않고, 공개적으로 진술되고 검증 가능한 방식으로 제시되도록 압력을 가한다. 이런 의미에서 비례성 심사는 단순한 법기술이 아니라 공권력 행사에 대한 '이유 제시 의무'를 제도화하는 장치이다.

비례성 원칙이 완전한 합의나 유일한 정답을 보장하지 못한다는 사실은 그 한계이자

동시에 강점이다. 복잡한 권리 충돌 사안에서 사법부의 판단이 항상 하나의 객관적·절대적 결론을 산출할 수 있으리라는 기대는 비현실적일 뿐 아니라 민주주의의 다원적 성격과도 조화되기 어렵다. 오히려 비례성 원칙은 판단 과정에서 불가피하게 개입하는 재량과 가치 선택을 숨기지 않고 드러내도록 함으로써 "왜 이러한 결론에 이르게 되었는가"를 둘러싼 공적 논쟁을 가능하게 한다. 비례성 심사는 그 자체가 정답을 '계산'해 내는 알고리즘이 아니라 여러 가능한 결론들 가운데 어떤 결론이 민주적·헌법적 관점에서 더 높은 수준의 정당화를 획득할 수 있는지를 논증하는 방식을 구조화하는 틀에 가깝다. 이 점에서 비례성은 '올바른 답(right answer)'의 발견이라는 이상보다는 '정당화 가능한 답(justifiable answer)'의 모색을 제도화하는 규범 구조로 이해될 수 있다.

이러한 이해는 비례성 원칙을 사법심사와 민주적 숙의 사이의 긴장 관계 속에 위치시킨다. 한편으로 비례성 심사는 헌법재판소나 법원이 입법·행정 결정을 통제하는 강력한 수단이 될 수 있으며, 이는 전통적인 의미의 '사법적 적극주의' 혹은 '사법의 정치화'에 대한 우려를 불러일으킨다. 다른 한편으로 비례성 원칙이 요구하는 공적 이유 제시는 입법자와 행정기관으로 하여금 스스로 비례성의 언어를 사용하도록 만들고, 나아가 시민들이 공론장에서 정책과 규범을 평가하는 기준으로 기능할 수 있다. 이때 비례성은 단지 사후적 통제 기준에 머무르지 않고, 정책 형성 과정에서 처음부터 고려되어야 할 숙의의 규율로 작동한다. 즉 비례성 원칙은 사법부의 전유물이 아니라 입법 과정, 행정 규범 형성, 시민사회 토론 전반에 걸쳐 공유될 수 있는 헌법적 언어 체계로 확장될 여지를 갖는다.

결국 알렉시식 비례성 이론에 대한 평가는 가치의 측정 가능성에 대한 낙관적 전제를 그대로 수용하거나 전면 부정하는 이분법을 넘어야 한다. 비례성 심사는 이질적인 가치들의 충돌을 완전히 해소하거나 모든 사안에서 하나의 결정적 해답을 산출하는 도구로 이해될 수 없다. 그러나 그것이 권리 제한의 정당화를 요구하고, 충돌의 구조를 언어화하며, 판단 과정의 논리를 공개함으로써 "더 나쁜 질문"을 "덜 나쁜 질문"으로, "덜 나쁜 질문"을 "더 나은 질문"으로 전환시키는 역할을 수행한다는 점은 간과하기 어렵다. 비례성 원칙의 중요한 기여는 바로 이러한 방식으로 근본적으로 양립하기 어려운 가치들 사이에서도 최소한의 상호 이해와 책임 있는 이유 제시를 가능하게 하는 절차적·논증적 규범을 제공한다는 데 있다. 이런 의미에서 비례성은 완결된 해결책이라기보다 민주적 공동체가 스스로의 갈등을 다루는 방식을 반성하고 개선하도록 이끄는 하나의 헌법적 실천 형태로 이해될 수 있다.

4) 상호성·보편화·숙의: 권리 조정의 규범적 절차

앞서 비례성 심사가 권리 충돌을 구조화하는 분석적 도구임을 살펴보았다면 이제는 그 심사가 어떤 규범적 기준 위에서 정당화될 수 있는지를 검토할 필요가 있다. 상호성의 규범, 보편화 테스트, 절차적 정의와 숙의 민주주의는 권리 조정의 정당성 조건을 제도적·규범적 차원에서 뒷받침하는 핵심 원리들이다.

상호성의 원칙은 단순한 황금률("남에게 대접받고자 하는 대로 남을 대하라")을 넘어 "내가 주장하는 권리를 같은 방식으로 타인에게도 일관되게 인정할 수 있는가"라는 물음을 통해 개별 권리 주장을 보편화 가능성의 시험대에 올린다. 이는 칸트의 정언명령 - 특히 "네 행위의 준칙이 언제나 동시에 보편적 입법의 원리로서 타당할 수 있도록 행위하라"는 요구 - 의 현대적 정치·법적 적용으로 이해할 수 있다. 또한 타인에게 거부될 수 없는 이유를 제시해야 한다는 스캔런(T. M. Scanlon)의 계약주의적 관점 역시 상호성에 기초한 정당화 요구를 보다 세밀하게 전개한 시도로 볼 수 있다. 이때 상호성은 추상적 도덕 규칙에 대한 동의가 아니라 구체적인 제도와 정책이 "역할이 바뀌어도 정당하다고 수긍할 수 있는가"를 묻는 실질적 검토 과정을 의미한다. 예컨대 표현의 자유를 강하게 주장하는 개인이나 집단이 자신과 정반대 의견을 가진 이들에게도 동일한 수준의 발언 기회와 토론 공간을 인정할 준비가 되어 있는지 묻는 것은 단순한 수사적 질문이 아니라 제도 설계의 문제로 이어진다. 집회·시위의 시간·장소·방법에 관한 규제, 온라인 플랫폼의 알고리즘과 계정 정지 기준, 언론사 편집권과 반론권 보장이 실제로 어떻게 설계되어 있는지에 따라 상호성의 원칙은 구체적인 제도 평가의 기준이 된다.

상호성의 규범은 특히 비대칭적 권력 관계에서 그 의미가 두드러진다. 형식적으로는 동일한 권리가 부여되었더라도 실질적 역량과 자원의 차이 때문에 권리는 일부에게만 실효성을 갖는 "빈 껍데기"가 될 수 있다. 재산권을 예로 들면, 대규모 부동산 소유자와 무주택자는 법적으로 동일한 재산권 조항의 보호를 받지만, 실제로 행사할 수 있는 선택의 폭과 사회적 영향력은 현저히 다르다. 아이리스 영(Iris Marion Young)이 지적하듯 구조적 불평등은 형식적 권리의 평등이 오히려 실질적 불평등을 은폐하는 방식으로 작동할 수 있음을 보여준다. 상호성 테스트는 이러한 비대칭을 가시화하고, 같은 규칙을 모두에게 적용하는 것만으로는 충분치 않다는 점을 드러낸다. 진정한 상호성은 규칙의 "형식적 동일 적용"을 넘어서 규칙이 각자에게 어떤 실질적 의미와 효과를 갖는지를 반성적으로 검토하도록 요구한다.

보편화 가능성의 테스트는 한 걸음 더 나아가 권리 주장의 일반화 효과를 평가하게 만든다. 특정 개인이나 집단이 요구하는 권리가 하나의 일반 원칙으로 확장될 때 그 사회의 제도와 일상은 어떻게 변할 것인가? 모든 이가 같은 방식으로 같은 권리를 행사할 경우 그 사회는 지속가능한가? 이러한 물음은 권리를 개인의 소유물이라기보다 공동체적 실천의 일부로 이해하게 한다. 종교의 자유를 둘러싼 논쟁이 대표적이다. 예를 들어 특정 종교 단체가 자신의 신념에 따라 특정 집단(성소수자, 타종교인 등)에 대한 상품·서비스 제공을 거부할 권리를 주장할 때 이 주장이 다른 모든 종교와 비종교적 신념 체계에 동등하게 허용된다면 사회는 어떻게 작동할 것인가를 물어야 한다. 미국의 '마스터피스 케이크숍(Masterpiece Cakeshop)' 사건[1)]을 둘러싼 논쟁은 종교의 자유와 차별금지 원칙이 보편화될 경우 서로 어떻게 충돌하는지를 잘 보여준다. 보편화 테스트는 이런 상황에서 특정 권리 주장이 초래할 제도적·사회적 귀결을 탐색하는 사고실험으로 기능한다.

그러나 상호성과 보편화 가능성만으로 모든 문제를 해결할 수 있는 것은 아니다. 공공 병상이나 응급 구조 인력처럼 본질적으로 희소한 공적 자원을 배분해야 하는 상황, 시간·공간상 양립이 불가능한 청구가 경쟁하는 경우(예: 동일한 광장에서 서로 대립하는 두 집회 신청)에는 모든 이의 동등한 권리 행사를 동시에 보장하는 것이 원천적으로 불가능할 수 있다. 또한 역사적 차별과 박해를 겪어 온 소수자 집단의 권리를 "모든 사람에게 똑같이 적용되는 일반 원칙"으로 환원하면 오히려 그 집단의 특수한 경험과 구조적 취약성이 지워질 위험이 있다. 낸시 프레이저(Nancy Fraser)의 표현을 빌리면 재분배와 인정 그리고 대표(representation)의 차원을 함께 다루지 않는 상호성은 불충분하다. 따라서 상호성 원칙은 정의론의 충분조건이 아니라 필요조건에 가깝다. 상호성은 차이의 인정, 역사적 부정의에 대한 보상, 구조적 불평등의 시정이라는 다른 규범적 요구와 결합될 때에만 그 의미를 온전히 발휘할 수 있다. 이러한 결합을 제도적 차원에서 구현하려는 시도가 바로

---

1) 2012년 콜로라도주에서 마스터피스 케이크숍을 운영하는 제빵사 잭 필립스는 독실한 기독교 신념을 이유로 동성 커플의 웨딩 케이크 제작을 거부함으로써 사건이 시작되었다. 동성 커플은 필립스가 콜로라도주의 차별금지법을 위반하였다고 고발하였고, 하급 법원들은 대체로 커플의 손을 들어주었다. 이 사건은 2018년 미국 연방 대법원까지 상고되었으며, 대법원은 7대 2의 판결로 필립스에게 승소 판결을 내렸다. 대법원은 콜로라도 인권위원회가 필립스의 종교적 신념에 대해 적대적 태도를 보인 것은 수정 헌법 제1조의 종교의 자유를 침해한 절차적 오류라고 판단하였다. 이 판결은 종교의 자유와 성적 지향에 따른 차별 금지라는 상충되는 가치 사이에서 정부 기관의 중립 의무가 중요하다는 점을 강조하였다.

절차적 정의와 숙의 민주주의 이론이다.

하버마스(Jürgen Habermas)의 숙의 민주주의 이론은 정당한 규범은 모든 잠재적 피지배자가 "자유롭고 평등한 참여 조건" 아래 참여하는 담론에서 합의할 수 있는 규범이어야 한다는 원칙에 기초한다. 여기서 중요한 것은 단순히 투표를 통해 선호를 집계하는 것이 아니라 공적 이성을 통한 상호 설명과 설득 그리고 입장의 변화 가능성이다. 롤즈(John Rawls)의 '공적 이성(public reason)' 개념이 강조하듯, 각자는 자신의 심층적 신념만이 아니라 다른 시민들도 수용 가능한 이유를 제시해야 한다. 이러한 관점에서 절차적 정의는 "누가 어떤 근거로 어떤 권리를 주장하는지, 그 근거가 공동체가 공유하거나 합리적으로 수용할 수 있는 가치와 어떻게 연결되는지"를 공개적으로 드러내는 과정이다.

숙의 민주주의의 제도화는 필연적으로 권력과 자원의 비대칭을 고려해야 한다. 형식적으로는 평등한 발언 시간이 주어지더라도 사회경제적 지위, 교육 수준, 언어 능력, 문화적 자본의 차이는 실질적 영향력의 불평등으로 이어질 수 있다. 영(Young)이 지적하듯 구조적으로 주변화된 집단의 목소리를 포함하는 메커니즘이 없다면 숙의는 오히려 지배 집단의 견해를 합리적 합의로 포장하는 도구가 될 수 있다.

이러한 문제의식을 바탕으로 여러 국가에서 시민배심원제(citizens' jury), 합의회의(consensus conference), 시민의회(citizens' assembly)와 같은 숙의 제도가 실험되어 왔다. 예컨대 아일랜드의 시민의회가 낙태 관련 헌법 조항 개정을 둘러싼 공론장을 조직한 사례, 캐나다 브리티시컬럼비아주의 시민의회가 선거제도 개혁안을 도출한 과정 등은 무작위 추첨된 시민들이 전문가의 설명을 듣고, 서로 토론하면서 공통의 권리 기준과 정책 방향을 모색하는 모습을 보여준다. 이러한 제도들은 단순한 의견 수렴장이 아니라 서로 다른 배경과 관점을 가진 시민들이 공동의 문제를 함께 숙고하는 "민주적 학습의 장"으로 설계된다.

숙의의 질은 정보의 질과 분리될 수 없다. 편향되거나 불완전한 정보에 근거한 숙의는 왜곡된 결론으로 이어질 위험이 크다. 따라서 숙의 과정에는 다양한 전문 지식과 경험적 증거의 제시, 상이한 관점의 균형 있는 제공 그리고 불확실성과 한계를 솔직하게 인정하는 태도가 포함되어야 한다. 제임스 피시킨(James Fishkin)의 숙의 여론조사(deliberative polling)가 보여주듯 전문가와 시민의 상호작용은 시민의 판단을 대체하는 것이 아니라 보다 반성적이고 정보에 기반한 의견 형성을 지원하는 방향으로 설계될 때 의미를 갖는다.

숙의 민주주의 역시 한계가 있다. 숙의는 시간과 자원을 요구하기 때문에 모든 정치적 결정에 동일한 수준의 숙의를 적용하는 것은 현실적이지 않다. 긴급한 위기 대응, 고도의 기술적 조정이 필요한 영역에서는 대표제·전문가 판단·사법심사의 역할이 더 클 수 있다. 또한 근본적으로 양립하기 어려운 가치 갈등에서 숙의가 항상 합의를 산출한다는 보장도 없다. 그럼에도 숙의 민주주의의 의의는 상호성·보편화의 원칙을 제도화된 절차 속에 구현함으로써 "권리 조정의 이유"를 공적 논의의 대상이 되도록 만드는 데 있다. 어떤 문제에서 어떤 결정보다 어떤 절차와 이유가 사용되었는가를 함께 논의하게 만드는 것이 숙의적 절차의 핵심이다.

5) 관계적 권리관과 자유·정의의 동시 실현

권리를 관계적으로 이해하는 관점은 개인을 고립된 소유자로 가정하는 전통적 권리 담론의 한계를 넘어서는 시도이다. 권리는 개인이 사회와 무관하게 가지고 태어나는 속성이 아니라 특정한 역사적·제도적 맥락 속에서 타인과의 관계를 통해 구성되고 실현된다. T. H. 마셜(T. H. Marshall)이 시민권을 시민적 권리·정치적 권리·사회적 권리라는 세 범주로 나누어 설명한 것처럼 권리는 제도화된 관계 구조 속에서만 실질적 내용을 갖는다.

이러한 관점에서 권리의 경계는 고정된 선이 아니라 지속적인 사회적 상호 작용과 제도적 조정의 결과로 형성된다. 표현의 자유의 범위는 그것이 다른 이들의 존엄성, 안전, 공적 참여 가능성과 어떤 관계를 맺는지에 따라 달라진다. 혐오표현 규제 논쟁에서 볼 수 있듯 특정 표현이 타인의 시민적 평등과 공론장 참여를 구조적으로 위축시키는 경우 표현의 자유의 행사 방식은 재조정의 대상이 된다. 재산권의 내용 역시 단지 사적 소유를 보호하는 기능에 그치지 않고, 경제적 효율성, 사회적 형평성, 생태적 지속가능성과의 관계 속에서 재정의된다. 토지 소유권이 환경 보호, 세대 간 정의, 지역 공동체의 삶과 어떻게 연결되는지에 따라 재산권의 구체적 제도화 방식은 크게 달라질 수 있다.

권리를 관계적으로 이해한다고 해서 권리의 중요성이 약화되는 것은 아니다. 오히려 권리가 실제로 작동하고 의미를 갖는 사회적 조건을 진지하게 고려함으로써 권리 보장을 공허한 선언이 아니라 실질적 과제로 재구성하는 것이다. 아마르티아 센(Amartya Sen)과 마사 누스바움(Martha Nussbaum)의 능력(역량) 접근(capability approach)은 이를 잘 보여준다. 이 관점에서 권리는 단지 "무엇을 할 자유"를 갖는 것이 아니라 실제로 그 자유를 활용할 수 있는 능력과 조건을 갖추도록 보장받는 것을 의미한다. 교육권은 학교 건물의 존재만으로 충족되지 않으며, 교육 접근성, 교육 내용의 질, 장애·이주·성별 등 다양한 배경을 가진 이들의 학습 필요가 인정되는 제도적 환경을 포함해야 한다. 건강권은 병원과 의사의 존재를 넘어 주거·영양·환경·노동조건 등 건강의 사회적 결정 요인(social determinants of health)을 함께 고려할 것을 요구한다.

이런 의미에서 관계적 권리관은 권리들 사이의 서열과 제로섬적 갈등이 아니라 상호 제한과 상호 가능화의 역학을 강조한다. 한 권리의 행사는 다른 권리의 전제가 되기도 하고, 동시에 그 한계를 설정하기도 한다. 결사의 자유는 노동조합·시민단체·사회운동을 통해 표현의 자유와 정치 참여권을 집합적으로 강화할 수 있지만, 폐쇄적이고 위계적인 결사는 내부 구성원의 양심의 자유와 표현의 자유를 억압하는 구조를 만들기도 한다. 경제적 자유는 혁신과 번영의 동력이 될 수 있으나, 규제되지 않은 경제 활동은 노동자의 안전, 소비자 보호, 환경 보전을 심각하게 침해할 수 있다.

따라서 권리 조정은 단순한 손실의 분배가 아니라 적절한 제도 설계를 통해 다양한 권리들이 서로를 뒷받침하는 "양의 피드백 구조"를 창출하는 과제로 재개념화될 수 있다. 예를 들어 노동권과 사회권을 강화하는 복지국가 제도는 단기적으로는 일부 경제적 자유를 제한하는 것처럼 보일 수 있으나, 장기적으로는 민주적 참여와 사회적 신뢰를 높여 경제 활동의 안정성과 지속가능성을 강화하는 효과를 낳을 수 있다.

관계적 권리관의 실천적 함의는 제도 설계의 수준에서 구체화된다. 센의 능력 접근이 강조하듯 권리 보장은 국가의 단순한 부작위(간섭하지 않을 자유)나 선택의 형식적 보호를 넘어 권리 행사를 가능하게 하는 물질적·사회적·문화적 조건의 구축을 요구한다. 정치 참여권을 예로 들면 투표권의 법적 보장만으로는 충분하지 않다. 정보 접근의 평등, 시민 교육, 일·가사 노동과 양립 가능한 투표·토론 일정, 온라인과 오프라인 공론장의 인프라 등이 함께 갖추어져야 비로소 정치 참여권이 실질적 의미를 획득한다.

그러나 관계적 권리관도 중요한 도전에 직면한다. 권리의 경계가 맥락에 따라 유동적이라면 권리의 핵심적 보호 기능이 약화되는 것은 아닌가? 모든 것이 “조정 가능”하다면 무엇이 양보할 수 없는 최소한으로 남아야 하는가? 이러한 물음에 답하기 위해서는 권리의 ‘핵심 영역(core)’과 ‘주변 영역(periphery)’을 구별하고, 절대적으로 보호되어야 할 최소한과 정당한 규제·조정이 가능한 영역을 이론적으로 정교하게 가다듬어야 한다. 고문 금지, 노예화 금지처럼 어떠한 경우에도 예외를 허용하지 않는 권리와 표현의 방식·재산권의 구체적 행사처럼 비례성·필요성에 따라 합리적 규제가 가능한 권리 사이의 구별은 여전히 규범적 논쟁의 중심에 있다. 관계적 권리관은 이 구별 자체를 부정하기보다는 그 근거와 경계를 공동체의 지속적인 성찰과 숙의의 대상으로 만든다.

이제 이러한 논의를 자유와 정의의 관계로 다시 불러 모을 수 있다. 자유와 정의의 재균형은 이론적 과제이자 제도적·문화적 실천의 과제이다. 권리 절대주의를 넘어서되 권리의 규범적 위상을 훼손하지 않고, 가치 충돌을 인정하되 “어쩔 수 없다”는 허무주의에 빠지지 않으며, 맥락적 조정을 허용하되 자의적 판단을 억제하는 길을 찾아야 한다. 이를 위해 단일한 원리나 공식이 존재하는 것은 아니다. 비례성 심사, 상호성 테스트, 숙의 절차, 관계적 권리관 등 여러 규범적 도구들이 서로 보완적으로 작동할 때 권리 담론은 보다 정교하고 민주적인 방향으로 재구성될 수 있다. 각 도구는 불완전하지만, 함께 사용될 때 서로의 한계를 부분적으로 보완한다.

이러한 재구성 작업은 궁극적으로 정치 공동체 구성원들의 규범적 역량 배양과 연결된다. 자신의 권리 주장을 보편화 가능한 이유로 정당화하고, 타인의 권리 주장을 진지하게 경청하며, 복잡한 가치 충돌 속에서 공정한 조정을 모색하는 능력은 선천적으로 주어지지 않는다. 시민 교육, 학교와 미디어에서의 공적 토론 경험, 시민배심원제나 공론화 위원회와 같은 제도적 실험들은 이러한 역량을 점진적으로 발전시키는 사회적 장치들이다. 권리와 정의를 둘러싼 논쟁은 그 자체로 공동체가 자신의 규범적 정체성과 미래 비전을 형성하고 갱신하는 메커니즘이다.

4. 자유주의 전통의 재발견과 제도적 실천

1) 롤즈 정의론과 공화주의 비지배 개념의 재구성

롤즈의 『정의론』(1971)은 자유와 평등을 상호 배제적 가치가 아니라 자유롭고 평등한 시민들 사이의 공정한 협력 조건으로 통합하려는 시도였다. 원초적 입장(original position)과 무지의 베일(veil of ignorance)은 단순한 사변적 장치가 아니라 사회적·자연적 우연성으로부터 독립된 정의 원칙을 도출하기 위한 규범적 절차로 설계된다. 롤즈에 따르면 이러한 절차를 통해 합의될 정의의 원칙은 (1) 모든 시민에게 동등한 기본적 자유를 보장하는 평등한 자유의 원칙, (2) 공정한 기회균등과 차등의 원칙이다.

이 두 원칙의 어휘적 서열(lexical priority)은 공리주의에 대한 비판적 대안으로 기능한다. 기본적 자유는 더 큰 사회경제적 효용을 이유로 거래될 수 없고, 공정한 기회균등은 차등의 원칙보다 우선한다. 동시에 롤즈는 기본적 자유를 "완전히 적절한 체계(fully adequate scheme)"로 이해하며, 자유들 상호 간의 조정 가능성을 인정한다. 표현의 자유와 공정한 재판을 받을 권리가 충돌할 때, 문제는 하나의 권리를 절대화하는 것이 아니라 각 자유가 체계 내에서 어떻게 조화될 수 있는지에 관한 제도적 설계이다.

이때 핵심은 형식적 자유가 아니라 자유의 "공정한 가치(fair value)"이다. 정치적 자유가 법적으로만 평등하게 보장될 경우 막대한 자원을 가진 소수가 언론·캠페인을 독점하는 상황이 발생할 수 있다. 롤즈는 이를 방지하기 위해 선거 자금 규제, 공적 토론 기회의 보장, 시민 교육을 정의의 문제로 본다. 더 나아가 차등의 원칙은 불평등을 전면 부정하지 않지만, 불평등이 최소 수혜자에게 실질적 이익을 가져다줄 때에만 정당화된다고 요구한다. 후기 롤즈가 제안한 '재산소유 민주주의(property-owning democracy)'는 사후적 복지국가를 넘어 자산·생산수단의 광범한 분산을 통해 경제권력의 집중을 제도적으로 제약하는 모델이다. 이는 자유주의 내부에서 경제·사회 구조의 민주화를 중시하는 공화주의적 요소를 강화한 것으로 평가할 수 있다.

그러나 공화주의(특히 피터 페팃 P. Pettit)의 입장에서 보면 롤즈의 정의론은 여전히 "지배(domination)"의 문제를 충분히 전면화하지 못한다. 롤즈가 주된 분석 단위로 삼는 '기본 구조(basic structure)'는 헌법, 재산 제도, 시장 구조 등 거시 제도에 초점을 맞추지만, 공화주의가 말하는 비지배의 자유(freedom as non-domination)는 일상적·미시적 권력

관계에까지 시야를 확장한다.

페팃의 비지배 개념에서 자유의 반대는 단순한 간섭(interference)이 아니라 자의적 지배(arbitrary domination)이다. 온정적("착한") 노예주가 실제로 간섭하지 않더라도, 노예가 언제든지 주인의 의지에 휘둘릴 수 있는 관계에 놓여 있다는 사실 자체가 비자유의 상태를 구성한다. 반대로, 공개된 규칙과 이의제기 가능성(contestability)에 의해 통제되는 법적 규제는 간섭이지만 지배는 아니다. 이 관점에서 비정규직 플랫폼 노동자, 단기계약 교사, 체류 자격이 불안정한 이주노동자, 계약 갱신 거부권을 일방적으로 행사할 수 있는 대형 임대인의 시장에서 살아가는 세입자 등은 설령 현재 강한 간섭을 당하고 있지 않더라도 구조적으로 지배 관계에 놓여 있는 집단으로 이해된다.

공화주의적 관점은 자유를 "방해받지 않는 사적 영역"이 아니라 법과 제도, 사회적 인식이 결합된 시민적 신분(civic status)의 문제로 재구성한다. 이때 자유로운 시민이란, 누구에게도 일방적으로 종속되지 않도록 제도적으로 보호받고, 공적 결정 과정에 실질적으로 접근할 수 있는 지위에 놓인 사람이다. 이런 의미에서 롤즈의 평등한 자유와 공정한 기회균등은, 비지배라는 공화주의적 기준과 결합될 때, 단순한 형식적 자유를 넘어 지배 없는 자유를 위한 구조적 조건으로 재해석될 수 있다.

2) 정의론·공화주의·실험주의: 제도 설계와 변화의 정치경제학

자유주의 전통 내부에서도 존 스튜어트 밀(J. S. Mill)은 인간 지식의 오류 가능성과 불완전성을 전제로 하는 반독단주의(fallibilism)를 강조했다. 『자유론』에서 제시된 "실험으로서의 삶(experiments in living)"은 개인의 자기 형성뿐 아니라 제도와 규범에도 적용된다. 어떤 제도도 최종적 해답이 아니라 현실 속에서 시험되고 수정되어야 할 가설에 가깝다는 것이다.

존 듀이(J. Dewey)의 실험주의적 민주주의 이론은 이 통찰을 집합적 차원으로 확장한다. 민주주의는 단순히 선거제도가 아니라 다양한 이해관계자들이 사회 문제를 공동으로 탐구하고 학습하는 방식이다. 듀이에게 전문가는 의사 결정을 대신하는 존재가 아니라 시민의 판단을 돕는 조력자이며, 정책과 제도는 "공중(the public)"이 겪는 결과에 대한 피드백을 통해 반복적으로 수정된다. 이는 비지배 공화주의가 요구하는 "항의와 이의제기 가능성"을 인식론적 측면에서 뒷받침하는 틀로 볼 수 있다.

현대의 제도적 실험주의(institutional experimentalism)는 이러한 전통 위에서 무작위 대조실험(RCT), 파일럿 프로그램, 사전·사후 영향 평가 등 경험적 방법론을 조직적으로 활용한다. 예를 들어 핀란드의 기본소득 실험, 여러 유럽 국가의 시민배심원제와 기후 시민의회, 독일·오스트리아의 이중 직업훈련제도 도입 과정에서의 지역 단위 시범 사업 등은 정책을 전면 도입하기 전에 제한된 규모에서 효과와 부작용을 검증하려는 시도로 해석할 수 있다.

그러나 공화주의적 정의 관점에서 제도 실험은 단순한 "효율성 개선 기술"이 아니라 분명한 윤리적·절차적 조건을 요청한다. 첫째, 비례성 원칙의 적용이다. 실험이 겨냥하는 공익이 무엇인지, 덜 침해적인 다른 수단은 없는지, 예상되는 희생과 이익의 분배가 정당한지에 대한 공개적 논증이 필요하다. 둘째, 가역성(reversibility)과 단계적 도입이다. 일몰조항(sunset clause), 정기적 재평가 의무, 명시된 중단 기준은 실험이 실패했을 때 피해를 최소화하고, 자의적 지배로 변질되는 것을 방지한다. 셋째, 이해관계자의 실질적 참여와 투명성이다. 특히 취약 계층이나 주변화된 집단이 단순한 "실험 대상"이 아니라 설계·평가 과정에 참여할 수 있어야 한다. 예컨대 도시 재생 사업이나 플랫폼 규제 실험에서, 해당 지역 주민과 플랫폼 노동자가 의사 결정 구조에 포함되지 않는다면 이는 비지배의 관점에서 정당성이 취약한 실험으로 평가될 수 있다. 넷째, 형평성과 비지배 관점의 사전 검토이다. 제도 실험이 특정 집단을 구조적으로 더 취약한 지위로 밀어 넣거나 항의·이의제기의 비용을 높이는 방식으로 작동한다면 이는 롤즈적 차등의 원칙과 공화주의적 비지배 모두에 어긋난다. 예컨대 규제 샌드박스가 소비자 보호, 개인정보 보호, 노동권을 과도하게 후퇴시키는 방식으로 운용될 경우 "혁신"이라는 명분에도 불구하고 자유의 조건을 잠식하는 제도일 수 있다.

또한 비교정치경제학의 "자본주의의 다양성(Varieties of Capitalism)" 논의가 보여주듯 제도 이식(institutional transplantation)은 경로의존성(path dependence)과 맥락 의존성을 고려해야 한다. 독일의 직업훈련 시스템, 북유럽의 보편적 복지국가, 동아시아의 개발국가적 조합은 각기 다른 역사·노동 시장·사회 신뢰 구조 위에서 작동해온 모델이다. 공화주의적 정의의 관점에서 "성공 사례"는 단순히 복제할 제도가 아니라 비지배·정의·효율이라는 다중의 목표를 어느 맥락에서 어떻게 조합했는지를 분석할 자료로 이해되어야 한다.

3) 맥락 의존적 변용과 자유·정의의 통합

공화주의와 정의론을 결합하는 작업은 자유와 정의, 개인과 공동체, 다양성과 통합 사이의 긴장을 제거하기보다 그 긴장을 지속적으로 관리하는 제도적 능력을 문제 삼는다. 공화주의는 자유를 "지배로부터의 자유"로 재정의하고, 롤즈적 정의론은 자유가 정당한 사회적·경제적 조건 속에서만 공정한 가치(fair value)를 가질 수 있음을 강조한다.

표현의 자유를 둘러싼 미국과 유럽의 상이한 모델은 이러한 긴장 관리 방식의 차이를 보여준다. 미국의 수정헌법 제1조 전통은 매우 광범위한 표현의 자유를 인정하는 대신 혐오 표현 규제에 소극적이다. 반면 유럽 인권재판소(ECtHR)와 독일 연방헌법재판소는 인간의 존엄과 민주적 공론장의 보호를 이유로 나치 찬양, 인종차별적 선동, 홀로코스트 부인 등에 대한 형사 처벌을 허용해 왔다. 어느 한 모델이 "정답"이라기보다는 각 사회가 역사적 경험(파시즘, 맥카시즘)과 현재의 위협(극우 포퓰리즘, 인종주의)에 대응해 표현의 자유와 비지배·존엄의 가치를 어떻게 조합하는지의 차이로 이해할 수 있다.

복지·노동·교육 제도 역시 자유와 정의의 통합 여부를 가늠하는 실증적 장(場)을 제공한다. 덴마크·네덜란드 등의 "유연안정성(flexicurity)" 모델은 기업에 일정한 고용 유연성을 허용하는 대신 해고된 노동자에게 강력한 소득 보장과 재훈련 프로그램을 제공한다. 이는 공화주의적 관점에서 노동자를 고용주의 자의적 의지에서 상대적으로 독립시키며, 롤즈적 관점에서는 최소 수혜자의 삶의 전망을 개선하는 장치로 평가될 수 있다. 건강보험 역시 개인 선택과 위험의 사회적 분산을 결합하는 대표적 제도이다. 단일 공보험 체계, 다층적 민영보험 결합 모델 등 다양한 설계가 존재하지만, 각각이 의료 접근성, 재정 지속가능성, 비지배(의료비 파탄에 대한 구조적 취약성 감소)를 어떻게 조합하는지 비교 평가하는 것이 중요하다.

이러한 비교는 동시에 "창조적 변용(creative adaptation)"의 필요성을 보여준다. 특정 제도의 명칭이나 형식이 동일하다고 해서 동일한 자유·정의·비지배 효과를 내는 것은 아니다. 독일식 공동결정제(Mitbestimmung)를 형식적으로 도입하더라도 노조 조직률, 기업 지배 구조, 산업 관계 문화가 다르면 노동이사의 실질적 영향력은 크게 달라질 수 있다. 반대로, 다른 이름과 형식을 갖추었지만, 기능적으로는 유사한 효과 - 예컨대 노동자의 비지배, 최소 수혜자의 지위 개선 - 를 내는 제도가 존재할 수 있다.

공화주의와 정의론의 관점에서 핵심은 자유가 실제로 누구에게, 어떤 권력 관계 속에서, 어떤 비용을 수반하며 보장되는지를 묻는 것이다. 실질적 자유는 공정한 기회, 사회적 안전망, 존엄성 보장을 전제로 하며, 이는 단지 개인의 권리 주장이 아니라 집합적 제도 선택의 결과이다. 동시에, 공동체적 연대와 통합이 정당성을 가지려면 다원적 삶의 방식을 억압하지 않고, 소수자의 비지배를 보장하는 방향으로 조직되어야 한다.

이 책이 취하는 공화주의적 정의의 관점에서 자유주의는 폐기 대상이라기보다 재구성과 비판적 보완의 대상이다. 롤즈 이후의 정의론, 페팃 이후의 공화주의, 실험주의적 제도 설계와 비교 정치경제학의 논의를 교차시키는 작업을 통해 자유주의 전통 내부에서 이미 존재해 온 해방적 자원을 발굴하고, 그것을 비지배와 사회적 정의의 관점에서 재구성하는 것이 가능하다. 이러한 재구성 작업은 단일한 모형을 제시하기보다 다양한 제도 실험과 맥락적 변용을 통해 자유와 정의가 동시에 증진될 수 있는 조건들을 분석적으로 밝혀내는 데 목적을 둔다.

5. 정치적 자유주의의 실천적 전개와 이론적 긴장

1) 공적 이성의 제도화: 규범적 이상과 제도 현실 사이

공적 이성(public reason)의 개념을 실제 제도 속에 구현하는 작업은 규범 이론과 정치 현실 사이의 간극을 정교하게 매개하는 과정을 필요로 한다. 롤즈가 말하는 공적 이성은 헌법적 기본 구조와 중대한 정의의 문제에 관해 시민들이 상호 정당화 가능한 이유만을 사용할 것을 요구하는 원칙이지만, 어떤 이유가 "공적으로 정당화 가능"한지의 경계는 이론적으로도, 실무적으로도 불분명하다. 이는 단순한 개념 정의의 문제가 아니라 민주적 토론이 실제로 어떻게 작동해야 하는지를 규정하는 실천적 문제와 직결된다.

예컨대 종교적 신념에 기초한 낙태 반대 주장은 공적 이성의 범위를 벗어나는가, 아니면 태아의 생명권이라는 정치적 가치로 번역될 수 있을 때 공적 이유로 수용 가능한가라는 질문이 제기된다. 롤즈는 후기 논문에서 이른바 '단서 조항(proviso)'을 도입하여 시민들이 포괄적 교설에 근거한 이유를 공적 논의에서 제시할 수 있으되, 적절한 시점에 그것을 공적 이유로도 뒷받침해야 한다고 완화된 규범을 제시한다(Rawls 1997). 롤즈가 제시한 공적 이성의 단서 조항(proviso)에 대해 로버트 아우디(Robert Audi)와 크리스토퍼 에버리(Christopher Eberle)는 상반되는 방향으로 비판을 제기하였다. 아우디는 주로 동기론(Motivational Account)에 기반하여 롤즈의 규범이 시민들에게 지나치게 엄격한 인지적 및 동기적 부담을 지운다고 비판하였다. 그의 비판에 따르면, 롤즈의 단서 조항은 시민들이 자신의 포괄적 교설을 공적 논의에서 제시하는 것을 허용하면서도, 반드시 적절한 시점에 공적 이유로 뒷받침해야 하는 무거운 의무를 부과하였다. 아우디는 개인이 종교적 신념에 근거하여 정치적 행위를 정당화하기 위해서는 다른 시민이 수용할 수 있는 세속적 이유(secular reason)가 동등하게 존재해야 한다는 '세속적 이유 조건(Secular Justification Condition)'을 주장하였고, 롤즈의 번역 요구는 공적 논의 참여에 있어 여전히 엄격한 장벽으로 작용한다고 보았다. 반면, 에버리는 종교적 시민의 성의(Integrity)와 윤리적 동기에 초점을 맞추어 롤즈의 완화된 규범이 공적 이성의 실질적 규범 내용을 약화시킨다고 비판하였다. 에버리는 롤즈가 포괄적 교설에 근거한 이유 제시를 허용함으로써 시민들이 공적 이유로 뒷받침할 의무를 전략적 수사(rhetorical strategy)로만 이용할 여지를 남겼다고 지적하였다. 에버리는 종교적 시민들이 포괄적 이유를 제시할 때 '선의의 탐구 의무(duty of sincere effort)'를 지켜야 한다고 주장하였으나, 롤즈의 단서 조항은 시민들이 진정한 공적 이유를 탐색하기보다는 정치적 이익을 위한 수단으로 공적 이성을 활용하게 하여 규범의 실효성을 떨어뜨린다고 비판하였다. 이처럼 롤즈의 단서 조항은 한편으로는 번역이 강제되어 엄격하다는 비판과 다른 한편으로는 번역의 의무가 전략화되어 규범 내용이 약화된다는 상반된 비판을 동시에 받게 되었다.

공적 이성의 제도화 양상은 사법부, 입법부, 행정부에서 서로 다르게 나타난다. 사법 심사에서 공적 이성의 요구는 상대적으로 분명하다. 법원은 판결문에서 헌법 규범과 법리에 근거한 논증을 제시해야 하며, 재판관 개인의 종교적·형이상학적 신념은 직접적 근거가 될 수 없다. 이 점에서 공적 이성은 이미 비교적 강한 제도적 관행을 가지고 있다. 반면 입법 과정은 훨씬 복잡하다. 의회는 다양한 이해관계와 가치관이 경쟁하는 장이며, 의원들은 자신의 선거구와 정당 지지 기반을 대변할 대표 책임을 부담한다. 롤즈는 입법자에게 공적 이성 준수 의무를 부여하지만, 그것이 의정 활동의 수사·정당화 방식만을 규율하는지, 아니면 정책 내용 자체를 제약하는지에 관해서는 해석이 갈린다. 전자의 경우 공적 이성은 주로 설명 방식의 규범에 머물고, 후자의 경우에는 다수결에 의해 채택 가능한 정책의 내용까지 제한하는 강한 규범이 되어 "민주적 자기결정"과 긴장을 빚는다.

행정 영역에서 공적 이성의 실천은 보다 미묘하다. 행정은 입법자가 설정한 목표를 기술적·조직적으로 구현하는 기능을 담당하지만, 실제로는 재량과 가치 판단이 결합된 결정을 내릴 여지가 크다. 재난 시 자원 배분, 규제의 구체적 집행 기준, 공공 서비스 우선순위 결정 등은 경험적 판단과 규범적 판단이 교차하는 영역이다. 이때 공적 이성은 행정의 투명성, 설명책임성(accountability), 이의제기 가능성(contestability)을 요구하는 절차적 원칙으로 작동할 수 있다. 결정의 근거를 문서화하여 공개하고, 이해당사자에게 이유를 제시하며, 행정심판·소송·옴부즈만 절차를 통해 이의를 제기할 수 있게 하는 것은 공적 이성의 규범을 행정에 접속시키는 방식이다. 동시에 이러한 절차적 요구는 행정의 효율성·전문성·신속성과 충돌할 수 있으며, 어느 지점에서 균형을 잡을 것인지에 대한 일관된 기준은 아직 확립되지 않았다.

한국 사회에서 공적 이성의 제도화는 정치적 양극화, 강한 정당 동원 체계, 언론·플랫폼 환경의 특수성과 얽혀 있다. 공적 논쟁이 상호 정당화보다는 진영 동원과 도덕적 낙인에 의해 구조화되는 상황에서 공적 이성의 요구는 관념적 이상으로 보이기 쉽다. 그럼에도 입법 과정에서 법안의 정당화 근거를 명시적으로 제출하도록 하고, 상이한 의견에 대한 응답 의무를 강화하며, 헌법재판에서 공적 이유의 제시를 엄격히 요구하는 장치는 공적 담론의 질을 점진적으로 변화시키는 제도적 실험으로 평가될 수 있다. 교육·언론·시민사회 영역에서 토론 규범과 비판적 사고를 강화하는 시도 역시 공적 이성의 사회적 기반을 형성하는 장기적 과제로 이해될 수 있다.

2) 중첩적 합의의 현실 조건: 다원주의, 안정성 그리고 범위

중첩적 합의(overlapping consensus)는 심각한 도덕·종교적 다원주의를 전제로 하면서도, 자유롭고 평등한 시민들의 정치적 연합이 장기적 안정성을 가질 수 있는 조건을 설명하려는 롤즈의 핵심 개념이다. 이 합의는 단순한 세력 균형에 따른 타협(modus vivendi)과 구별된다. 타협은 정치적 힘의 분포가 바뀌면 쉽게 붕괴되지만, 중첩적 합의는 각 포괄적 교설이 자신의 독자적 이유에서 공정한 정치적 정의관을 지지하기 때문에 정치 역학의 변화에도 상대적으로 견고한 지지를 유지할 수 있다는 것이다.

그러나 이 이상은 규범적으로 매력적인 만큼 현실적·개념적 의문을 동시에 낳아 왔다. 우선 롤즈는 "합리적 포괄적 교설"만이 중첩적 합의의 당사자가 될 수 있다고 제한한다. 합리적 교설은 타인의 이성 능력을 인정하고, 호혜성(reciprocity)의 원칙을 수용하며, 강제력 행사에 특별한 정당화 부담이 따른다는 점을 받아들이는 입장이다. 이 기준은 폭력적 근본주의나 권위주의적 이데올로기를 배제하기 위한 최소한의 장치로 제시되지만, 동시에 자유주의적 전제를 이미 포함하고 있다는 비판을 받는다. 곧 정치적 자유주의가 스스로 중립적이라고 주장하면서도 사실상 "합리성"의 기준을 자유주의적·개인주의적 전통에 맞추어 설정하고 있는 것이 아니냐는 문제 제기다.

또한 중첩적 합의가 성립한다 해도 각 교설이 정치적 정의관에 부여하는 "무게"와 "서열"은 상이할 수 있다. 어떤 종교적 전통은 헌법적 자유와 평등을 자신들의 교리 해석과 긴밀히 결부시키는 반면, 다른 전통은 정치적 정의를 보다 부차적 차원에서만 수용할 수 있다. 정치적·사회적 위기 상황에서 포괄적 교설과 정치적 정의가 충돌할 경우 시민들이 어느 쪽을 우선시할지는 예측하기 어렵다. 롤즈(Rawls)의 중첩적 합의(Overlapping

Consensus) 개념에 대해 존 퀑(Jonathan Quong)과 폴 위치먼(Paul Weithman)은 해당 합의가 정치적 안정성을 충분히 보장하는지에 대하여 회의적인 입장을 밝혔다. 퀑은 중첩적 합의가 성립되더라도 각 포괄적 교설이 정치적 정의관에 부여하는 "무게"와 "서열"이 상이할 수 있다는 점을 지적하였다. 이는 일부 교설은 헌법적 자유를 필수적으로 수용하는 반면, 다른 교설은 정치적 정의를 부차적인 차원에서만 수용할 수 있기 때문이다. 이로 인해 퀑은 정치적·사회적 위기 상황에서 포괄적 교설과 정치적 정의가 충돌할 경우 시민들이 어느 쪽을 우선시할지 예측하기 어려우며, 중첩적 합의가 진정한 의미의 정치적 안정성을 보장하지 못한다고 비판하였다.

한편, 위치먼은 중첩적 합의가 실제로 윤리적 동기를 통해 안정성을 가져오는지에 대해 의문을 제기하였다. 위치먼은 시민들이 정치적 정의관을 지지하는 동기가 순수한 도덕적 이유가 아닌 전략적 이유나 현실적 이익에 기반할 가능성을 배제할 수 없다고 보았다. 따라서 중첩적 합의는 롤즈가 의도했던 것만큼 강력한 도덕적 **기반을 갖춘 안정성**을 제공하지 못하며, 이로 인해 이론의 실질적 효용성이 약화된다는 점을 강조하였다. 즉, 두 학자는 중첩적 합의가 충돌 상황에서의 안정성 유지 메커니즘과 시민들의 지지 동기 측면에서 근본적인 취약점을 내포하고 있음을 비판하였다.

중첩적 합의의 범위 설정 역시 난해한 문제를 제기한다. 롤즈는 합의의 대상을 "헌법적 본질(constitutional essentials)"과 "기본적 정의의 문제"로 제한하려고 한다. 그러나 어느 권리·정책이 이 범주에 들어가는지는 여전히 논쟁적이다. 전통적인 시민·정치적 자유뿐 아니라 건강권·교육권·주거권과 같은 사회권이 기본적 정의의 일부인지, 기후 정의·세대 간 정의·동물 권리와 같은 새로운 쟁점들이 포함되는지에 따라 합의의 범위와 난도는 크게 달라진다. 범위를 좁히면 합의 형성 가능성은 높아지지만, 정치적 정의관이 실제 쟁점들을 충분히 포괄하지 못한다. 반대로 범위를 넓히면 이론의 실천적 유용성은 커지지만, 현실에서 달성 가능한 합의 수준은 낮아질 수밖에 없다.

또 다른 차원은 정치심리학적 조건이다. 중첩적 합의가 기능하기 위해서는 시민들이 서로 다른 포괄적 교설을 지닌 이를 "오류를 범할 수 있지만 기본적으로는 이성적이고 협력 가능한 동료 시민"으로 인식해야 한다. 그러나 정동적 양극화(affective polarization)가 심화된 사회에서는 정치적 반대자를 도덕적으로 타락했거나 위협적인 집단으로 상정하는 경향이 강화된다. 이는 단지 개인적 편견의 문제가 아니라 미디어 구조, 정당 체계,

사회경제적 분절과 결합된 구조적 현상이다. 한국 사회에서 세대·지역·이념 간 분열은 이러한 정동적 양극화의 전형적인 사례로 논의될 수 있다. 이 경우 중첩적 합의의 가능성은 단지 이론의 문제가 아니라 상호 신뢰와 상호 존중을 어떻게 회복할 것인가라는 보다 폭넓은 사회적·문화적 과제와 연결된다.

3) 정치적 자유주의의 포용성과 배제: 기준, 비판 그리고 한계

정치적 자유주의는 표면적으로 특정 포괄적 교설에 중립적이라고 주장하지만, 실제로는 특정 가치와 인간관을 전제하고 있다는 점에서 비판의 대상이 되어 왔다. 롤즈는 자신의 정치적 정의관이 어떤 종교·철학·도덕 이론에도 의존하지 않는 "자족적(freestanding)" 구성물이라고 주장한다. 그러나 비판자들에 따르면 정치적 자유주의는 개인의 도덕적 자율성, 공정한 협력, 상호 존중이라는 자유주의적 가치를 이미 출발점으로 삼는다. 그 결과, 이와 양립하기 어려운 포괄적 교설 - 신정주의, 강한 완전주의적 덕 윤리 - 는 본질적으로 주변화된다.

이 논쟁은 '합리적' vs '비합리적' 교설의 경계 문제로 구체화된다. 롤즈는 타인의 기본적 자유를 인정하지 않거나, 호혜성을 거부하거나, 강제력 행사의 특별한 정당화 부담을 부인하는 교설은 비합리적으로 보고 중첩적 합의의 대상에서 배제한다. 하지만 이 기준 자체가 자유주의적 정치문화에 사회화된 시민의 관점에서 구성된 것은 아닌지, 그리고 역사적 종교 전통이나 비서구 사상 일부를 불필요하게 비합리적 범주로 밀어 넣는 것은 아닌지에 대한 우려가 제기된다. 합리성 기준이 사실상 자유주의적 선이해를 전제한다면, 정치적 자유주의는 "모든 합리적 교설에 중립적인 이론"이 아니라 "자유주의에 우호적인 교설들 사이의 규범적 규약"에 가까워진다는 평가가 가능하다.

공동체주의적 비판, 특히 샌델(M. Sandel)의 논의는 또 다른 각도에서 정치적 자유주의의 전제를 드러낸다. 샌델에 따르면 롤즈의 시민은 자신의 선관념(conception of the good)과 거리를 둘 수 있는 "무연고적 자아(unencumbered self)"로 상정된다. 정치적 논증에서 종교적·문화적 정체성을 괄호 치는 것은 많은 시민에게 자기 이해와 도덕적 정체성의 핵심을 배제하는 요구로 느껴질 수 있다. 샌델은 이에 대하여, 자아는 특정 공동체와 전통에 의해 구성되며, 정치도 이들 전통과 가치에 대한 실질적 논의를 통해 이루어져야 한다고 주장한다. 그러나 고도의 가치 다원성을 전제로 할 때, 어느 전통을 "공유된 기반"으로 삼을 수 있는지에 대한 해답을 제시하기 어렵다는 점에서, 공동체주의 또한 자체적 한계를 가진다.

페미니즘 이론은 롤즈의 공·사 구분이 지닌 문제를 지적한다. 롤즈는 헌법적 기본 구조와 공적 제도에 정의의 원칙이 적용되고, 가족과 같은 사적 영역은 상대적으로 간접적인 방식으로만 규율된다고 본다. 그러나 오킨(S. Okin) 등은 가족이야말로 성별 권력 관계와 정의 문제가 밀집된 공간이며, 이를 "사적 영역"으로 분리하는 것은 가부장적 지배를 비가시화하는 효과를 낳는다고 비판한다. 롤즈가 후기 논의에서 가족을 기본 구조의 일부로 포함시키려 했다는 점은 이러한 비판을 의식한 수정으로 이해할 수 있지만, 그 경우 정치적 자유주의가 지향하는 공·사 구분과의 긴장이 증폭된다. 가족 내부의 성별 분업과 폭력, 돌봄 노동의 불평등을 정의의 관점에서 다루려면 사적 영역의 급진적 정치화가 불가피하며, 이때 정치적 자유주의의 "정치의 한정된 영역"이라는 구상은 크게 수정되어야 한다.

이런 비판들에 직면하여 롤즈는 자신의 이론이 보편적인 "정치철학의 최종 이론"이 아니라 이미 헌정적 민주주의의 전통을 가진 사회에서 암묵적으로 형성된 자유주의적 정치 문화를 명시화하는 시도라고 해석할 수 있다고 제안한다. 그러나 그럴 경우 정치적 자유주의의 규범적 보편성은 약화되고, 특정 역사적 맥락에 한정된 해석적 이론에 가까워진다. 자유주의적 규범과 제도를 갖추지 못한 사회에 대해서 정치적 자유주의가 어떤 지위를 갖는지 - 처방적 기준인지, 단지 비교·진단의 도구인지 - 는 여전히 불명확한 채 남는다.

4) 정치적 자유주의 이후의 지형: 대안 이론들과의 긴장과 상호 보완

정치적 자유주의의 장점과 한계는 그것과 경쟁하거나 보완하려는 다른 이론들과의 대화를 통해 더 잘 드러난다. 급진 민주주의, 숙의 민주주의, 능력 접근, 인정 이론 등은 각기 다른 방향에서 정치적 자유주의를 비판하고 수정하려 한다.

랑시에르(J. Rancière)나 무페(C. Mouffe)로 대표되는 급진 민주주의는 정치의 본질을 합의가 아니라 "불화(dissensus)"와 "헤게모니 투쟁"에서 찾는다. 이들에게 정치란 이미 자리 잡은 질서("경찰의 질서")에 균열을 내고, 배제된 자들이 자신을 정치적 주체로 출현시키는 행위다. 이 관점에서 보면 중첩적 합의와 공적 이성은 기존 지배 질서를 안정화하는 장치로 보일 위험이 있다. 정합적 정치 정의론은 근본적 갈등과 저항의 가능성을 이론 바깥으로 밀어내며, 정치의 변혁적 차원을 희석시킨다는 비판이다. 다만 급진 민주주의가 제기하는 불화의 정치가 제도화된 안정성과 어떤 관계를 맺을 수 있는지, 그리고 지속 가능한 권리·제도 구조를 어떻게 설명할 수 있는지에 대해서는 그들 스스로 충분한 답을 제시하지 못하고 있다는 지적도 병존한다.

숙의 민주주의 이론은 롤즈와 일정 부분 문제의식을 공유하면서도, 정당성의 기초를 "결과로서의 합의"보다 "절차로서의 숙의 과정"에 두려 한다. 하버마스(J. Habermas)의 담론 이론에서 정당성은 이상적 담론 상황 - 강제 없는 소통, 평등한 참여, 더 나은 논증에 대한 개방성 - 에 근접한 실제 토론 과정으로부터 도출된다. 롤즈가 원초적 입장과 공적 이성이라는 추상적 장치를 통해 정치적 정의관의 내용을 규범적으로 구성하는 것과 달리 하버마스는 현실의 공론장에서 이루어지는 상호 이해 지향적 의사소통에 규범적 무게를 실으려 한다. 그러나 실제 사회에서 권력과 불평등이 언어·지식·참여 기회에 깊이 스며들어 있다는 점을 고려할 때 이상적 담론 상황의 규범은 어느 수준에서 현실에 요구될 수 있는지에 대한 문제는 여전히 남는다.

정의는 자원의 분배가 아니라 인간이 실질적으로 할 수 있고 될 수 있는 것의 범위를 확장하는 데 초점을 맞추어야 한다. 이는 사회·경제·문화적 조건의 이질성과 취약성에 보다 민감한 접근이며, 정치적 자유주의가 상대적으로 추상적 수준에서 머물러 있는 "자유롭고 평등한 시민" 모델을 수정할 필요성을 제기한다. 동시에 어떤 능력을 "핵심적"이라고 볼 것인지, 그 목록을 어떻게 정당화할 것인지가 다시 논쟁의 대상이 되며, 이는 롤즈가 피하고자 했던 포괄적 가치 이론의 문제를 다시 호명하게 만든다.

인정 이론(recognition theory)은 정의의 범위를 재분배(distribution)를 넘어 인정(recognition)의 문제로 확장한다. 프레이저(N. Fraser)와 호네트(A. Honneth)는 경제적 불평등뿐 아니라 문화적 무시·모욕·낙인이 정의의 핵심 문제라고 주장하면서, 자원 분배와 상징 질서의 재구성을 통합적으로 다루어야 한다고 본다. 정치적 자유주의는 시민의 형식적 평등과 기본권의 보장을 강조하지만, 실제 사회 관계 속에서 특정 집단이 "동등한 시민으로 존중받지 못하는" 상황 - 성소수자, 이주민, 장애인, 특정 지역·계층에 대한 편견 - 을 충분히 설명하지 못한다는 비판이 제기된다. 그러나 인정 이론이 제기하는 집단적 정체성의 요구와 정치적 자유주의의 보편주의·개인주의적 시민 개념 사이에는 긴장이 존재하며, 집단 권리·문화적 예외 정책이 공적 이성의 기준과 어떻게 조화될 수 있는지는 여전히 논쟁적이다.

이러한 대안 이론들은 정치적 자유주의를 완전히 대체하는 "새로운 패러다임"이라기보다 그 한계를 지시하면서 수정과 보완의 방향을 제시하는 이론적 자원으로 이해할 수 있다. 공화주의적 비지배 개념은 자유를 단순한 비간섭이 아니라 권력 구조와 연결된 지위의 문제로 재정의하고, 능력 접근은 자원의 분배를 넘어 실질적 삶의 기회를 강조하며, 인정 이론은 시민 평등의 상징·문화적 조건을 전면화한다. 숙의 민주주의와 급진 민주주의는 정당성의 절차적·갈등적 차원을 부각시킨다.

정치적 자유주의는 이 가운데 일부를 내부에 흡수하거나, 인접 이론과의 "약한 연합" 형태로 결합함으로써 자유와 정의, 다원성과 안정성, 개인과 공동체 사이의 복합적 긴장을 보다 다층적으로 다루는 이론적 도구 상자의 일부로 재위치될 수 있다. 이러한 재위치는 정치적 자유주의를 폐기하는 것이 아니라 그것을 공화주의적 정의론, 능력 접근, 인정 이론과 나란히 배치하여 상호 견제와 상호 보완이 가능한 관점들 중 하나로 이해하는 방향을 함축한다.

대표 참고자료

Habermas, Jürgen (1996). *Between Facts and Norms: Contributions to a Discourse Theory of Law and Democracy*. Cambridge: MIT Press.

Rawls, John. *Political Liberalism: Expanded Edition*. New York: Columbia University Press, 2005.

Dworkin, Ronald. 1977. *Taking Rights Seriously*. Cambridge: Harvard University Press.

제2장 자유주의의 자기모순과 21세기의 위기

1. 자유주의의 자기소진: 도구적 이성과 정당성의 공백

20세기 비판이론의 가장 중요한 통찰은 막스 호르크하이머와 테오도르 아도르노가 1944년 완성한 「계몽의 변증법(Dialektik der Aufklärung)」에서 시작된다. 이 저작은 나치즘의 야만성을 목격한 망명 지식인들의 절망적 성찰에서 탄생했으며, 서구 문명의 합리성 자체에 대한 근본적 의문을 제기했다. 호르크하이머와 아도르노는 근대 계몽주의가 신화적 사고와 미신으로부터 인간을 해방시키려 했던 원래의 의도와 달리 그 과정에서 이성 자체가 도구적 합리성으로 축소되면서 새로운 형태의 지배와 억압을 생산하게 되었다고 진단했다. 그들이 발견한 핵심적 역설은 "계몽은 신화를 몰아냈지만, 그 과정에서 이성은 수단·효율·예측 가능성의 계산으로 축소되었고, 결과적으로 해방의 이성은 지배의 이성으로 전도될 수 있다"는 것이었다. 이들에게 아우슈비츠는 단순한 야만의 회귀가 아니라 극도로 합리화된 시스템이 만들어낸 극한의 결과물이었으며, 이는 계몽 이성의 내재적 모순이 현실화된 가장 끔찍한 사례였다.

호르크하이머는 후속 저작인 「도구적 이성 비판(Critique of Instrumental Reason)」(1947)에서 이러한 분석을 더욱 체계화했다. 그는 서구 사상사를 관통하는 이성 개념의 변화를 추적하면서, 고대 그리스로부터 중세 그리고 근대에 이르는 과정에서 이성이 어떻게 변질되어 왔는지를 보여준다. 호르크하이머에 따르면 고대와 중세의 "객관적 이성(objective reason)"은 진리와 선, 정의와 같은 실질적 가치들에 대한 합리적 성찰을 가능하게 했으며, 목적 자체의 합리성을 묻는 능력을 의미했다. 이러한 객관적 이성은 우주의 질서와 인간의 목적을 연결시키는 형이상학적 체계 안에서 작동했으며, 개별적 행위의 의미를 전체적 맥락 속에서 판단할 수 있는 기준을 제공했다. 그러나 근대로 오면서 이러한 객관적 이성은 점차 쇠퇴하고, 대신 "주관적 이성(subjective reason)" 즉 도구적 이성이 지배적이 되었다. 도구적 이성은 목적에 대한 실질적 성찰을 포기하고, 오직 주어진 목적을 달성하기 위한 가장 효율적인 수단을 계산하는 능력으로 합리성을 제한한다. 이 과정에서 합리성의 내용(목적·가치·의미)은 비워지고, 오직 형식(수단·방법·효율성)만이 남게 되며, 결국 인간 자신까지도 수단화하는 결과를 낳는다.

아도르노는 특히 「부정변증법(Negative Dialektik)」(1966)에서 이러한 도구적 이성의 작동 메커니즘을 "동일성 사고(Identitätsdenken)"로 분석했다. 그에 따르면 계몽 이성의 핵심적 특징은 모든 것을 개념으로 포섭하고 동일화하려는 강박적 충동에 있다. 이러한 동일성 사고는 개별적이고 고유한 것들을 일반적 범주로 환원시키며, 결과적으로 차이와 다양성을 체계적으로 억압한다. 현실의 복잡성과 모순을 단순한 공식으로 정리하려는 이러한 경향은 사회 영역에서는 관료적 행정과 기술적 통제로 구현된다. 아도르노가 "전면적으로 관리된 사회(total verwaltete Gesellschaft)"라고 명명한 상황은 바로 이러한 동일성 논리가 사회 전체를 지배하게 된 상태를 가리킨다. 이 사회에서 개인들은 더 이상 자율적 주체가 아니라 시스템의 기능적 요소로만 존재하며, 모든 사회적 관계는 효율성과 예측가능성의 원리에 따라 재편된다. 아도르노는 이러한 상황에서 진정한 비판적 사고는 "부정변증법"을 통해서만 가능하다고 보았는데, 이는 동일성의 강요에 맞서 비동일적인 것들의 권리를 옹호하고, 개념이 포착하지 못하는 현실의 잉여를 보존하려는 철학적 노력이다.

아도르노에게서 '동일성 사고'란 사유가 대상을 파악하는 데 불가피하게 사용하는 개념적 동일화의 절차가 과도하게 일반화되어, 개별자의 차이를 삭제하고 지배의 논리로 굳어질 때를 가리킨다. 인식은 언제나 개념을 통해 이루어지므로 일정한 수준의 추상화와 분류는 피할 수 없지만, 문제가 되는 것은 이 동일화의 충동이 스스로를 절대화하여 현실의 다층성과 저항성 – 아도르노가 '비동일적인 것(das Nichtidentische)'이라 부른 – 을 체계적으로 무화할 때이다. 이때 개념은 대상의 풍부함을 비가시화하고, 대상이 개념에 '맞지 않는' 여분을 오류나 잡음으로 처리한다. 아도르노는 이를 인식론의 문제를 넘어 사회적·역사적 문제로 확장한다. 교환가치가 지배하는 근대 자본주의 사회에서 사물과 인간은 등가성의 표준에 따라 상호대체 가능한 항목으로 분해되고, 효율·예측가능성·계량화 같은 운영 원리들이 일상과 제도를 관통한다. 이러한 경향은 막스 베버가 '합리화'로 진단했던 흐름과 접점을 가지지만, 아도르노는 그것이 단순한 근대화가 아니라 지배의 형태로 굳어졌음을 더 급진적으로 비판한다.

'전면적으로 관리된 사회'라는 표현은 바로 이러한 비판의 사회학적 번역이다. 여기서 '관리'는 단지 관료제나 공공행정의 팽창을 뜻하지 않는다. 그것은 경제, 행정, 과학기술, 문화산업이 상호 결합되어 삶의 영역들을 표준화·규격화·예측가능하게 만들고, 개인을 자기 목적적 주체가 아니라 시스템의 기능적 변인으로 환원하는 구조적 메커니즘을 가리킨다. 법률과 정책의 세분화, 데이터에 기초한 행동 예측, 성과 지표에 맞춘 교육과 노동, 문화콘텐츠의 대량 생산과 소비 양식 등은 서로 다른 장처럼 보이지만 동일화의 논리를 매개로 수렴한다. 그 결과 사회적 관계는 의미와 해석의 공간이라기보다 통제와 조정의 회로로 재편되고, 개인은 규범적 자율성의 주체라기보다 사전 설정된 분류와 알고리즘에 따라 배치되는 '프로필'로 취급된다. 아도르노가 문화산업을 비판할 때 겨냥한 것도 이 지점이다. 문화는 차이를 생산하고 성찰을 자극하는 힘을 가져야 하지만, 표준화된 형식과 예측 가능한 반응을 극대화하는 산업적 합리성은 오히려 감수성과 비판적 사유를 둔화시킨다.

그렇다고 해서 아도르노가 개념적 사유 자체를 폐기하거나 반이성주의로 돌아가자는 것은 아니다. 그가 제안하는 '부정변증법'은 동일성의 강요를 멈추라는 금지의 명령이 아니라 개념이 대상과 결코 완전히 일치하지 않는다는 인식에서 출발하여 사유가 자기 한계를 성찰하도록 요구하는 규범적 방법이다. 전통적(특히 헤겔적) 변증법이 모순을 지양의 운동 속에서 더 높은 통일로 종결시키는 경향을 지닌다면, 아도르노의 부정변증법은 모순이 드러내는 상처와 불화를 섣불리 봉합하지 않고, 개념이 포획하지 못하는 대상의 '잉여'를 사유의 중심에 남겨둔다. 이는 단순한 상대주의나 무정형의 파편주의가 아니라 '사물의 우위(Primat des Objekts)'를 인정하며 개념이 대상에 가하는 폭력을 최소화하려는 규범적 태도이다. 아도르노가 즐겨 말하듯 "전체는 진실이 아니라는" 통찰은 체계적 종합이 낳는 망각 – 특히 고통과 피해의 기억의 삭제 – 에 맞서 부분과 특수자의 발언권을 보장하려는 윤리적 요청으로 읽어야 한다.

이러한 맥락에서 부정변증법은 두 가지 과제를 수행한다. 첫째, 인식론적 과제다. 사유는 대상을 포착할 때 항상 잉여를 남긴다는 사실을 끊임없이 반성하고, 고정된 정의 대신 '성좌(Konstellation)'처럼 서로 다른 규정들이 맺는 관계망을 통해 대상을 둘러싸는 방식을 택해야 한다. 이것은 정의를 포기하자는 뜻이 아니라 정의가 갖는 폭력성을 최소화하기 위해 복수의 관점과 단절의 징후를 함께 배치하는 서술 전략을 채택하자는 제안이다. 둘째, 사회비판적 과제다. 동일성 논리가 제도와 행정 합리성 속에서 작동할 때 그것이 구체적으로 누구의 삶을 침묵시키고 어떤 필요를 비가시화하는지를 추적해야 한다. 예컨대 복지 정책의 표준화가 '평균적 수요자'의 편의에 최적화되면서 비표준적 삶을 제도

밖으로 밀어내는 방식, 데이터 기반 거버넌스가 변동성과 우발성을 '노이즈'로 처리하며 삶의 의미망을 축소하는 방식을 드러내는 작업이 이에 해당한다. 비판은 총체를 거부하는 반체계가 아니라 총체가 스스로 만든 맹점을 파고드는 세밀한 기술을 필요로 한다.

이로부터 규범적 함의가 도출된다. 첫째, 합리성의 내용 변형이 필요하다. 아도르노의 목표는 이성을 폐기하는 것이 아니라 지배와 교환 동형성에 종속된 '도구적 이성'을 자기성찰적·해방적 이성으로 전환하는 것이다. 이 전환은 정책 설계와 제도 운영에서 단일 지표의 최적화에 매몰되지 않고, 소수자의 경험과 예외 상황을 제도 내부의 학습 장치로 포섭하는 절차적 감수성을 요구한다. 둘째, 미학과 비판의 역할이 재평가된다. 동일화의 압력이 강할수록 예술적 형식과 비판적 이론은 '비동일적인 것'의 흔적을 보존하는 사회적 기억 장치로 작동한다. 형식의 실험, 익숙한 것의 낯설게 하기, 개념으로 환원되지 않는 질감과 침묵의 배치 등은 단지 취향의 문제가 아니라 지배적 분류 체계의 경계를 드러내는 인지적·윤리적 실천이다. 셋째, 민주주의의 과제도 재구성된다. 참여와 심의가 형식적으로만 확장될 경우 동일성의 기준을 재생산하는 절차가 될 위험이 있다. 따라서 제도적 심의는 '대표성'의 표준을 수정 가능한 가설로 다루고, 실제로 목소리를 잃은 집단이 발언권을 회복할 수 있도록 설계되어야 한다.

끝으로 오해를 피하기 위해 강조할 점이 있다. 아도르노가 비동일적인 것의 권리를 옹호한다고 해서 모든 차이를 본질화하거나 통합적 판단을 전면 거부하자는 것이 아니다. 판단과 행위에는 불가피하게 개념적 축약이 필요하며, 법과 정책은 일정한 보편성 없이는 작동할 수 없다. 비판의 초점은 이 보편성이 자신을 역사와 경험으로부터 면책된 절대로 오인할 때이다. 부정변증법은 보편의 자리를 비우는 회의주의가 아니라 보편을 역사적·물질적 고통의 감수성과 접속시켜 끊임없이 재구성하려는 실천적 프로젝트다. 요컨대 주어진 문단이 요약하듯, 동일성 논리가 사회 전반의 관리 합리성으로 응고될 때, 철학의 과제는 통합의 서사에 저항하는 사유의 미세한 운동을 통해 삭제된 차이와 억압된 목소리를 다시 가시화하는 데 있다. 이는 인식의 겸허함이자 정치적 책임감이며, 계몽의 자기 철회를 통해서만 계몽이 스스로를 구제할 수 있다는 역설적 주장과 맞닿아 있다.

호르크하이머와 아도르노가 말하는 '문화산업(Kulturindustrie)'은 도구적 이성이 문화 영역에서 작동하는 방식을 사회이론적 차원에서 규정한 개념이다. 「계몽의 변증법」의 해당 장("Kulturindustrie: Aufklärung als Massenbetrug")에서 그들은 문화가 더 이상 자율적 형식 실험이나 자기반성의 장이 아니라 산업적 생산과 유통의 표준에 종속된 상품 생산의 한 부문이 되었음을 지적한다. 핵심은 생산과 유통의 합리화가 문화의 내부 형식에까지 침투해 서사 구조, 장르 관습, 음악적 화성 진행, 스타 시스템, 편성 전략 등 전반을 규격화한다는 점이다. 이때 표준화(standardization)는 단지 비슷한 것들을 많이 만든다는 뜻이 아니라 위험 관리와 수익 예측을 위해 작품의 구조적 변수들을 사전에 모델화하고 반복 가능하게 만드는 생산 합리성의 원리이다. 관객의 주의력, 기대, 정서 반응이 측정 가능한 지표로 환원될수록 기획과 편성은 더 촘촘해지고, 형식과 내용은 교환 가능한 블록으로 분절되어 조립된다.

'유사-개별화(pseudo-individualization)'는 이러한 표준화가 낳는 단조로움을 상쇄하기 위해 부여되는 표면적 차이의 장치다. 아도르노가 대중음악 분석에서 정식화했듯 곡의 기본 구조나 화성 진행처럼 핵심 뼈대는 고정된 채 음색 변화, 장식적 변주, 가수의 개성적 제스처, 연출상의 '파격' 같은 요소로 개별성을 가장한다. 서사물에서도 비슷한 일이 반복된다. 사건 전개, 인물 유형, 갈등의 해소 방식은 공식을 따르되 배경, 말투, 캐스팅, 촬영 기법 같은 차이를 부가하여 신선함의 인상을 준다. 관객은 다수의 선택지 앞에 서 있는 듯 보이지만, 실질적 결정은 이미 장르 공식과 산업 표준이 선행적으로 구조화해 놓는다. 이것이 '선택의 자유'가 제공되는 동시에 기획된 선택의 회로 밖으로 벗어나기 어렵게 되는 이유다.

문화산업은 단지 재화를 판매하는 데서 그치지 않고, 지각 습관과 정동 반응의 양식을 길들이는 장치로 기능한다. 반복 가능하고 예측 가능한 리듬과 서사는 수용자에게 '다음에는 이렇게 전개될 것'이라는 기대 스키마를 내면화시키고, 그 스키마에 부합하는 자극에만 반응하도록 훈육한다. 음악 비평에서 아도르노가 말한 '퇴행적 청취'의 도식 - 전체 형식의 내적 논리를 추적하는 대신 갈무리된 후렴구와 익숙한 클리셰에 즉각 반응하는 습관 - 은 영화, 드라마, 예능, 광고, 게임 전반에 확장될 수 있는 지각 양식의 문제로 읽힌다. 미학적 경험은 낯선 것과의 마찰에서 생기는 성찰적 불편을 피하고, 이미 예견된 쾌락의 신호를 재확인하는 방향으로 수렴한다. 이때 '재미'와 '휴식'은 감각적 방출이라기보다 다음 소비를 위한 재충전과 재동원의 회로에 편입된다. 문화적 만족은 곧 브랜드 충성, 플랫폼 체류 시간, 시청률과 같은 계량화 가능한 지표로 전환되고, 이러한 지표는 다시 기획 단계의 표준을 더 정밀하게 만든다. 생산-유통-소비-피드백으로 이어지는 이 순환은 문화적 차이의 여지를 좁히며, '다름'은 시장세분화의 전략으로만 남는다.

그 결과 문화산업은 주체 형성의 양식에도 개입한다. 아도르노와 호르크하이머의 진단에서 문제의 초점은 '우민화'라는 감정적 비난이 아니라 판단력과 상상력의 작동 구조가 외부에서 설계된 스키마에 의존하도록 재구성된다는 점에 있다. 기성의 코드가 내면화되면, 수용자는 실제로는 도식의 빈칸을 채우는 역할만 수행하면서도 스스로 선택했다고 느낀다. 비판적 거리를 둘 수 있는 시간을 확보하기 어렵고, 의미에 대한 질문은 '더 빨리, 더 쉽게, 더 많이'라는 운영 원리에 종속된다. 이처럼 문화적 훈육을 통해 성립한 주체는 민주적 공론에 참여하는 성찰적 시민과 일정 부분 긴장 관계를 이룬다. 복잡한 논거를 숙고하고 상충하는 주장 사이의 내적 논리를 비교-평가하는 능력은 즉시성의 자극과 단순한 선호의 표명으로 대체될 위험이 있는 것이다. 두 저자가 경고하는 바는, 문화산업이 정치 권력의 노골적 강제가 아니라 쾌락과 습관을 매개로 자발적 동조를 조직하는 미시적 장치로서 작동할 때 시민적 성숙의 사회적 조건이 약화된다는 점이다.

이 진단은 예술 전반의 가치를 부정하려는 것이 아니다. 오히려 그들은 '자율예술'의 비동일성, 즉 개념과 제도적 분류가 포착하지 못하는 낯섦과 저항의 잔여를 보존하려는 시도를 중요하게 여긴다. 다만 산업적 합리성의 압력이 강할수록 자율예술은 주변화되거나 반항의 코드마저 상품화되어 다시 유통 회로에 편입된다. '파격'과 '실험'은 마케팅 범주의 하나가 되고, 급진적 정서는 스타일의 차별화 전략으로 흡수된다. 이러한 포섭 능력은 문화산업의 강점이자 비판의 표적이다. 차이를 흡수하여 차이를 소거하는 능력, 곧 유사-개별화를 통해 표준의 지배를 강화하는 능력이 문화 영역의 도구적 이성을 잘 보여준다.

정직하게 말하자면, 이론은 의도적으로 과장된 측면 - 당대 할리우드 스튜디오 시스템과 라디오 네트워크의 독점 구조를 배경으로 한 일종의 총체적 비관 - 을 포함한다. 관객의 능동성, 해석 공동체의 다양성, 하위문화의 전유와 전복 가능성을 부각한 후속 연구들은 문화산업 명제가 과도하게 단선적이라고 비판해 왔다. 그러나 이러한 반론들 역시 산업적 표준화가 형식과 수용의 습관을 강하게 규정한다는 사실을 완전히 부정하지는 못한다. 오히려 오늘날의 플랫폼 기반 추천 시스템과 프랜차이즈 지적재산권의 확장, 크로스미디어 시너지 등은 그들의 통찰 - 예측가능성의 극대화와 위험 최소화를 위한 구조적 반복, 차이의 상품화 - 가 여전히 유효한 분석 틀임을 시사한다. 중요한 것은 진단의 도덕적 격분이 아니라 형식적 표준과 지각 습관, 산업 지표와 창작 결정 사이의 인과 고리를 세밀하게 추적하는 일이다. 그렇게 할 때 문화산업 비판은 단순한 '고급/저급'의 위계화가 아니라 도구적 이성이 문화적 형식과 주체 형성에 미치는 구조적 효과를 가시화하는 사회이론으로서 의미를 갖는다. 이 맥락에서 아도르노와 호르크하이머의 경고 - 문화가 오락으로만 조직될 때 성찰과 판단의 능력이 제도적으로 약화될 수 있다는 통찰 - 는 민주주의의 토대인 시민적 자율성의 조건을 점검하라는 요청으로 읽히며, 표준화의 압력 속에서도 비동일적인 것을 보존하려는 미학적·정치적 실천의 필요성을 재확인시킨다.

2. 절차적 정의와 정치적 자유주의의 모순

존 롤즈의 정치철학은 20세기 후반 이후 현대 정치철학의 지형을 근본적으로 재편한 기념비적 작업으로 평가된다. 그의 이론적 기획은 무엇보다 현대 사회를 지배하는 도구적 이성의 문제에 대한 규범적 대안을 모색하는 과정에서 출발한다. 도구적 이성이란 목적과 수단의 관계를 효율성의 관점에서만 계산하는 합리성의 형태로 막스 베버가 '목적합리적 행위'로 개념화하고, 막스 호르크하이머와 테오도르 아도르노가 『계몽의 변증법』에서 비판적으로 분석한 바 있는 근대성의 핵심 특징이다. 롤즈는 이러한 도구적 이성이 정치적 영역을 지배할 때 개인의 존엄성과 사회적 공정성이 어떻게 위협받는지를 예리하게 통찰하고, 이에 대한 체계적인 대안을 제시하고자 했다. 그의 작업은 단순한 철학적 사변이 아니라 현실 정치제도의 정당성 위기에 대응하는 실천적 의도를 강하게 내포하고 있었다.

롤즈의 문제의식은 1971년 발표된 『정의론(A Theory of Justice)』에서 구체적으로 형상화되는데, 여기서 그가 정의의 1차적 대상으로 규정한 것은 사회의 '기본 구조(basic structure)'이다. 기본 구조란 헌법, 경제제도, 법률체계, 정치제도 등 주요 제도들의 상호작용이 시민들의 권리와 기회, 소득과 부의 분배 그리고 자존감의 사회적 기초에 장기적으로 미치는 총체적 효과를 의미한다. 이러한 접근법 자체가 이미 개별적 거래나 단기적 효용 계산에 매몰되기 쉬운 도구적 이성의 한계를 극복하려는 시도였으며, 동시에 당시 지배적이었던 공리주의와 자유지상주의 모두에 대한 근본적 도전을 의미했다. 기본 구조에 대한 강조는 개인들의 선택과 행위가 이루어지는 제도적 배경 자체가 공정해야 한다는 인식에서 출발하며, 이는 단순히 절차적 공정성만으로는 실질적 정의를 달성할 수 없다는 깊은 통찰을 반영한다. 롤즈는 이를 통해 개인의 자율성을 존중하면서도 사회적 결과에 대한 집합적 책임을 동시에 추구할 수 있는 이론적 토대를 마련하고자 했다. 이는 19세기 자유주의의 개인주의적 한계와 20세기 집합주의의 전체주의적 위험을 모두 피하면서도 현대적 정의 개념을 구성하려는 야심찬 시도였다.

이러한 문제의식을 해결하기 위해 롤즈가 고안한 핵심 장치가 바로 '원초적 상황(original position)'과 '무지의 베일(veil of ignorance)'이라는 사고실험이다. 원초 상황은 사회 구성원들이 자신들이 살아갈 사회의 기본 원칙을 선택하는 가상적 협상 상황을 설정하는데, 여기서 결정적 제약 조건이 되는 것이 무지의 베일이다. 무지의 베일은 당사자들로 하여금 자신의 사회적 지위, 재능과 능력, 소득 수준, 종교적 신념, 인종, 성별, 심지어 자신이 속한 세대까지도 전혀 알 수 없게 만드는 인식론적 제약으로 이를 통해 각자가 자신의 기득권을 보호하려는 편파적 이해관계에 매몰되는 것을 원천적으로 차단한다. 이러한 설정의 철학적 의의는 진정으로 보편적이고 공정한 관점에서 사회 원칙을 도출할 수 있다는 점에 있으며, 동시에 칸트의 정언명령과 같은 형이상학적 전제 없이도 도덕적 객관성을 확보할 수 있는 절차적 메커니즘을 제공한다는 데 있다. 롤즈는 이를 '순수 절차적 정의(pure procedural justice)'라고 명명했는데, 이는 결과의 정의로움이 그 결과를 낳은 절차의 공정성에 의해서만 판단되는 상황을 의미한다.

무지의 베일 하에서 당사자들이 직면하는 선택 상황의 특성을 이해하는 것은 롤즈 이론의 핵심을 파악하는 데 결정적이다. 이들은 확률 정보를 알 수 없으므로 기댓값을 계산할 수 없으며, 따라서 전통적인 경제학적 합리성 개념으로는 설명되지 않는 선택 상황에 놓인다. 동시에 이들은 '헌신의 긴장(strains of commitment)'이라는 심리적 제약도 고려해야 하는데, 이는 원칙 선택 후 베일이 걷혔을 때 자신이 어떤 처지에 있더라도 그 원칙을 성실히 준수할 수 있어야 한다는 도덕적 부담을 의미한다. 롤즈는 여기에 추가로 '상호 무관심(mutual disinterestedness)'이라는 조건도 부과하는데, 이는 당사자들이 타인의 이익에 대해 특별한 관심을 갖지 않으며 오직 자신의 몫을 최대화하려 한다는 가정이다. 이러한 구조적 제약들은 당사자들로 하여금 최악의 경우를 고려한 신중한 선택을 하도록 유도하며, 결과적으로 단순한 사익 계산을 넘어서는 상호성(reciprocity)과 공정성의 원리를 자연스럽게 도출하게 만든다. 이 과정에서 핵심적인 것은 개인의 합리성이 부정되는 것이 아니라 오히려 진정한 의미에서의 합리성 - 자신이 처할 수 있는 모든 가능한 상황을 고려한 신중한 판단 - 이 발휘된다는 점이다.

이러한 정교한 절차를 통해 도출되는 것이 롤즈의 유명한 '정의의 두 원칙'이다. 첫 번째 원칙은 '동등한 기본 자유의 원칙'으로 모든 시민이 다른 사람들의 동등한 자유와 양립할 수 있는 범위 내에서 가장 광범위한 기본적 자유를 누려야 한다는 것이다. 여기서 기본적 자유에는 정치적 자유(선거권과 공직 취임권), 양심의 자유와 사상의 자유, 개인의 자유(심리적 억압과 신체적 강제로부터의 자유), 재산권(개인적 재산에 한함), 법의 지배에 따른 자의적 체포와 압수로부터의 자유 등이 포함된다. 두 번째 원칙은 '공정한 기회균등을 전제한 차등 원칙'으로 사회적 경제적 불평등은 두 조건을 동시에 만족할 때만 정당화된다고 규정한다. 첫째는 공정한 기회균등의 조건 하에서 모든 사람에게 개방된 직책과 지위에 결부되어야 한다는 것이고, 둘째는 사회의 최소수혜자들에게 최대의 이익이 되어야 한다는 것이다. 이 두 번째 원칙은 롤즈가 후에 '기회의 공정한 평등(fair equality of opportunity)'과 '차등 원칙(difference principle)'으로 더 명확히 구분하여 제시하게 된다.

특히 주목할 점은 이 두 원칙 사이, 그리고 두 번째 원칙 내부의 사전적(lexical) 우선순위이다. 첫 번째 원칙은 두 번째 원칙에 절대적으로 우선하며, 두 번째 원칙 내에서도 공정한 기회균등이 차등 원칙보다 앞선다. 이는 기본적 자유를 경제적 효율성이나 전체 복지의 증진과 거래하지 않겠다는 강력한 규범적 약속을 의미하며, 동시에 기회 구조의 불평등이 해결되지 않은 상태에서 결과의 불평등을 정당화하지 않겠다는 원칙적 입장을 담고 있다. 이러한 사전적 순서는 롤즈가 공리주의의 집계적 논리와 자유지상주의의 절대적 재산권 옹호 모두를 거부하는 핵심 근거가 된다. 롤즈는 이를 통해 자유와 평등 사이의 전통적 긴장을 해결하려 했는데, 기본적 자유의 우선성을 확보함으로써 개인의 자율성을 보장하면서도 차등 원칙을 통해 실질적 평등을 추구할 수 있다고 보았다. 그러나 이러한 우선순위 설정은 동시에 경제적 불평등이 기본적 자유의 실질적 행사에 미치는 영향을 과소평가할 위험도 내포하고 있다는 비판을 받아왔다.

롤즈의 이론적 기획에서 또 다른 핵심 축을 이루는 것은 칸트적 인격주의의 현대적 재정식화 작업이다. 칸트가 제시한 "인간을 결코 단지 수단으로만 대우하지 말고 언제나 동시에 목적으로 대우하라"는 정언명령을 롤즈는 정치철학적 차원에서 제도적으로 구현하고자 했다. 그는 이 과제를 수행하기 위해 먼저 공리주의에 대한 근본적 비판을 전개했는데, 그 핵심은 공리주의가 '개인의 분리성(separateness of persons)'을 충분히 고려하지 못해 한 사람의 손실을 다른 사람의 이익으로 상쇄하는 집계적 계산을 허용한다는 것이었다. 제러미 벤담의 양적 쾌락주의부터 존 스튜어트 밀의 질적 공리주의, 그리고 헨리 시지위크의 정교한 공리주의 체계에 이르기까지, 모든 형태의 공리주의는 궁극적으로 전체 효용의 극대화라는 목표 앞에서 개별 인간의 존엄성을 희생시킬 가능성을 내재하고 있다는 것이 롤즈의 진단이었다. 이는 예컨대 다수의 큰 이익을 위해 소수의 기본권을 침해하는 것을 정당화하거나, 경제적 효율성을 위해 일부 계층을 희생시키는 정책을 옹호하는 결과로 이어질 수 있다. 롤즈는 이러한 집계적 사고방식이 각 개인을 독립적이고 불가침의 존재로 인정하지 못한다고 보았으며, 따라서 인간 존엄성의 원리와 근본적으로 양립할 수 없다고 판단했다.

이러한 문제를 해결하기 위해 롤즈가 제시한 핵심 개념이 '사회적 기본재(primary social goods)'이다. 사회적 기본재란 사회가 제도적으로 분배하고 보장하는 일반적 수단들로써 합리적 인간이라면 자신의 인생 계획이 무엇이든 더 많이 가지기를 원할 것들을 의미한다. 구체적으로는 권리와 자유, 기회의 구조(직업 선택과 이동의 자유, 다양한 배경을 가진 사람들에게 균등하게 개방되어야 하는 직책과 지위에의 접근 등), 공직과 직위가 가져다주는 권능과 특권, 소득과 부 그리고 자존감의 사회적 기초가 여기에 속한다. 자존감의 사회적 기초는 특히 중요한 개념인데, 이는 개인이 자신의 인생 계획을 가치 있는 것으로 여길 수 있는 확신과 그 계획을 실행할 능력에 대한 믿음을 사회가 제도적으로 뒷받침해야 한다는 의미이다. 롤즈는 이를 '가장 중요한 기본재'라고 부르기도 했는데, 다른 모든 기본재들이 개인에게 실질적 의미를 갖기 위해서는 개인이 자신과 자신의 계획에 대해 갖는 존중감이 사회적으로 지지되어야 하기 때문이다. 기본재 접근법의 혁신성은 개인의 선호나 효용이 아니라 객관적으로 식별 가능한 자원들에 초점을 맞춤으로써 대인 비교의 어려움을 해결하고, 동시에 개인의 책임과 선택의 여지를 보장한다는 데 있다.

기본재 개념의 철학적 의의는 그것이 '얇은(thin) 선 이론' 위에서 정의된다는 점에 있다. 롤즈는 현대 다원주의 사회에서 선한 삶이 무엇인지에 대한 실질적 합의는 불가능하다고 보았으며, 이는 단순히 경험적 관찰이 아니라 자유 사회의 본질적 특성에 대한 규범적 판단이었다. 종교적, 철학적, 도덕적 신념이 다양한 사람들이 공존하는 사회에서는 특정한 선관을 정치적으로 강요할 수 없으며, 따라서 정의의 원칙은 다양한 선관에 중립적으로 유효한 형식적 조건들에 기초해야 한다는 것이다. 기본재는 바로 이러한 중립적 조건들을 구체화한 것으로 개인이 자신만의 선관을 추구할 수 있는 공정한 기회와 수단을 제공하는 것을 목표로 한다. 이는 아리스토텔레스적 완전주의나 종교적 근본주의와 같이 특정한 선관을 정치적으로 강요하려는 시도들에 맞서는 자유주의적 대안이면서, 동시에 개인의 자율성을 실질적으로 보장하기 위한 사회적 조건들을 명시한다. 그러나 이러한 '얇은' 접근법이 과연 인간 존재의 사회적·관계적 차원을 충분히 포착할 수 있는지, 그리고 문화적 정체성이나 소속감과 같은 '두꺼운' 가치들의 정치적 중요성을 과소평가하는 것은 아닌지에 대한 비판도 지속적으로 제기되어 왔다. 마이클 샌델을 비롯한 공동체주의자들은 이 지점에서 롤즈의 개인주의적 전제를 근본적으로 문제삼았다.

차등 원칙의 정확한 의미를 이해하는 것은 롤즈 이론의 핵심을 파악하는 데 결정적 중요성을 갖는다. 차등 원칙은 단순한 빈곤 완화나 최소한의 사회보장망 제공에 그치지 않으며, 또한 결과의 완전한 평등을 요구하지도 않는다. 그것은 제도 설계의 목적함수 자체를 '최소수혜자 집단의 합리적 기대치 최대화'로 재정의하는 강력한 분배 준칙이다. 즉, 사회제도를 평가할 때 전체 효용의 합이나 평균 소득 수준이 아니라 가장 불우한 처지에 있는 사람들의 상황이 얼마나 개선되는지를 최우선 기준으로 삼아야 한다는 것이다. 이는 게임이론에서 차용된 '맥시민(maximin)' 전략 – 최악의 결과를 최대한 좋게 만드는 전략 – 의 적용으로 존 내시와 존 하사니의 연구에서 영향을 받았지만, 롤즈의 손에서 단순한 기술적 도구를 넘어 도덕적 의미를 획득하게 되었다. 차등 원칙이 혁신적인 것은 불평등 자체를 부정하지 않으면서도 그 불평등이 사회의 모든 구성원, 특히 최약자에게 이익이 되는 방향으로만 허용한다는 점이다. 예를 들어, 의사에게 높은 보수를 지급하는 것이 의료 서비스의 질을 높여 결과적으로 가난한 사람들도 더 나은 의료 혜택을 받을 수 있게 한다면 그러한 불평등은 정당화될 수 있다는 것이다. 그러나 이는 동시에 매우 까다로운 경험적 조건들 – 인센티브 효과, 사회적 협력의 조건, 최소수혜자에 대한 실질적 이익 등 – 을 만족해야만 한다는 것을 의미한다.

롤즈가 강조하는 것은 원초 상황이 단순한 형식적 장치가 아니라는 점이며, 그로부터 도출되는 두 원칙 역시 내용 공백의 절차주의가 아니라는 것이다. 정의의 두 원칙은 실질적이고 풍부한 규범적 함의를 낳으며, 이를 현실 제도에 적용할 때의 정책적 결과들을 살펴보면 이 점이 분명해진다. 먼저 기본적 자유의 원칙에서는 실질적 기본권 목록이 구체화되어야 하는데, 이는 단순한 소극적 자유를 넘어서 민주적 참여와 자기계발을 위한 적극적 조건들을 포함한다. 정치적 평등은 형식적 선거권을 넘어 실질적인 정치 참여 기회의 균등을 요구하며, 이는 선거자금 규제, 공적 정치자금 지원, 미디어 접근권의 보장 등을 포함한다. 교육과 고용에서의 실효적 기회균등은 출발점의 형식적 평등을 넘어서 개인의 노력과 재능이 사회적 배경이나 우연적 요소에 의해 좌우되지 않고 공정하게 발현될 수 있는 조건을 만드는 것을 의미한다. 이를 위해서는 조기 아동교육에서부터 고등교육에 이르는 교육 기회의 실질적 평등, 직업 훈련과 재교육 기회의 제공, 차별 금지와 적극적 우대 조치 등이 필요하다. 차등 원칙의 적용은 조세정책, 이전지출, 시장 규제의 전면적 재설계를 요구하는데, 누진세제의 강화, 상속세와 증여세를 통한 세대 간 불평등 완화, 기본소득이나 음의 소득세와 같은 새로운 분배 메커니즘의 도입 그리고 시장 집중과 독점을 방지하기 위한 규제 등이 포함될 수 있다.

이러한 원칙들이 현실에서 작동하기 위해서는 롤즈가 명시한 추가적 조건들이 충족되어야 한다. '공개성(publicity)' 조건은 정의의 원칙과 제도의 작동 원리가 모든 시민에게 공개되고, 이해되고, 수용될 수 있어야 한다는 것으로, 이는 단순한 정보 공개를 넘어서 시민들이 자신이 살아가는 사회의 기본 규칙을 합리적으로 이해하고 내재화할 수 있어야 한다는 의미이다. 이는 정치적 정당성의 핵심 요소로 시민들이 자신들에게 적용되는 권력의 행사가 어떤 원리에 기초하고 있는지 알 권리가 있으며, 동시에 그 원리들이 그들 자신의 합리적 판단에 의해 승인될 수 있어야 한다는 민주적 요구를 반영한다. '안정성(stability for the right reasons)' 조건은 더욱 까다로운 요구인데, 정의로운 제도가 시민들의 도덕심리와 정치문화 위에서 장기적 지지가능성을 확보해야 한다는 것이다. 즉, 제도가 단순히 외적 강제나 일시적 타협에 의해 유지되는 것이 아니라 시민들이 그 제도를 내적으로 승인하고 자발적으로 준수하려는 동기를 가질 때 비로소 진정한 의미에서 안정적이라는 것이다. 이를 위해서는 정의로운 제도 하에서 성장한 시민들이 정의감을 발달시키고, 사회적 협동의 가치를 내재화하며, 상호성의 원리를 자연스럽게 받아들이게 되는 도덕적 학습 과정이 필요하다. 롤즈는 이를 '도덕 발달의 심리학'이라는 별도의 장에서 상세히 다루었는데, 인간의 도덕적 능력이 적절한 사회적 환경에서 자연스럽게 발달할 수 있다는 낙관적 전망을 제시했다.

이러한 조건들을 종합해 보면, 롤즈의 정의론은 도구적 이성을 단순히 폐기하거나 억압하는 것이 아니라 그것을 공정한 절차와 상호성의 제약 아래 제도화하여 개인의 존엄과 자유를 보호하는 방향으로 '길들이는' 정교한 시도라고 평가할 수 있다.

그러나 롤즈의 이론적 여정은 여기서 끝나지 않았으며, 1993년 『정치적 자유주의(Political Liberalism)』로 이어지는 중요한 전환을 겪게 된다. 이 전환의 배경에는 '합리적 다원주의의 사실(the fact of reasonable pluralism)'에 대한 깊어진 인식이 있었는데, 이는 단순히 경험적 관찰이 아니라 자유 사회의 본질적 특성에 대한 철학적 성찰이었다. 롤즈는 현대 자유민주 사회에서 종교적, 철학적, 도덕적 포괄 교리들 사이에 근본적 합의에 도달하는 것이 불가능할 뿐만 아니라 그러한 합의를 강요하는 것 자체가 자유와 관용의 원칙에 어긋난다는 깨달음에 이르렀다. 이는 『정의론』에서 칸트주의적 자율성 개념에 의존했던 자신의 접근법이 실제로는 하나의 포괄적 교리에 기초하고 있으며, 따라서 진정한 의미에서 중립적이지 못했다는 자기 비판을 포함한다. 이러한 인식의 전환에는 '판단의 부담(burdens of judgment)'이라는 개념이 중요한 역할을 했다. 판단의 부담이란 인간의 인지적 한계로 인해 복잡하고 근본적인 문제들에 대해서는 합리적이고 선의의 사람들 사이에서도 불가피하게 의견 차이가 발생할 수밖에 없다는 인식이다. 이는 의견 차이가 무지나 악의, 편견에서만 비롯되는 것이 아니라 인간 이성의 구조적 한계에서 발생할 수 있음을 인정하는 겸손한 인식론적 태도를 반영한다. 경험적 증거의 복잡성과 불확실성, 관련 고려 사항들의 무게를 평가하는 방식의 차이, 개념들의 모호성, 개인의 총체적 경험이 판단에 미치는 영향, 서로 다른 규범들 사이의 선택에서 발생하는 어려움, 제한된 사회적 제도 공간에서 모든 가치를 동시에 실현하는 것의 불가능성 등이 그 구체적 요인들이다.

이러한 인식에 기초하여 롤즈는 자신의 정의론을 '정치적 개념(political, not metaphysical)'으로 재구성했다. 이는 정의의 원칙들을 특정한 종교적 교리나 형이상학적 체계에 뿌리내리지 않고, 헌정질서의 공통 핵심 - 자유롭고 평등한 시민들의 공정한 사회적 협동 - 에서 정당화하려는 시도였다. 즉, 칸트주의나 공리주의 혹은 특정한 자연법 전통과 같은 포괄적 교리에 의존하지 않고도 정치적 영역에서 공유될 수 있는 원칙들을 모색하는 것이었다. 이는 철학적 기초를 포기하는 것이 아니라 오히려 더 견고한 기초를 찾으려는 시도로 다양한 철학적 전통들이 각자의 이유에서 동의할 수 있는 정치적 합의의 가능성을 탐구하는 것이었다. 롤즈는 이를 통해 자신의 이론이 다원주의 사회에서 실제로 실현 가능한 정치적 이상이 될 수 있다고 보았다.

3. 정치적 자유주의로의 전환 - 중첩적 합의와 공적 이성

그러나 이러한 '정치적' 전환이 과연 성공적이었는지, 그리고 정치적 개념과 포괄적 교리 사이의 경계를 명확히 설정할 수 있는지에 대해서는 여전히 논란이 계속되고 있다. 이런 맥락에서 등장한 핵심 개념이 '중첩적 합의(overlapping consensus)'이다. 중첩적 합의란 서로 다른 포괄적 교리를 가진 시민들이 각자의 독특한 이유와 근거에서 출발하면서도 동일한 정치적 원칙들을 지지하게 되는 상황을 의미한다. 예를 들어, 칸트주의자는 인간 존엄성의 형이상학적 토대와 자율성의 선험적 가치에서, 공리주의자는 장기적 사회 효용의 극대화와 개인적 선호의 동등한 고려라는 관점에서, 기독교도는 하나님의 형상으로 창조된 인간에 대한 사랑과 이웃에 대한 돌봄이라는 신학적 근거에서, 그리고 세속적 휴머니스트는 인간의 자율성과 번영, 합리적 대화에 대한 관심에서 출발하여 모두 종교적 관용과 기본적 자유, 민주적 평등, 사회적 협동의 원칙들을 지지할 수 있다는 것이다. 이는 단순한 전략적 타협이나 임시방편이 아니라 각 전통이 자신의 깊은 신념에 기초하여 내린 진정한 확신에 바탕을 둔 합의라는 점에서 안정적이고, 지속가능한 정치적 연합의 가능성을 제시한다. 중첩적 합의의 개념은 또한 정치적 관용이 단순한 무관심이나 회의주의가 아니라 서로 다른 신념체계들 사이의 존중과 상호 인정에 기초할 수 있음을 보여준다. 그러나 실제로 이러한 중첩적 합의가 어느 정도까지 가능한지, 그리고 합의의 범위를 넘어서는 쟁점들에 대해서는 어떻게 대처해야 하는지에 대한 질문들이 남아 있다.

이러한 중첩적 합의가 가능하고, 지속가능하기 위한 핵심 조건이 바로 '공적 이성(public reason)'의 규범이다. 공적 이성이란 헌정의 본질(기본권, 평등, 정치적 공정성)과 기본적 정의 사안에 관한 공적 토론에서 모든 시민이 상호 수용 가능한 정치적 가치와 증거에 근거하여 논증해야 한다는 규범적 요구이다. 이는 시민들이 자신의 정치적 입장을 다른 시민들이 그들 나름의 합리적 판단 능력을 통해 받아들일 수 있는 형태로 제시해야 한다는 '상호성의 기준(criterion of reciprocity)'을 핵심으로 한다. 공적 이성의 이상은 민주주의의 근본 정신과 깊이 연결되어 있는데, 시민들이 정치적 권력의 행사에 대해 서로에게 합리적 정당화를 제공할 수 있어야 한다는 것이다. 이는 단순히 다수결에 의한 결정을 넘어서, 그 결정이 모든 시민에게 합리적으로 받아들일 수 있는 이유에 기초해야 한다는 더 까다로운 요구이다. 공적 이성의 내용에는 정치적 정의에 관한 합리적 원칙들(자유와 평등에 관한 원칙들), 탐구의 합리적 방법들(과학적 추론, 상식적 추론의 규칙들) 그리고 실용적 판단의 기준들(다양한 정치적 가치들 사이의 균형을 잡는 방식들)이 포함된다. 그러나 공적 이성의 구체적 내용을 누가 어떻게 결정하는가의 문제, 그리고 그것이 실제 정치 과정에서 어떻게 적용될 수 있는가의 문제는 여전히 복잡한 이론적, 실천적 과제로 남아 있다.

롤즈는 이와 관련해 '합리적(reasonable)'과 '합리적(rational)'을 구분하는 중요한 개념적 구분을 도입했다. '합리적(rational)'은 개인이나 집단이 자신의 목적과 이익을 지능적이고 효율적으로 추구하는 능력을 의미하는 반면, '합리적(reasonable)'은 공정한 사회적 협동의 조건을 수용하고 타인과의 상호성을 인정하며 존중하는 태도를 뜻한다. 합리적 존재는 자신만의 선관과 이익을 추구하지만, 합리적 존재는 다른 사람들도 동등하게 자신들의 선관을 추구할 권리가 있음을 인정하고, 모든 사람이 받아들일 수 있는 공정한 협동의 조건을 찾으려 한다. 공적 이성의 규범은 바로 이 '합리적' 차원에서 작동한다. 시민들이 자신의 '합리적' 이익을 추구하는 것은 완전히 정당하지만, 정치적 영역에서는 그것이 '합리적' 상호성의 조건 안에서 이루어져야 한다는 것이다. 이러한 구분은 개인의 자율성과 사회적 협동 사이의 긴장을 해결하려는 롤즈의 시도를 반영한다. 개인이 자신의 삶의 계획을 자유롭게 추구할 권리를 존중하면서도, 그것이 타인의 동등한 권리와 조화될 수 있는 방식을 모색하는 것이다.

그러나 롤즈는 공적 이성의 적용 범위를 무제한적으로 확장하지는 않았다. 그는 공적 이성이 정치적 논의의 전 범위에 적용되는 것이 아니라 헌정의 본질과 기본적 정의 사안에 한정된다고 명시했으며, 이는 정치적 자유주의가 완전주의적 자유주의와 구별되는 핵심 지점이다. 또한 '공적 이성의 광의(wide view of public reason)'와 '단서 조항(proviso)'을 통해 시민들이 공적 포럼에서 자신의 종교적, 철학적 신념을 표현할 수 있는 상당한 여지를 남겨두었다. 단서 조항에 따르면 시민들은 포괄적 교리에 근거한 이유들을 자유롭게 제시할 수 있지만, '적절한 시점'에 그러한 입장을 정치적 가치의 언어로도 정당화할 수 있어야 한다는 조건이 있다. 이는 종교적이거나 철학적 논거를 즉시 배제하는 것이 아니라 궁극적으로는 모든 시민이 공유할 수 있는 정치적 이유로 번역될 수 있어야 한다는 요구이다. 예를 들어, 시민이 종교적 신념에 기초하여 특정 정책을 지지한다고 해서 그것이 즉시 부적절한 것은 아니지만, 그는 또한 그 정책이 왜 종교를 가지지 않은 동료 시민들에게도 합리적으로 받아들여질 수 있는지를 설명할 수 있어야 한다는 것이다.

이러한 완화 장치들에도 불구하고, 롤즈의 공적 이성론에 대해서는 학계와 시민사회 모두에서 다양한 각도의 비판이 제기되어 왔다. 가장 근본적인 우려는 공적 이성의 규범이 형식적으로는 중립적이지만 실질적으로는 특정한 자유주의적 문화코드를 특권화하여 종교적 언어와 전통적 가치관의 공적 가시성을 축소할 위험이 있다는 것이다. 공동체주의자들, 특히 마이클 샌델, 찰스 테일러, 알래스데어 매킨타이어 등은 공적 이성이 추상적 개인주의를 전제하여 공동체의 실질적 전통과 구성적 가치들을 사적 영역으로 밀어내는 효과를 낳는다고 비판했다. 샌델은 특히 낙태나 동성혼 같은 도덕적으로 논쟁적인 쟁점들에서 종교적 논거나 전통적 가치관을 배제하는 것이 민주적 토론을 빈곤하게 만들고, 실제로는 세속적 자유주의의 가치관을 강요하는 효과를 낳는다고 주장했다. 또한 공적 이성의 요구가 실제로는 교육받은 중간계층의 담론 방식을 보편화하여 다른 사회적 배경을 가진 시민들의 정치 참여를 어렵게 만들 수 있다는 지적도 있다.

비판이론가들은 더 근본적인 차원에서 구조적 문제들을 지적했다. 위르겐 하버마스는 롤즈와의 유명한 논쟁에서 롤즈의 접근법이 담론의 형식적 절차 조건에만 주목하고 실질적 담론 조건 - 미디어의 독점과 조작, 경제적 불평등이 정치 참여에 미치는 체계적 영향, 권력 관계에 의해 체계적으로 왜곡된 의사소통 구조 등 - 을 간과한다고 비판했다. 하버마스에 따르면 아무리 이상적인 절차적 조건을 설정하더라도 현실의 권력 관계와 사회적 불평등이 해결되지 않으면 진정한 의미에서의 민주적 담론은 불가능하다. 또한 공적 이성의 규범이 전문가주의와 기술관료주의를 강화하여 일반 시민의 정치적 판단력을 위축시키고, 정치적 참여를 형식화할 위험도 지적되었다. 복잡한 정책 문제들이 기술적 전문성을 요구한다는 명목 하에 시민들의 실질적 참여가 배제되고, 결국 정치가 행정으로 축소되는 탈정치화 현상이 나타날 수 있다는 것이었다. 이는 칼 슈미트가 일찍이 자유주의에 대해 제기했던 '정치적인 것의 부정' 비판과도 연결되는 문제이다.

4. 도구적 이성을 넘어서? - 롤즈 이론의 의의와 구조적 한계

이러한 다각도의 비판들은 롤즈의 이론이 도구적 이성 지배에 대한 대안으로서 갖는 의의와 한계를 동시에 드러낸다. 긍정적 측면에서 평가해보면 롤즈의 이론적 기획은 여러 차원에서 도구적 이성의 한계를 극복하려는 중요한 시도들을 포함하고 있다. 원초 상황의 설정은 개인들이 순수한 사익 계산과 단기적 효용 극대화에 매몰되는 것을 구조적으로 차단하고, 상호성, 공개성, 안정성이라는 비도구적 규범들을 정치제도의 핵심 설계 원리로 내재화시킨다. 무지의 베일이라는 장치는 특히 중요한데, 이는 개인의 합리성을 부정하는 것이 아니라 오히려 진정한 의미에서의 합리성 - 자신이 처할 수 있는 모든 가능한 상황을 고려한 신중하고 장기적인 판단 - 을 발휘하도록 유도한다. 차등 원칙은 전체 효용의 극대화나 절대적 재산권 같은 일원적 기준으로 환원되지 않는 독창적인 제3의 규범적 표준을 제공함으로써 사회적 약자와 최소수혜자에 대한 민감성을 제도의 핵심 원리로 확립한다. 이는 시장 논리나 정치적 다수의 자의적 결정에 맞서는 견고한 규범적 방어벽을 구축하는 효과를 갖는다. 사회적 기본재의 공정한 분배 원칙은 개별 인간의 존엄성을 보호하는 최소한의 기준선을 설정하면서도, 동시에 개인의 자유로운 선택과 책임의 여지를 보장하는 정교한 균형을 추구한다. 공적 이성의 이상은 정치적 권력의 행사가 모든 시민에게 합리적으로 정당화될 수 있어야 한다는 민주적 요구를 구체화하며, 이는 단순한 다수결 민주주의를 넘어서는 숙의민주주의의 가능성을 제시한다.

그러나 한계 또한 명확하고 근본적이다. 롤즈의 이론적 구성은 현실 사회에서 시민들이 실제로 직면하는 구체적 조건들 - 불평등한 교육 기회, 미디어와 정보에 대한 차별적 접근, 경제적 압박이 정치 참여에 미치는 영향, 문화적 자본의 불평등한 분배 등 - 을 제도적 이상화 과정에서 추상화하거나 과소평가할 위험이 있다. 특히 프랑크푸르트 학파가 『계몽의 변증법』과 『일차원적 인간』에서 분석한 바와 같은 문화산업과 대중매체를 통한 의식의 조작, 소비주의 문화를 통한 욕구의 조작 그리고 기술합리성을 통한 정치적 상상력의 제약과 같은 현대 자본주의 사회의 구조적 특성들은 롤즈의 분석틀에서 충분히 다뤄지지 않는다. 공적 이성의 규범이 아무리 정교하게 설계되더라도 그것이 작동하는 사회적, 경제적, 문화적 조건들에 대한 체계적 분석 없이는 형식적 합리성으로 재흡수될 위험이 상존한다. 또한 개인의 자율성과 합리적 선택 능력을 전제로 하는 롤즈의 시민 개념은 실제로는 특정한 사회적 배경과 문화적 자본을 가진 시민들의 경험을 보편화할 위험이 있으며, 이는 계급, 젠더, 인종, 문화적 배경에 따른 차이들을 간과하거나 중립화할 수 있다.

더 근본적으로는, 롤즈가 의도적으로 '정치적' 차원에 국한시킨 자신의 이론적 범위와 관련된 구조적 한계가 있다. 그는 자본주의적 축적 체계, 매체와 권력의 결합 양상, 관료제적 합리화 과정, 세계화와 신자유주의적 구조조정이 국내 정치에 미치는 영향 등에 대한 사회이론적 분석을 의도적으로 자제했는데, 이는 그의 규범적 구성과 현실 분석 사이에 중요한 간극을 남긴다. 막스 베버의 '철창'(*stahlhartes Gehäuse*) 진단이나 게오르크 루카치의 '물화' 분석, 그리고 프랑크푸르트 학파의 도구적 이성 비판이 제기한 문제들 - 즉 현대 사회에서 합리성 자체가 지배의 도구로 전환되는 과정 - 은 단순히 정치적 절차의 개선만으로는 해결되지 않을 수 있다. 이는 롤즈의 접근법이 본질적으로 제도 중심적이고 절차 중심적인 성격을 갖고 있어서 권력과 지배의 더 미묘하고 은밀한 형태들 - 푸코가 분석한 '규율권력'이나 그람시가 개념화한 '헤게모니' 같은 - 을 포착하는 데 한계가 있음을 시사한다.

또한 21세기에 들어 더욱 심각해진 새로운 도전들 - 디지털 자본주의와 플랫폼 경제, 인공 지능과 알고리즘에 의한 의사 결정, 기후 변화와 생태 위기, 세계화와 이주의 문제, 정보의 과부하와 가짜뉴스, 정치적 양극화와 민주주의의 위기 등 - 은 롤즈의 20세기적 이론틀로는 충분히 응답하기 어려운 측면들이 있다. 이러한 문제들은 단순히 국내적 정의의 문제를 넘어서 지구적 차원의 새로운 정의 개념을 요구하며, 동시에 인간과 자연, 현재 세대와 미래 세대 사이의 관계에 대한 근본적 재사유를 필요로 한다.

그럼에도 불구하고 공정한 평가를 위해서는 롤즈가 실제로 제시한 이론의 내용과 그에 대한 흔한 오해들을 구분해야 한다. 롤즈는 종교적, 철학적 이유의 공적 배제를 절대화하지 않았으며, 공적 이성의 적용 범위를 헌정의 본질적 사안과 기본적 정의 문제로 명확히 한정했고, 시민들이 자신의 포괄적 교리를 공적 영역에서 표현하고 '증언'할 수 있는 상당한 여지를 남겨두었다. 또한 정의의 두 원칙은 단순한 형식적 규칙이나 공백 상태의 절차주의가 아니라 구체적이고 실질적인 내용 규범들과 명확한 우선순위를 포함하며, 이를 통해 자유와 평등 사이의 고전적 긴장을 해결하려는 정교한 시도를 보여준다. 원초 상황과 무지의 베일은 단순한 사고실험이 아니라 상호성과 공정성의 실질적 의미를 구체화하는 강력한 도덕적 장치로 기능한다.

반대로, 그가 제시한 '정치적 개념'으로서의 정의론이 실제 다원주의 사회에서 충분한 포괄성과 진정한 중립성을 유지할 수 있는지, 그리고 공적 이성의 이상이 현실의 제도적·담론적 권력 관계를 실질적으로 교정하고 민주화할 역량을 갖추고 있는지는 여전히 열린 질문으로 남아 있다. 특히 신자유주의적 세계화가 국가의 정치적 자율성을 제약하는 조건에서, 그리고 디지털 기술이 정보와 소통의 구조를 근본적으로 변화시키는 상황에서 롤즈의 이론틀이 어떤 현실적 적합성과 비판적 잠재력을 유지할 수 있는지는 지속적인 검토를 요구하는 문제이다.

결론적으로, 존 롤즈의 정치철학은 도구적 이성이 사회 전반을 지배하는 현대적 조건에서 자유와 평등, 개인의 존엄성과 사회적 연대를 동시에 보전하려는 정교하고 야심찬 이론적 기획으로 평가할 수 있다. 그는 순수한 절차주의의 형식주의와 실질적 목적론의 독단주의를 모두 피하면서, 절차적 공정성과 실질적 내용을 창조적으로 결합한 독창적이고 영향력 있는 모델을 제시했다. 이를 통해 개인의 자율성을 존중하면서도 사회적 공정성을 추구하고, 다원주의적 가치 갈등을 인정하면서도 정치적 단결의 가능성을 탐구하며, 이상적 이론의 규범적 지향을 유지하면서도 현실적 적용 가능성을 고려하는 복합적인 이론 구성을 시도했다. 그러나 이 모델이 현실의 복잡한 역사적 조건들과 권력의 다층적 비대칭 구조 속에서 어떻게 작동하고 변형되며, 때로는 의도와 다른 방향으로 왜곡되는지를 더욱 구체적이고 체계적으로 분석하고 보완해야 한다는 중요한 이론적 과제가 남아 있다. 이 지점에서 비판이론의 사회 분석과 롤즈적 자유주의의 규범적 구성 사이의 생산적 대화 - 형식적 공정성과 절차적 정당성의 이상을 사회적 조건에 대한 비판적 인식과 구조적 권력 분석과 접속시키려는 시도 - 는 현대 정치철학이 직면한 가장 중요하고 긴급한 과제 중 하나로서 상호 보완의 창조적 가능성과 상호 비판의 이론적 필요성을 동시에 제기하고 있다.

5. 신자유주의와 데모스의 체계적 해체

웬디 브라운(Wendy Brown)의 저서 『데모스 해체하기: 신자유주의의 은밀한 혁명』(2015, *Undoing the Demos: Neoliberalism's Stealth Revolution*)은 신자유주의를 단순한 경제적 정책이나 시장 논리의 확장이 아닌 사회의 모든 영역을 포섭하고 재조직하는 "정치적 합리성(political rationality)"으로 파악한다는 점에서 학술적으로 중요한 전환점을 제공하였다. 이 합리성은 미셸 푸코(Michel Foucault)가 통치성(gouvernementalité) 개념으로 분석했던 권력의 작동 방식을 계승하며, 국가, 시장, 시민사회를 관통하는 지식, 규범, 제도 설계 그리고 주체 형성의 방식이 어떻게 경제학적 계산(economic calculation)과 경쟁의 언어로 변환되는지를 비적극적으로 추적한다.

브라운의 핵심 논지는 신자유주의적 통치성이 인간을 보편적인 정치적 주체가 아닌 '인적 자본(human capital)'로 구성하며, 모든 사회적 행위를 기업가적 활동(entrepreneurial activity)으로 변환시킨다는 데 있다. 이 과정에서 자유주의 전통의 핵심 가치들인 자유, 평등, 공정한 절차는 신자유주의적 장치들, 즉 표준화, 지표화, 성과 관리(metrics and performance management)와 결합하게 된다. 그 결과, 민주정의 형식적 권리와 절차의 외피는 유지되지만, 그 실질적 내용(demos)은 경쟁적인 시장 주체의 이해관계와 효율성 논리에 의해 침식되거나 비워지게 된다(emptying out).

브라운은 자신의 분석에서 푸코가 민주주의와 자본에 대해 상대적으로 무관심했던 점이 신자유주의 비판이라는 자신의 목적에는 한계가 된다고 명확히 지적하였다. 그녀는 푸코적 분석 틀을 채택하되, 자유주의 내부에서 발생한 취약성이 시장 합리성의 확장과 결합하여 어떤 새로운 정치적 귀결을 낳는지를 비판적으로 조명하였다. 그녀의 작업은 자유주의 자체를 전면적으로 부정하기보다는 자유주의가 신자유주의적 통치 기술과 접속하는 지점에서 발생하는 이념적 전위(ideological displacement)와 제도적 변형(institutional transformation)을 해부하려는 시도에 해당한다. 궁극적으로 브라운은 신자유주의가 시민 주권을 기반으로 하는 민주정(demos)을 해체하고, 그것을 경쟁적이고 사유화된 합리성의 지배 아래 두는 과정을 비판적으로 진단하였다.

브라운이 가장 날카롭게 포착하는 지점은 주체 형성의 변화이다. 신자유주의적 합리성은 개인을 권리 보유 시민이 아니라 호모 에코노미쿠스(homo economicus)로 재구성하며, 스스로의 생애를 투자 포트폴리오로 관리하는 기업가적 자아로 요구한다. 위험 감수와 자기계발, 생산성 향상, 성과지표의 성취가 윤리적 규범으로 자리 잡으면서 사회구조적 결함이나 권력관계의 비대칭은 선택과 책임의 문제로 환원된다. 이 과정은 외재적 강제가 아니라 "자유로운 선택"과 "자기책임"의 언어를 통해 수행되기에 더욱 강력하다. 행동경제학적 정책 설계나 "넛지(nudge)" 같은 비강제적 장치들이 생활세계의 깊숙한 층위에서 자아의 계산 방식을 바꿔놓고, 그 결과 정치적 상상력은 "어떻게 함께 바꿀 것인가"에서 "내가 어떻게 더 경쟁력 있게 될 것인가"로 이동한다. 브라운에게서 이러한 주체화는 도덕의 개인화, 실패의 낙인화, 권리의 성과화라는 세 축으로 엮이며, 공민적 역량의 고갈을 낳는 토양이 된다.

이 주체화의 전환은 곧 데모스의 해체로 이어진다. 고전적 의미의 데모스는 공동의 문제를 발견하고 숙의하며 함께 결정하는 정치적 행위자들의 결집이었다. 그러나 신자유주의적 합리성 하에서 공공문제는 투자 대상과 비용-편익의 계산 항목으로 환원되고, 시민은 소비자·투자자·이해관계자로 분절된다. 교육은 공화국의 시민을 양성하는 장이 아니라 미래 소득을 극대화하는 개인적 투자로 재정의되고, 건강은 사회적 권리가 아니라 생산성 유지의 자기관리로, 돌봄은 사회적 연대가 아니라 가계 단위의 최적화 과제로 읽힌다. 심지어 우정과 사랑도 "사회적·관계적 자본"의 언어로 해석되면서, 상호성·의무·공동체의 결속은 경제적 메타포의 하위범주로 밀려난다. 이렇게 공공선에 대한 감각이 쇠퇴하면 집합행동은 '비합리적 비용'으로 간주되고, 구조적 개혁의 필요는 "각자도생"의 교훈으로 치환된다. 브라운은 이 같은 파편화가 시민적 동원 능력을 약화시키고, 민주주의의 자기 수정 가능성을 마르게 한다고 분석한다.

언어의 변형은 이러한 변화의 표지이자 매개다. 정의, 평등, 자유와 같은 규범 개념이 효율성, 경쟁력, 혁신, 성장의 어휘로 치환되면서 정치의 의미론 자체가 달라진다. 정책은 정당성이나 평등의 관점이 아니라 성과와 지표 달성으로 평가되고, 대학은 비판적 지성의 공론장이 아니라 인적 자본을 '생산'하는 조직으로 재구조화된다. 연구와 교육의 가치는 사유의 깊이나 시민적 교양보다 특허·논문 편수·취업률·랭킹으로 환산되며, 학문은 공적 담론에서 성과지표의 하위 함수가 된다. 브라운은 비트겐슈타인의 언어게임을 참조해 말의 규칙이 바뀌면 행위의 규칙도 바뀐다고 지적한다. 시민, 권리, 공화, 공동선 같은 단어가 주변화되고, KPI, 벤치마킹, 어카운터빌리티가 중심을 차지하는 순간 우리가 무엇을 상상하고, 무엇을 가능하다고 여기는지의 경계도 함께 이동한다. 이때 민주주의의 문화적 토대 - 타인과 세계를 공통의 일로 묶는 감수성 - 는 말 그대로 침식된다.

국가의 위상 또한 후퇴가 아니라 재구성이라는 관점에서 읽힌다. 신자유주의 국가는 시장으로 물러나는 '야경국가'가 아니라 시장을 구성·보호·확장하는 법·행정·치안의 장치를 적극 가동한다. 경쟁법·지적재산권·금융규율·규제개혁 등의 장치는 시장의 자유를 증진하기보다 시장의 논리를 사회 전 영역으로 확산시키는 역할을 맡는다. 복지정책은 권리로서의 보장에서 "활성화"와 "조건부 지원"으로 전환되고, 실업과 빈곤은 구조적 문제이기보다 개인의 훈련·태도·선택의 문제로 재설정된다. 교육정책 또한 평등한 접근과 공민적 역량 강화보다는 개인의 '스킬' 축적과 고용가능성의 증대에 우선순위를 둔다.

푸코가 말한 "자유의 관리"는 바로 이런 방식으로 구현된다. 사람들은 스스로 선택한다고 느끼지만, 선택지가 배열되는 환경은 경쟁하는 주체가 되도록 설계되어 있다.

이 모든 변화의 정치적 귀결을 브라운은 "데모스의 해체"로 요약한다. 선거와 절차가 존재하더라도, 공통의 문제를 발견하고 다투고 합의하는 능력이 약화되면 민주주의는 형식만 남는다. 공익의 어휘가 초과이익·성장·투자유치의 어휘로 대체될수록 시민은 이해관계자 관계로 환원되고, 공공성은 공사(公私)의 경계에서 지워진다. 정치의 내용이 경제화되면 한편으로는 기술관료적 통치가 강화되고, 다른 한편으로는 분노와 박탈감을 연료로 삼는 권위주의적 포퓰리즘이 부상한다. 브라운은 이를 '정치적 무관심'의 문제가 아니라 정치적 상상력과 판단 능력의 고갈이라는 더욱 심층적 위기로 진단한다. 브라운의 논변은 지난 수십 년간 축적된 제도·언어·주체의 변형이 민주주의의 자기 지탱 능력을 어떻게 약화시켰는지를 구조적으로 보여준다.

그럼에도 학술적 엄밀성을 위해 몇 가지 보완적 성찰을 덧붙일 필요가 있다. 첫째, 브라운의 분석이 주로 북미적 맥락에 치중되어 있다는 한계가 지적되어 왔으며, 신자유주의적 합리성의 확산은 국가·지역·제도 맥락에 따라 상이한 형태를 띠며, 모든 시장 친화적 개혁이 필연적으로 데모스의 붕괴로 귀결된다고 단정할 수는 없다. 사회민주주의적 조세·복지 체계나 강한 노동권, 포괄적 공공서비스가 공존하는 경우도 존재하고, 이들 제도는 시장화의 압력을 일정 부분 상쇄한다. 둘째, 자유주의 내부에는 공공성이 공정한 절차와 권리의 언어를 넘어 실질적 평등과 사회적 조건을 요구한다는 자기교정적 전통이 있다. 따라서 브라운의 비판은 자유주의의 종결을 선언하기보다 자유주의가 신자유주의적 통치성과 결합하지 않도록 제도적·문화적 안전장치를 재설계하라는 요청으로 읽을 수 있다. 셋째, 대학·언론·시민단체·지방정부 등 생활세계의 거점에서 공통의 언어와 상호책임의 규범을 복원하는 과제는 여전히 개방되어 있으며, 이는 경제정책의 재설계 못지않게 언어·교육·미디어의 재정치화를 요구한다.

결론적으로 브라운의 작업은 경제와 정치의 분리를 전제해온 익숙한 이분법을 해체하고, 정책·제도·언어·주체화가 맞물린 총체적 변환의 지형을 지도화한다. 신자유주의는 시장을 '해방'한 것이 아니라 시장의 논리를 사회의 표준 규범으로 승격시켰고, 그 결과 민주정은 시민의 자기통치라기보다 성과지표의 관리 체제가 되기 쉬운 토대를 갖게 되었다. 데모스를 복원하는 일은 단지 재분배의 규모를 조정하는 문제가 아니라 무엇을 가치 있다고 말할 언어를 되찾고, 다수의 삶을 함께 조직할 제도를 다시 설계하며, 시민이 서로에게 책임지는 관계를 회복하는 문제다. 이 과제는 자유주의의 미완을 갱신하는 방향과도 양립할 수 있으며, 공적 이성과 공론의 구조를 재활성화하는 민주주의적 상상력의 회복을 요구한다. 브라운이 제시한 비판적 지형도를 토대로 우리는 경제의 정치화와 정치의 탈경제화가 아니라 둘 사이의 상호침투를 자각하는 새로운 공적 언어와 제도적 상상력을 구축해야 한다.

6. 생활세계의 식민지화와 의사소통적 합리성의 위기

하버마스는 『의사소통행위이론(Theorie des kommunikativen Handelns)』에서 현대 사회의 위기를 "생활세계(Lebenswelt)의 식민지화" 과정으로 진단함으로써 호르크하이머와 아도르노의 도구적 이성 비판을 보다 정교한 사회이론으로 발전시켰다. 그에 따르면, 현대 사회는 "생활세계"와 "체계(System)"라는 두 개의 서로 다른 논리로 작동하는 영역으로 구성된다. 생활세계는 의사소통적 합리성에 기반하여 상호이해와 합의를 추구하는 영역으로, 여기서 개인들은 진리, 정당성, 진실성이라는 세 가지 타당성 요구(validity claims)를 제기하고 검토하면서 사회적 통합을 이루어낸다. 이는 단순한 전략적 계산이 아니라 상대방을 이해 가능한 존재로 인정하고, 더 나은 논증의 힘에 의해 설득될 수 있는 소통 과정이다. 반면 체계는 화폐(시장)와 권력(행정)이라는 "조정매체(steering media)"를 통해 기능하는 영역으로, 여기서는 의사소통보다는 효율성과 성과가 우선된다. 하버마스는 이러한 체계의 존재 자체를 부정하지 않으며, 오히려 복잡한 현대 사회에서 체계의 기능적 분화는 필요하고 불가피한 것으로 본다. 문제는 체계가 생활세계의 고유한 영역을 침범하여 "식민지화"할 때 발생한다.

하버마스의 '식민지화' 개념은 마르크스의 상품화 이론과 베버의 합리화 이론을 종합한 독창적인 분석틀이다. 마르크스가 자본주의의 상품화 과정이 인간관계를 사물관계로 전환시킨다고 분석했다면, 베버는 근대화 과정에서 전통적 권위와 가치 지향적 행동이 목적합리적 행동으로 대체된다고 보았다. 하버마스는 이 두 관점을 결합하면서도 한 걸음 더 나아가 문제의 핵심이 합리화 자체가 아니라 도구적 합리성이 의사소통적 합리성을 구축하는 것에 있다고 진단한다. 생활세계의 식민지화는 시장과 행정의 논리가 가족, 교육, 문화와 같은 생활세계 영역으로 침투하면서 상호이해와 연대에 기반한 사회적 통합이 전략적 행동과 기능적 통합으로 대체되는 과정이다.

하버마스가 특히 우려하는 것은 공론장(*Öffentlichkeit*)의 구조변동이다. 「공론장의 구조변동(*Strukturwandel der Öffentlichkeit*)」(1962)에서 하버마스는 18-19세기 부르주아 공론장의 형성과 발전, 그리고 20세기 들어서의 변질 과정을 상세히 추적한다. 부르주아 공론장은 사적 개인들이 공적 사안에 대해 자유롭게 토론하며 여론을 형성하는 공간으로 민주적 의지형성의 핵심적 기반이었다. 이 공간에서 참여자들의 지위나 권력은 중요하지 않으며, 오직 더 나은 논증의 힘만이 설득력을 가진다는 "담론의 이상적 조건"이 부분적으로나마 실현되었다. 그러나 20세기 들어 대중매체의 상업화, 정치의 전문화, 복지국가의 확대와 함께 공론장은 점차 "재봉건화(*Refeudalisierung*)"되어 간다. 시민들은 더 이상 적극적인 토론 참여자가 아니라 정치적 스펙터클의 수동적 관람자로 전락하게 되며, 공적 토론은 정치인과 전문가들 간의 기술적 논쟁이나 미디어가 연출하는 이미지 경쟁으로 대체된다. 하버마스는 이러한 변화가 민주주의의 정당성 기반을 근본적으로 약화시킨다고 경고하면서, 의사소통적 합리성에 기반한 공론장의 재활성화만이 민주주의를 구원할 수 있다고 주장한다.

하버마스의 후기 작업인 『사실성과 타당성(*Faktizität und Geltung*)』(1992)은 이러한 공론장 이론을 법철학과 민주주의 이론으로 확장한 야심찬 시도다. 여기서 하버마스는 법이 어떻게 생활세계와 체계를 매개하는 역할을 할 수 있는지를 탐구한다. 그의 관점에서 법은 단순한 강제 규범이 아니라 의사소통적으로 생성된 합의를 제도화하는 메커니즘이다. 민주적 법치주의는 시민들이 공론장에서의 자유로운 토론을 통해 형성한 의지를 법적 형태로 구현하는 과정이며, 이를 통해 개인의 자유와 집합적 자기결정이 조화될 수 있다. 하버마스는 이러한 담론적 민주주의 모델이 자유주의적 민주주의와 공화주의적 민주주의의 한계를 모두 극복할 수 있다고 주장한다. 자유주의는 개인의 권리를 보장하지만 시민의 적극적 참여를 간과하고, 공화주의는 시민 참여를 강조하지만 다원주의 현실을 무시한다. 반면 담론적 민주주의는 절차적 공정성과 참여적 자기결정을 동시에 실현할 수 있다는 것이다. 그러나 이러한 이상적 모델이 현실에서 어떻게 구현될 수 있는지에 대해서는 여전히 많은 의문이 제기된다.

하버마스 이론의 한계와 비판점들도 만만치 않다. 우선, 의사소통적 합리성 개념 자체가 지나치게 이상화되어 있다는 비판이 있다. 낸시 프레이저는 하버마스의 공론장 개념이 부르주아 남성의 경험을 보편화한 것이며, 실제 공론장에서는 권력 관계와 사회적 불평등이 토론의 조건과 결과에 결정적 영향을 미친다고 지적한다. 또한 세일라 벤하비브(Seyla Benhabib)는 하버마스의 체계/생활세계 구분이 젠더 관계를 간과한다고 비판한다. 가족과 같은 생활세계 영역에서도 권력 관계와 갈등이 존재하며, 이를 순수한 의사소통적 영역으로 이상화하는 것은 문제적이라는 것이다. 더 나아가 포스트모던 이론가들은 하버마스의 보편적 합리성 추구 자체가 차이와 다양성을 억압하는 새로운 형태의 권력일 수 있다고 지적한다. 그럼에도 불구하고 하버마스의 이론은 도구적 합리성에 맞서 소통과 이해의 가능성을 모색하려는 중요한 시도로서 현대 민주주의 위기에 대한 가장 체계적인 진단 중 하나를 제공한다. 특히 그의 생활세계 식민지화 개념은 웬디 브라운의 신자유주의 분석과 많은 부분에서 공명하며, 현재 진행 중인 민주주의의 기반 침식을 이해하는 중요한 틀을 제공한다.

제2부 자유: 간섭 없는 삶에서 자기 실현으로

제3장 자유의 두 얼굴: 소극적 자유와 적극적 자유

1. 자유 개념의 이론적 기초

자유는 하나의 표어가 아니라 상이한 가정과 규범적 방향을 품은 복합 개념이다. 이사야 벌린(Isaiah Berlin)의 고전적 구분에 따르면 소극적 자유(negative liberty)는 간섭의 부재로 정의되며, 이는 홉스(Thomas Hobbes)의 자연적 자유 개념과 로크(John Locke)의 소유권 이론에서 그 철학적 근원을 찾을 수 있다. 타인의 강제나 국가의 명령이 개인의 선택 영역으로 침투하지 않을 때 자유가 보존된다는 입장으로, 여기서 핵심은 행위의 내용이 아니라 행위의 조건이다. 선택이 현명하거나 도덕적일 필요는 없으며, 단지 강제가 없는가가 문제의 중심에 선다. 이 구상은 권력의 본거지를 주로 국가에서 찾고, 권력 제한과 권리 보장을 제도 설계의 첫 번째 원리로 삼는다. 미국 헌법 수정 제1조의 표현의 자유 조항이나 제4조의 불합리한 수색·압수 금지 조항은 이러한 소극적 자유의 제도화된 표현이라 할 수 있다. 위헌심사, 적법 절차(due process), 표현과 사생활의 보장, 권력 분립과 같은 장치가 이 자유를 지키는 수단으로 이해되며, 밀(John Stuart Mill)의 해악 원칙(harm principle)이 그 대표적 사례다.

적극적 자유(positive liberty)는 다른 초점을 갖는다. 무엇을 위하여 자유로운가라는 물음이 중심에 놓이며, 단지 방해받지 않는 상태가 아니라 스스로의 이성과 의지에 따라 삶의 규칙을 설정하고, 자신을 다스릴 수 있는 능력과 조건이 있어야 한다는 뜻이다. 칸트(Immanuel Kant)의 자율성(autonomy) 개념과 루소(Jean-Jacques Rousseau)의 시민적 자기입법(civic self-legislation)의 사유가 대표적이며, 이는 헤겔(G.W.F. Hegel)의 인륜적 자유 개념으로도 발전되었다. 현대 민주국가의 헌법, 특히 독일 기본법(Grundgesetz) 제1조의 인간 존엄성 조항이나 남아프리카 공화국 헌법의 사회경제적 권리 규정은 이 관점을 제도적으로 구현한다. 선거와 공론장, 시민교육, 사회권과 같은 제도 요소가 시민이 실질적으로 자기 통치를 수행할 수 있도록 여건을 만든다. 경제적 곤궁이나 정보 비대칭, 차별적 관행이 개인을 사실상 무력화한다면 법은 그 상태를 방치하지 않으며, 그때 자유의 보호는 최소 간섭이 아니라 역량을 회복시키는 조치가 된다. 그 조치가 강제의 형식을 띠더라도 자기 통치의 조건을 복원하기 위한 것이라면 정당화될 수 있다는 것이 아마티아 센(Amartya Sen)의 역량 접근법(capability approach)과 마사 누스바움(Martha Nussbaum)의 역량 이론이 제시하는 통찰이다.

이중 구분은 단순한 분류가 아니라 권력의 지형과 책임의 집행 방식을 다르게 이끄는 정치철학적 함의를 갖는다. 소극적 자유는 국가 권력의 외재적 간섭을 경계하는 데 강점이 있지만, 자유를 위협하는 힘이 언제나 국가에서만 나오지는 않는다는 한계에 직면한다. 시장 지배력, 사적 플랫폼의 규칙 설정, 가부장적 위계, 고용관계의 구조적 불균형 역시 개인의 선택 가능성을 실질적으로 축소할 수 있다. 예컨대 미국 연방대법원이 Lochner v. New York(1905)에서 노동시간 규제를 위헌으로 보고 계약의 자유를 강하게 보호했을 때, 그 판단은 형식적 교환의 자발성에 기대어 노동자의 협상력 열세와 의존성을 충분히 고려하지 못했다는 비판을 낳아 왔다. 더 중요한 점은 간섭이 현실화되지 않더라도 어떤 행위자가 타인의 선택을 임의적으로 좌우할 수 있는 권능을 제도적·구조적으로 보유한 상태가 지속되면, 당사자는 보복이나 불이익을 예상하며 스스로를 검열하고 '눈치 보며' 선택하게 된다는 사실이다. 이 지점에서 필립 페팃(Philip Pettit)의 비지배(non-domination)로 대표되는 신공화주의는 자유를 단순한 "간섭의 부재"가 아니라 임의적 지배가 가능해지는 관계 자체가 차단된 상태로 재정의한다. 자유는 특정 순간의 정적 무간섭이 아니라 지배가 구조적으로 어려워지도록 권력 관계가 설계된 동적·제도적 조건이라는 것이다.

퀜틴 스키너(Quentin Skinner)의 지성사 연구는 이러한 공화주의적 자유 개념이 철학적 직관에 그치지 않고, 특정한 정치 경험과 논쟁 속에서 형성·변형되어 왔음을 보여준다. 스키너는 고전 텍스트를 시대를 초월한 "영원한 지혜"로 읽기보다 당대의 행위자들이 어떤 논쟁에서 어떤 효과를 얻기 위해 개념을 사용했는지를 복원해야 한다고 주장한다. 그 맥락에서 그는 자유를 "간섭의 부재"가 아니라 타인의 임의적 의지에 대한 의존(예속)의 반대항으로서의 지위로 이해하는 이른바 '신(新)로마적' 전통을 추적했다. 다만 이러한 계보 설정과 개별 텍스트의 해석에는 학계의 지속적 논쟁이 뒤따르므로, 이를 단일한 정답이라기보다 현대 규범 논쟁을 풍부하게 만드는 유력한 역사적 재구성으로 위치시키는 태도가 정직하다.

이 관점에서 공화주의적 제도 처방은 단순한 "작은 정부"의 주장이 아니다. 핵심은 국가 권력의 자의성을 억제하는 동시에 사적 권력의 지배 가능성도 공적 통제의 시야에 올려놓는 데 있다. 독립적 사법부와 권력 분립, 권력의 상호 감시, 반독점 정책, 결사의 자유와 노동권, 표현의 자유의 실효적 보장 등은 임의적 지배를 가능하게 만드는 경로를 축소하는 장치로 이해될 수 있다. 요컨대 자유의 적을 국가에만 한정하지 않되, 그렇다고 국가를 무조건 철수시키는 처방으로 귀결되지 않도록, 지배 가능성을 제도적으로 '관리 불가능하게' 만드는 방향이 요청된다.

한편 적극적 자유(자기통치·자율성·역량의 실현)를 강조하는 기획은 또 다른 종류의 위험을 내포한다. '자기 통치'라는 이름으로 국가나 다수자가 선한 삶의 내용을 실체적으로 규정하고 개인에게 이를 따르도록 요구할 때 자유는 오히려 미덕의 강제로 전도될 수 있다. 벌린(Isaiah Berlin)이 경고한 요지는 적극적 자유 그 자체의 부정이라기보다 그것이 "진정한(합리적) 자아"를 대변한다는 주장과 결합할 때 강제를 해방으로 포장할 수 있다는 변질 가능성이었다. 루소의 『사회계약론』에 등장하는 "강제로라도 자유롭게 만들겠다"라는 표현 역시 일반의지에 복종하는 것이 시민적 자유의 조건이라는 논리 속에서 제시되지만, 그 문구는 역사적으로 맥락을 이탈한 채 권위주의적 통치의 정당화 수사로 오용될 여지를 제공해 왔다.

이 위험은 추상적 교훈에 그치지 않고 교육·보건·안전을 명분으로 한 과잉 규제로 구체화될 수 있다. 예컨대 미국의 전국적 금주(1920-1933)는 절제와 도덕적 개선을 표방했으나 집행 비용의 급증과 우회 시장의 확대, 범죄의 조직화 등 중대한 부작용을 동반했고, 결국 폐지로 귀결되었다. 따라서 적극적 자유를 근거로 한 국가 개입은 "자유의 확대"라는 목적 표명만으로 정당화될 수 없다. 정당화는 최소한 (1) 공적 목적의 명확화, (2) 필요성 및 비례성(최소침해), (3) 일반성·비차별성, (4) 공개적 토론과 이의제기, 사법적 통제 등 절차적 정당성, (5) 반대자에게도 시민으로서의 동등한 지위와 기본권을 보장하는 한계를 충족해야 한다. 이러한 조건 아래에서만 역량 확충을 위한 조치가 자유의 적이 아니라 그 토대가 될 수 있으며, 이는 롤즈(John Rawls)가 기본적 자유의 우선성을 전제한 채 공정한 기회균등과 차등 원칙을 통해 사회·경제 제도의 정당화 조건을 제시한 문제 설정과도 일정한 접점을 갖는다(물론 롤즈의 이론이 곧바로 구체 정책의 내용을 결정해 주는 것은 아니며, '무엇이 필요한 최소한의 개입인가'는 별도의 공적 판단을 요구한다).

이때 제럴드 맥칼럼(Gerald MacCallum Jr.)의 삼항 분석(triadic analysis)은 앞선 논의를 한 덩어리로 정리하는 데 유용한 분석 틀을 제공한다. 맥칼럼에 따르면 자유에 관한 모든 진술은 "X가 Y로부터 Z를 할(또는 될) 자유"라는 구조를 갖는다. 이 틀에서 소극적 자유, 적극적 자유, 비지배 자유는 서로 배타적인 '서로 다른 개념'이라기보다 (a) 자유의 주체 X를 누구로 볼 것인지(개인, 집단, 시민), (b) 방해조건 Y를 무엇으로 규정할 것인지(국가 강제, 사적 지배, 빈곤·무지·종속 관행, 자기통제의 결핍 등), (c) 보호·촉진할 행위·상태 Z를 무엇으로 둘 것인지(선택의 영역, 자기결정, 역량의 실현, 시민적 지위의 보장 등)에서 서로 다른 강조점을 갖는 경합하는 구성들로 재기술될 수 있다. 이 점은 적어도 "한쪽은 자유를 말하고 다른 쪽은 자유가 아니다"라는 식의 단순 배제를 피하게 해 준다.

다만 이 분석이 곧바로 결론을 주는 것은 아니다. 어떤 조건을 '방해(Y)'로 인정할지, 어떤 상태(Z)를 자유의 핵심 내용으로 둘지에는 필연적으로 규범적 판단이 개입하고, 제약의 실태와 정책 효과에 관한 경험적 판단도 결합된다. 따라서 자유에 관한 정치적 판단은 개념 논변만으로는 충분하지 않으며, 단순히 경험적 사실로만 환원될 수도 없다. 실제로는 각 사안에서 (1) 문제 되는 Y가 무엇인지(강제인가, 임의적 지배가 가능한 의존인가, 역량 결핍인가), (2) 이를 제거·완화하는 수단이 다른 사람의 동등한 자유와 시민적 지위를 어떻게 변화시키는지, (3) 개입이 비례성과 절차적 통제 등 정당화 조건을 충족하는지를 함께 심사해야 한다. 법정과 의회, 공론장은 바로 그 심사가 제도화되는 장소이며, 추상적 원리는 그곳에서 판례와 입법, 공적 정당화의 관행으로 번역될 때 비로소 정치적 효력을 획득한다.

현대 법치국가의 자유 보장은 이 두 전통의 긴장을 생산적으로 관리하는 제도적 기술에 가깝다. 헌법은 자유의 원칙을 선언하는 동시에 제한의 절차와 기준을 규정하며, 이는 독일 연방헌법재판소가 발전시킨 기본권의 계층 구조와 비례성 심사(*Verhältnismäßigkeitsprüfung*)에서 전형적으로 나타난다. 표현의 자유와 혐오

표현의 규제 사이의 갈등(R.A.V. v. City of St. Paul, 1992)[2], 공중보건과 이동의 자유 사이의 긴장(Jacobson v. Massachusetts, 1905)[3], 노동의 계약 자유와 최저임금 규제 사이의 균형(West Coast Hotel Co. v. Parrish, 1937)[4], 프라이버시와 수사권 사이의 조정(Carpenter v. United States, 2018)[5]이 대표적 사례들이다. 핵심은 비례성 심사와

2) R.A.V. v. City of St. Paul (1992): 세인트폴시는 인종·종교·성별 등을 이유로 분노를 일으키는 상징(불타는 십자가, 나치 문양 등)의 게시를 금지하는 '편견동기 범죄' 조례를 두었고, 인근 흑인 가정 앞마당에서 십자가를 소각한 청소년이 이 조례 위반으로 기소되었다. 쟁점은 조례가 설사 'fighting words(모독·도발적 폭언)' 범주에 해당하더라도 특정 주제만을 골라 금지하는 내용·관점 기반 규제인지였다. 연방대법원은 만장일치의 결론(의견 구성이 다름)으로 조례가 제1수정의 자유를 침해한다고 보고 미네소타주 대법원의 유죄 판단을 파기했다. 스칼리아 의견은, 정부가 금지 가능한 범주 내에서도 특정 주제의 표현만을 선택적으로 금지할 수는 없으며 이는 관점 차별에 해당한다고 설시했다. 법원은 혐오 표현을 규제하려는 목적이 정당하더라도 동일한 해악을 야기하는 다른 'fighting words'를 허용하면서 특정 주제만 금지하는 방식은 허용될 수 없다고 했다. 이 판결은 혐오표현 규제라 하더라도 내용·관점 중립성 원칙을 회피할 수 없음을 분명히 했다.

3) Jacobson v. Massachusetts (1905): 케임브리지 보건위원회는 두창 확산기에 예방접종을 명령했고, 성인 거부자에게 5달러 벌금을 부과하도록 했다(어린이는 의사진단서로 면제 가능). Jacobson은 이러한 강제에 대해 제14수정의 자유 침해를 주장했다. 연방대법원은 다수의견으로, 감염병 상황에서 주가 경찰권에 기초하여 공중보건을 위한 합리적이고 비자의적(not arbitrary) 규제를 하는 것은 합헌이라고 판시했다. 법원은 개인의 자유도 '공공의 안전과 건강'이라는 공동선 보호를 위해 합리적으로 제한될 수 있으며, 구체적 사정에서 과도하고 잔혹한 적용은 허용되지 않음을 함께 시사했다. 이 판례는 공중보건 필요와 개인 자유의 조화를 다룬 고전적 기준으로 이후 논의의 준거가 되었다.

4) West Coast Hotel Co. v. Parrish (1937): 워싱턴주의 여성 최저임금 제도 하에서 호텔 객실청소원 Parrish는 지급받지 못한 최저임금 차액을 청구했고, 사용자 측은 '계약의 자유' 침해를 이유로 위헌을 다투었다. 연방대법원은 워싱턴주 최저임금법을 합헌으로 보아 원고 승소판결을 확정하면서, *Adkins v. Children's Hospital(1923)*을 명시적으로 폐기했다. 다수의견은 헌법이 '계약의 자유'를 절대적 권리로 보장하지 않으며, 건강·안전·도덕·복리 보호를 위한 합리적 규제는 적법 절차에 부합한다고 밝혔다. 법원은 특히 대공황기의 사회경제적 현실과 여성 노동자의 취약한 교섭력 등을 고려할 수 있음을 언급했다. 이 판결은 이른바 '로크너 시대'의 종식을 알리고, 최저임금·노동규제에 대한 사법심사의 방향을 전환한 전범으로 평가된다.

Adkins v. Children's Hospital (1923): 1918년 연방의회는 워싱턴 D.C.의 여성·미성년 근로자에 대한 최저임금을 설정하는 'D.C. 최저임금법'을 제정했고, *Children's Hospital*과 호텔의 여성 승강기사 윌리 라이언스(Willie Lyons)가 집행기관인 최저임금위원회(Adkins 등)를 상대로 효력정지를 구했다. 핵심 쟁점은 연방의회가 D.C.에서 여성의 최저임금을 강제하는 것이 제5차 수정헌법 적법 절차 조항이 보호하는 계약의 자유를 침해하는가였다. 대법원은 5-3 다수의견(서덜랜드 대법관)으로, 생계비·건강·도덕 보호를 이유로 일률적 하한임금을 강제하는 이 법은 성년 여성의 계약자유를 과도하게 제한하므로 위헌이라고 판단했다. 다수의견은 최대근로시간을 제한한 *Muller·Bunting*류의 판례와 달리 최저임금은 본질적으로 임금협상의 가격 요소를 고정한다는 점을 강조했고, 여성의 법적 지위 변화(제19차 수정헌법)로 성별을 이유로 한 특별보호 논거도 약화되었다고 보았다. 이에 대해 태프트 대법원장은(샌퍼드 동의) 최저임금과 최대근로시간 규제의 본질적 차이는 없으며 입법판단에 사법이 과도히 개입해서는 안 된다고 반대했고, 홈스 대법관도 계약은 다수의 법률로 제한되어 왔으므로 합리적 입법에 대해선 사법적 존중(deference)이 필요하다고 별도로 반대했다. 본 판결은 이른바 '로크너 시대'의 경제적 실질적 적법 절차 노선을 재확인했으나, 1937년 *West Coast Hotel Co. v. Parrish*에 의해 폐기되었다.

5) Carpenter v. United States (2018): FBI는 강도사건 수사에서 통신사에 Stored Communications Act § 2703(d) 명령을 발부받아 영장 없이 피고의 휴대전화 과거 기지국 위치정보(CSLI) 127일분(총 12,898개 포인트)을 확보했다. 쟁점은 정부의 과거 CSLI 취득이 제4수정상 '수색'에 해당하는지와, 제3자 보유자료에 대한 기존 원칙(Smith/Miller)을 그대로 적용할 수 있는지였다. 연방대법원은 5-4로 과거 CSLI 취득은 개인의 '전체적 이동 경로'에 관한 강력한 사생활 정보를 드러내므로 원칙적으로 영장(probable cause)이 필요하다고 판시했다. 다수의견은 휴대전화가 현대 생활의 필수품이며 CSLI는 사용자의 적극적 행위 없이 자동 생성되므로, 전통적 제3자 원칙을 이 범주에 기계적으로 확장할 수 없다고 보았다. 판결은 범위를 협소하게 한정하여, 다른 관찰수단·다른 종류의 사업기록·국가안보 분야 등은 판단 대상이 아니며 긴급 상황(exigent circumstances)에서는 예외가 가능하다고 밝혔다. 이에 따라 제6순회항소법원의 유죄 유지 판결은 파기·환송되었다.

절차적 정당성이며, 목적이 정당하고 수단이 적합하며, 침해가 최소이고 법익이 균형을 이루는가를 단계적으로 따진다. 또한 결정 과정이 공개되어 있는가, 반대 의견이 실질적 영향을 미칠 수 있는가, 사후 구제가 실효적인가를 점검한다. 이 점검이 작동할 때 제한은 통치자의 자의적 판단이 아니라 공적 이성의 검증을 거친 조치가 된다.

자유의 두 개념은 서로를 배제하지 않으며, 오히려 상호 보완적 긴장 관계를 형성한다. 소극적 자유는 권력 행사의 경계선을 설정하고, 적극적 자유는 시민이 그 경계선 안에서 실제로 자율적 주체가 될 수 있는 조건을 탐구한다. 페팃의 공화주의적 비지배 개념은 두 전통을 매개하면서 국가권력뿐만 아니라 사적 권력의 문제도 헌법적 관심사로 부각시킨다. 법학의 과제는 이 세 관점을 추상적 논쟁으로 끝내지 않고 구체적 절차와 기준의 체계로 제도화하는 것이며, 이는 로버트 알렉시(Robert Alexy)의 기본권 이론과 로널드 드워킨(Ronald Dworkin)의 법적 해석 이론이 추구하는 방향과도 일치한다. 목적의 정당성, 수단의 적합성, 침해의 최소성, 법익의 형량(balancing), 절차의 투명성과 참여 보장이라는 원칙이 그 제도화의 핵심 요소들이다. 이를 통해 자유는 추상적 이념에서 시민의 일상적 경험으로 구현되며, 특히 21세기의 복합적 도전들 - 기후 변화 대응, 팬데믹 관리, 디지털 전환, 불평등 심화 - 속에서 민주적 거버넌스의 지속 가능성을 좌우하는 핵심 쟁점이 되고 있다.

2. 자유의 철학적 심화

소극적 자유는 외부 제약이나 간섭의 부재로 정의된다. 이사야 벌린이 1958년 옥스퍼드 대학 취임 강연 "자유의 두 개념"에서 제시한 이 개념은 자유를 본질적으로 양적 용어로 이해한다. 더 많은 자유는 더 적은 제한에 상응한다는 것이다. 벌린에 따르면 한 사람의 자유로운 정도는 그가 간섭받지 않고 행동할 수 있는 영역의 크기에 의해 측정된다. 이 관점에서 자유는 일종의 공간이다. 타인이나 국가가 내 행동을 막거나 강제하지 않는 한 나는 그 범위 안에서 자유롭다. 이것은 토머스 홉스 이래 자유주의 전통의 핵심을 이루어온 생각이다.

그러나 이 관점은 불완전한 그림을 제공한다. 개인이 진정으로 자유로운지에 영향을 미치는 내적 조건들과 질적 차원들을 배제하기 때문이다. 자유가 단순히 간섭의 부재로 축소될 때, 그것은 자신의 욕망과 동기의 본질과 근원에 무관심해진다.

찰스 테일러(Charles Taylor)는 바로 이 지점에서 벌린의 소극적 자유 개념에 대한 가장 강력한 비판을 제공한다. 테일러가 1979년 논문 "자유의 개념은 무엇인가?"에서 제시한 핵심 통찰은 이것이다. 강박, 중독 또는 깊이 내면화된 사회적 조건화에 사로잡힌 개인은 법적이거나 정치적 의미에서 자유로워 보일 수 있지만, 여전히 실질적 의미에서 의미 있는 자율성이 부족하다. 테일러가 제시하는 고전적 사례를 생각해보자. 알코올 중독자는 누구도 그에게 술을 마시라고 강제하지 않는다. 외부 제약이 전혀 없다. 그는 벌린의 정의에 따르면 완벽하게 자유롭다. 그러나 그는 합리적 통제를 우회하는 강박의 기능으로서 깊이 부자유한 상태로 남아 있다. 그는 술을 마시지 않기를 원하면서도 술을 마신다. 욕망을 성찰하고, 더 높은 목표들을 우선시하거나, 자신의 선에 대한 개념을 추구할 능력 없이 행동은 이성적 통제를 벗어난 내적 충동에 의해 결정된다. 테일러는 여기서 결정적 질문을 던진다. 우리는 정말로 이런 사람을 자유롭다고 말할 수 있는가? 이러한 경우들에서 외부 간섭의 부재는 더 깊은 형태의 내적 지배를 은폐한다. 테일러의 논변은 욕망 자체를 평가의 대상으로 만든다. 그는 욕망들 사이에 질적 차이가 있다고 주장한다. 어떤 욕망들은 단순한 충동이나 중독에서 비롯되는 반면, 다른 욕망들은 숙고와 성찰에서 나온다. 진정한 자유는 단순히 어떤 욕망이든 충족시킬 수 있는 것이 아니라 자신의 더 높은 차원의 욕망 - 즉 자신이 가지기를 원하는 욕망 - 에 따라 행동할 수 있는 것이다. 이는 자유에 대한 실질적(substantive) 이해를 도입한다. 모든 욕망의 충족이 동등하게 자유의 실현인 것은 아니다.

해리 프랑크푸르트(Harry Gordon Frankfurt)는 이 통찰을 형식적으로 더 정교화했다. 1971년 논문 "인격의 자유와 의지의 개념"에서 프랑크푸르트는 "일차 욕망"과 "이차 욕망"의 구별을 제안했다. 일차 욕망은 우리가 무언가를 하거나 갖기를 원하는 직접적 욕망이다. 이차 욕망은 특정한 일차 욕망을 갖기를 원하거나 원하지 않는 욕망이다. 프랑크푸르트가 제시한 사례를 보자. 마약 중독자는 마약을 갈망한다(일차 욕망). 그러나 동시에 그는 그러한 갈망을 갖지 않기를 간절히 원할 수 있다(이차 욕망). 그의 일차 욕망과 이차 욕망이 충돌하는 것이다. 프랑크푸르트에 따르면 진정한 자유는 자신의 이차 욕망과 일치하는 일차 욕망에 따라 행동할 수 있을 때 실현된다. 이차 욕망이 자신의 의지로 전환되어 행동을 이끌 때 우리는 자유롭다. 반대로 자신이 갖지 않기를 원하는 욕망에 따라 행동할 때 우리는 그 욕망의 노예다.

프랑크푸르트는 여기서 더 나아가 "인격"(person)과 "행동자"(agent)를 구별한다. 단순한 행동자는 일차 욕망만을 가질 수 있지만, 인격은 자신의 욕망에 대한 욕망을 형성하는 능력, 즉 자기 성찰의 능력을 가진다. 어린 아이나 동물은 행동자일 수 있지만 완전한 의미에서 인격은 아니다. 인간의 자유는 바로 이 인격성, 즉 자신의 욕망 구조를 평가하고 수정할 수 있는 이차적 능력에 달려 있다. 이는 자유를 단순히 외적 제약의 부재가 아니라 내적 자기 통제의 문제로 재구성한다.

그러나 이 접근은 새로운 질문을 낳는다. 이차 욕망 자체는 어떠한가? 이차 욕망도 조작되거나 왜곡될 수 있지 않은가? 프랑크푸르트는 이 문제를 충분히 해결하지 못했다는 비판을 받는다.

이 자유 개념은 또한 기회들을 형성하는 구조적이고 사회적인 조건들을 무시한다. 아마르티아 센(Amartya Senn)은 바로 이 문제에 주목했다. 센은 1980년대부터 발전시킨 "역량 접근법"(capability approach)을 통해 자유 개념을 근본적으로 재구성했다. 센에 따르면 자유를 평가할 때 우리는 두 가지를 구별해야 한다. 하나는 형식적 자유 또는 권리이고, 다른 하나는 실질적 역량이다. 법은 나에게 대학에 다닐 자유를 준다. 그러나 내가 극심한 빈곤 속에 있고, 적절한 초등교육을 받지 못했으며, 내가 속한 사회 집단이 체계적으로 교육에서 배제되어 왔다면 그 형식적 자유는 얼마나 의미 있는가? 센은 이를 "역량의 결핍"이라고 부른다.

센의 핵심 통찰은 자유를 "기능"(functioning)을 성취할 수 있는 실질적 능력으로 보아야 한다는 것이다. 기능이란 한 사람이 가치 있다고 여기는 존재 방식과 행위를 의미한다. 영양을 공급받는 것, 교육받는 것, 정치에 참여하는 것, 자존감을 갖는 것 등이 기능의 예다. 역량은 이러한 다양한 기능들을 달성할 수 있는 실질적 자유다. 센은 자주 이런 비유를 든다. 굶주림으로 금식하는 사람과 종교적 신념으로 금식하는 사람은 외적 상태(단식)는 같지만 자유의 측면에서는 전혀 다르다. 후자는 먹을 수 있는 역량을 가지고 있으면서 먹지 않기를 선택한다. 전자는 그 역량 자체가 결여되어 있다.

센은 경제적 불평등, 교육 부족, 사회적 배제 그리고 심리적 조작이 형식적 제한의 부재에서도 개인의 자유롭게 행동할 능력을 심각하게 제한한다고 지적한다. 사회는 특정 행동들을 직접 금지하는 것을 자제하면서 동시에 그러한 행동들을 현실적으로 달성 가능하게 만드는 조건들을 제공하지 않을 수 있다. 대학에 다닐 법적 허가는 있지만 그렇게 할 재정적, 문화적 또는 심리적 자원이 부족한 개인은 역설적 위치에 있다. 형식적 의미에서는 자유롭지만 실제로는 부자유하다. 센은 이를 "역량 빈곤"(capability deprivation)이라 부르며, 이것이 진정한 불자유의 핵심이라고 주장한다. 그의 접근은 자유를 소극적 권리에서 적극적 역량으로 전환시킨다.

더 완전한 자유의 설명은 행위성의 내적 구조에 주의를 요구한다. 욕망들은 위계 속에 존재한다. 개인들은 단순히 사물들을 원하는 것이 아니라 종종 특정 욕망들이 행동으로 옮겨져야 하는지에 대해 성찰한다. 자유롭게 행동하는 것은 고려된 판단에 기초하여 어떤 것들은 지지하고, 다른 것들은 거부하면서 자신의 욕망들을 평가하고 수정할 수 있는 것을 포함한다. 이는 단순히 원하는 것을 하는 자유가 아니라 진정으로 원해야 할 것을 선택할 수 있는 자유다.

자유의 두 개념은 실제 정책 영역에서 복잡한 충돌을 만들어낸다. 공중보건과 개인자유의 충돌은 가장 빈번하게 나타나는 딜레마다. 코로나19 팬데믹 상황은 이를 극명하게 보여주었다. 마스크 착용 의무, 예방접종 의무, 격리 조치는 개인의 신체의 자유(소극적 자유)와 공동체의 건강권 보장(적극적 자유의 기반)이 충돌하는 대표적 사례였다. 독일 연방헌법재판소는 2021년 11월 판결에서 코로나19 대응 조치들의 합헌성을 심사하면서 비례성 원칙을 정교하게 적용했다. 재판소는 세 가지 단계의 심사를 수행했다. 첫째, 조치가 목적 달성에 적합한가? 마스크 착용이 실제로 감염 확산을 막는 데 효과적인가? 둘째, 더 제한적이지 않은 수단은 없는가? 같은 목적을 달성하면서 개인의 자유를 덜 침해하는 방법은 없는가? 셋째, 제한의 정도가 달성하고자 하는 이익에 비해 과도하지 않은가? 재판소는 팬데믹 초기 엄격한 조치들이 당시 상황에서는 정당화될 수 있지만, 상황이 변하면 조치도 완화되어야 한다고 판시했다. 이는 비례성이 고정된 기준이 아니라 맥락에 따라 변하는 동적 원칙임을 보여준다.

존 스튜어트 밀의 고전적 해악 원칙(harm principle)은 이러한 문제에 하나의 기준을 제공한다. 밀은 1859년 『자유론』에서 이렇게 주장했다. "문명사회의 구성원에 대하여, 그의 의지에 반하여 권력을 행사할 수 있는 유일한 목적은 타인에 대한 위해의 방지다. 그 자신의 이익, 물리적이든 도덕적이든, 그것은 충분한 근거가 아니다.” 밀에 따르면, 타인에게 해를 끼치지 않는 한 개인의 자유는 제한되어서는 안 된다. 국가는 개인이 자신에게 해를 끼치는 것을 막기 위해 개입해서는 안 된다. 이것이 밀의 “반-온정주의”(anti-paternalism) 원칙이다.

그러나 현대 사회에서 “해악”의 경계는 점점 더 모호해지고 있다. 안전벨트나 헬멧 착용 의무가 좋은 예다. 표면적으로 이것은 순전히 자기 자신에게만 영향을 미치는 행동처럼 보인다. 안전벨트를 매지 않아 다치는 것은 나 자신이다. 그러나 실제로는 제3자에게도 영향을 미친다. 사고로 중상을 입은 사람은 공공 의료 체계에 막대한 비용을 발생시킨다. 그의 가족들은 정서적·경제적 부담을 진다. 사회 전체적으로는 생산성 손실이 발생한다. 순전히 자기 위험으로 보였던 것이 실은 사회적 비용을 수반하는 것이다.

제럴드 드워킨(Gerald Dworkin, (Ronald Dworkin과는 다른 인물))은 1972년 논문 “온정주의(Paternalism)”에서 이 문제를 체계적으로 다루었다. 제럴드 드워킨은 온정적 간섭을 “한 사람의 복지, 이익, 행복, 필요, 가치를 증진시키거나 보호하기 위해 그의 자유를 제한하는 것”으로 정의하고, 이것이 때로는 정당화될 수 있다고 주장했다. 그는 “약한 온정주의”와 “강한 온정주의”를 구별한다. 약한 온정주의는 개인의 의사 결정이 완전히 자발적이고 정보에 기초한 것이 아닐 때만 개입을 허용한다. 예를 들어, 자살 충동을 느낀 사람을 일시적으로 억류하는 것은 그가 실제로 죽기를 원하는지 확인하기 위한 것이므로 정당화될 수 있다. 강한 온정주의는 개인이 완전히 자발적으로 선택했더라도 그 선택이 그에게 해롭다고 판단되면 개입할 수 있다고 본다. 제럴드 드워킨은 약한 온정주의는 밀의 원칙과도 양립 가능하다고 보았지만, 강한 온정주의는 매우 제한적으로만 정당화될 수 있다고 주장했다.

경제 영역에서의 자유 논쟁은 더욱 치열하다. 최저임금제를 생각해보자. 자유 시장 경제학자들은 이렇게 주장한다. 최저임금제는 고용주와 근로자 사이의 자유로운 계약을 방해한다. 어떤 근로자가 시간당 5달러를 받고 일하기를 원하고, 어떤 고용주가 그 조건으로 고용하기를 원한다면 국가가 이를 막을 이유가 없다. 양측 모두 자발적으로 합의했기 때문이다. 최저임금을 그보다 높게 설정하면 그 근로자는 일자리를 잃게 된다. 이것이 계약의 자유를 침해하지 않는가? 사용자와 근로자 사이에 형식적으로 계약의 자유가 있다.

그러나 현실적 교섭력에 극심한 불균형이 존재한다면 어떻게 되는가? 근로자는 생계를 위해 반드시 일해야 하지만, 개별 고용주는 특정 근로자를 반드시 고용해야 할 필요가 없다. 노동시장에 일자리보다 구직자가 많다면 근로자의 교섭력은 거의 없다. 이런 상황에서 근로자는 사용자가 제시하는 어떤 조건도 받아들일 수밖에 없다. 근로자는 사용자의 자의적 권력 아래 놓인다. 페팃에 따르면 이것이 바로 지배다. 형식적 자유는 있지만 실질적으로는 지배당하는 상태.

1911년 3월 25일 뉴욕 맨해튼에서 일어난 트라이앵글 셔츠웨이스트 공장 화재는 이 문제를 비극적으로 보여주었다. 이 의류 공장의 노동자들, 대부분 이민자 여성들은 형식적으로 자유롭게 계약을 맺었다. 그러나 실제로는 열악한 노동 조건을 받아들일 수밖에 없었다. 공장 소유주들은 노동자들이 물건을 훔칠 것을 우려해 출입문을 잠가놓았다. 화재가 발생했을 때 노동자들은 탈출할 수 없었다. 146명이 사망했다. 이 사건은 미국 노동법 개혁의 전환점이 되었다. 형식적 계약 자유만으로는 실질적 자유가 보장되지 않는다는 인식이 확산되었고, 노동안전기준, 최저임금, 노동시간 제한 등의 규제가 도입되었다. 이러한 규제는 표면적으로는 계약의 자유를 제한하지만, 실제로는 지배를 감소시킴으로써 진정한 자유를 증진시킨다는 것이 페팃의 주장이다.

적극적 자유의 이름으로 개인의 자율성을 침해하는 일을 방지하기 위한 안전장치들이 필요하다. 벌린이 "자유의 두 개념"에서 가장 강조한 것이 바로 이것이었다. 벌린은 적극적 자유 개념이 역사적으로 전체주의 정권들에 의해 남용되어 왔다고 경고했다. 적극적 자유의 논리는 이렇게 전개될 수 있다. 사람들은 자신의 진정한 이익이 무엇인지 모른다. 그들은 일시적 충동, 잘못된 욕망, 거짓 의식에 사로잡혀 있다. 따라서 그들의 진정한 자아를 실현시키기 위해서는 그들을 교정해야 한다. 그들의 현재 의사에 반하더라도 말이다. 벌린은 이렇게 썼다. "나는 내가 모르는 나 자신의 '진정한' 목적들을 위해 강제당할 수 있으며, 이 경우 나는 실제로 자유로운 것이라는-이보다 더 그럴듯한 것은 없고, 이보다 교활하고 도덕적으로 위험한 것도 없다."

벌린이 염두에 둔 것은 특히 소련의 마르크스주의였다. 마르크스주의는 노동자들이 부르주아 이데올로기에 의해 세뇌되어 있다고 주장했다. 그들은 자본주의 착취를 자연스러운 것으로 받아들인다. 그들의 의식은 거짓이다. 따라서 공산당은 그들을 대신하여 그들의 진정한 이익을 추구해야 한다. 그들이 저항하더라도 말이다. 이것이 소련의 강제 노동수용소, 사상 개조, 정치적 숙청을 정당화하는 논리가 되었다. 사람들의 "진정한" 자아를 실현시킨다는 명분 하에 개인의 의사에 반하는 잔혹한 강제가 자행되었다. 나치 독일의 경우도 비슷했다. 나치는 개인들이 민족 공동체(*Volksgemeinschaft*)의 일부로서 자신의 진정한 본질을 실현한다고 주장했다. 개인의 자율성은 민족의 통일된 의지에 복종할 때 완성된다. 이것이 동질화(*Gleichschaltung*) 정책, 즉 사회의 모든 영역을 나치 이데올로기에 맞춰 재편하는 정책을 정당화했다.

따라서 명확한 목적과 증거가 필요하다. 정부 개입의 목적을 구체화하고, 경로-증거-성과 지표로 지속적으로 점검해야 한다. 국민의 복지 증진이나 사회 발전 같은 추상적 목표는 위험하다. 이것들은 너무 모호해서 거의 모든 개입을 정당화할 수 있다. 대신 "교육 접근성 확대를 통해 빈곤층 자녀의 대학 진학률을 X%에서 Y%로 증가시킨다"와 같은 구체적이고 측정 가능한 목표를 설정해야 한다. 그리고 실제로 그 목표가 달성되고 있는지 지속적으로 평가해야 한다.

존 롤즈는 그의 이론에서 핵심적인 원칙 중 하나로 자유의 우선성(priority of liberty)을 제시하였다. 이 원칙은 그가 제안한 여러 원칙들 가운데 첫 번째에 해당하며, 모든 구성원이 다른 사람들의 유사한 자유와 양립할 수 있는 평등한 기본적 자유들에 대한 동등한 권리를 가져야 한다는 것을 핵심 내용으로 한다.

더 나아가 롤즈는 이 자유의 원칙이 다른 모든 원칙들, 특히 사회적·경제적 이익을 다루는 원칙들에 대해 사전적 우선성(lexical priority)을 갖는다고 강조한다. 이는 기본적 자유가 절대적 지위를 가진다는 것을 의미한다. 구체적으로 말해, 경제 성장을 증진시키거나 심지어 더 큰 평등을 실현하기 위한 목적일지라도, 이러한 사회적 또는 경제적 이익을 위해 기본적 자유를 제한하거나 희생시키는 것은 결코 허용될 수 없다는 주장이다. 롤즈는 이러한 입장을 "일반적 행복을 위해 일부의 자유를 희생시키는 것은 정의롭지 않다"고 표현하며, 이는 개인이 가진 자유의 권리가 사회 전체의 효용이나 집단적 이익에 의해 침해되어서는 안 된다는 자유의 불가침성을 분명히 한 것이다.

이는 정책 영역에서 최소침해 대안 우선 원칙으로 구체화될 수 있다. 정보 제공, 옵트아웃 방식, 경제적 유인책 등 덜 침해적인 수단을 우선 고려하고, 형사처벌은 최후수단으로 삼아야 한다.

네덜란드의 약물 정책은 이 원칙의 좋은 사례다. 1976년 네덜란드는 아편법을 개정하여 “하드 드러그”와 “소프트 드러그”를 구별했다. 마리화나 같은 소프트 드러그의 소지와 사용을 비범죄화했다. 물론 합법화한 것은 아니다. 여전히 불법이지만, 소량 소지는 기소하지 않는 것이다. 대신 “커피숍”이라는 특별한 장소에서 제한적으로 판매를 허용했다. 이 정책의 철학은 “해악 감소”(harm reduction)다. 약물 사용을 완전히 없앨 수 없다면, 그것이 초래하는 해악을 최소화하자는 것이다. 약물 사용자를 범죄자로 만들어 감옥에 보내는 것은 오히려 그들을 범죄 조직과 더 깊이 연루시키고, 치료의 기회를 박탈한다. 대신 치료와 재활에 초점을 맞추자. 결과는 놀라웠다. 네덜란드의 마리화나 사용률은 유럽 평균보다 낮다. 약물 관련 사망률도 매우 낮다. 이것은 처벌이라는 강력한 수단 대신 덜 침해적인 접근을 택했을 때 오히려 더 나은 결과를 얻을 수 있다는 것을 보여준다.

자기결정 존중 원칙도 핵심적이다. 칸트는 인간을 “그 자체로 목적”으로 대우해야 한다고 주장했다. 칸트의 정언명령 두 번째 정식은 이것이다. “너는 네 인격과 다른 모든 사람의 인격에 있어서 인간성을 항상 동시에 목적으로 대우하고, 결코 단지 수단으로만 대우하지 않도록 행위하라.” 이것은 아무리 좋은 결과를 위해서라도 개인을 단지 수단으로만 사용해서는 안 된다는 것을 의미한다. 개인의 자율성, 즉 스스로 이성적으로 판단하고 결정할 능력은 존중되어야 한다.

의료 윤리는 이 원칙을 “충분한 설명에 근거한 동의”(informed consent)로 구체화했다. 의사는 환자에게 진단, 치료 옵션, 각 옵션의 위험과 이익을 충분히 설명해야 한다. 환자는 이 정보에 기초하여 자유롭게 결정한다. 아무리 의학적으로 최선의 치료라도 환자가 동의하지 않으면 시행할 수 없다.

이 원칙의 중요성은 1947년 뉘른베르크 강령(Nuremberg Code)에서 국제적으로 확립되었다. 이것은 나치의 인체 실험에 대한 뉘른베르크 재판의 결과였다. 나치 의사들은 수용소 수감자들을 대상으로 잔혹한 실험을 수행했다. 저체온증 실험, 저압 실험, 생체 해부 등. 나치 의사들은 이것이 “의학 발전”을 위한 것이라고 주장했다. 뉘른베르크 강령은 이에 대한 응답으로 인체 실험의 절대적 전제 조건으로 “자발적 동의”를 명시했다. 강령의 첫 번째 조항은 이렇게 시작한다. “실험 대상자의 자발적 동의는 절대적으로 필수적이다." 아무리 과학적으로 중요한 실험이라도, 아무리 인류에게 이익이 될 실험이라도, 대상자의 자유롭고 정보에 기초한 동의 없이는 정당화될 수 없다. 성인에 대해서는 고지·동의·철회권을 중심 권리로 보장해야 한다. 아무리 본인에게 좋은 일이라도 충분한 정보 제공과 동의 절차 없이 강제해서는 안 된다.

시간제한·사후평가 시스템도 필수적이다. 일몰조항(sunset clause)을 두어 정책의 자동 연장을 방지하고, 독립적인 평가기관의 평가와 공론조사를 통해 권력의 관성을 제동해야 한다. 권력은 본성상 확장되려는 경향이 있다. 일시적이고 제한적인 것으로 도입된 조치들이 영구적이 되고, 예외적 상황을 위한 권한이 일상적으로 사용된다. 미국의 애국법(USA PATRIOT Act)이 이를 보여준다. 2001년 9/11 테러 직후 통과된 이 법은 국가안보기관에 광범위한 감시 권한을 부여했다. 전화 통화 기록 수집, 인터넷 활동 감시 등. 이 법의 많은 조항들에는 일몰조항이 포함되어 있었다. 즉, 특정 날짜가 되면 자동으로 효력을 잃고, 의회가 재승인해야 다시 효력을 갖는다. 실제로는 대부분의 조항이 재승인되었지만, 적어도 공개적 심의와 평가의 기회를 제공했다. 일부 조항은 수정되거나 폐지되었다. 일몰조항이 없었다면 이러한 검토 자체가 이루어지지 않았을 것이다. 바람직한 정책은 소극적 자유와 적극적 자유를 동시에 증진시킨다. 센의 표현을 빌리자면, 기본권의 방패를 훼손하지 않으면서 교육·보건·주거·경쟁질서로 사다리를 놓는 것이다.

역량 접근을 통해 정책 효과를 측정해야 한다. 마사 누스바움은 센의 역량 접근법을 발전시키면서 구체적인 "중심 역량" 목록을 제시했다. 누스바움은 2000년 저서 『여성과 인간 개발』에서 인간다운 삶을 위해 필수적인 열 가지 중심 역량을 제안했다. 생명, 신체 건강, 신체적 온전성, 감각·상상·사고, 감정, 실천이성, 친밀성, 다른 종들과의 관계, 유희, 환경에 대한 통제. 누스바움은 정의로운 사회는 모든 시민이 이러한 역량들을 최소 역치(threshold) 이상으로 발전시킬 수 있도록 보장해야 한다고 주장한다. 단순히 제도를 만들었는가가 아니라 실질적 기능(functioning)의 확대를 평가 기준으로 삼아야 한다는 것이다. 선택의 폭과 실제 기회가 확대되었는가를 물어야 한다.

남아프리카공화국 헌법재판소의 2000년 그루트붐 판결(Government of the Republic of South Africa v Grootboom)은 이러한 접근을 잘 보여준다. 아이린 그루트붐과 다른 900여 명은 비공식 정착촌의 열악한 환경에 살다가 사유지를 불법 점거했다. 그들은 강제

퇴거당했고, 비바람을 막을 곳도 없이 운동장에서 지내게 되었다. 그루트붐은 정부를 상대로 소송을 제기했다. 남아프리카공화국 헌법 26조는 "모든 사람은 적절한 주거에 접근할 권리를 갖는다"고 명시한다. 정부는 주거 프로그램을 운영하고 있다고 주장했다. 그러나 헌법재판소는 정부가 단지 제도를 만들었다고 해서 의무를 다한 것이 아니라고 판시했다. 재판소는 정부의 주거 정책이 "합리적"인지를 심사했다. 정책이 극심한 필요 상태에 있는 사람들, 특히 아이들을 고려하는가? 단기적·중기적·장기적 필요를 모두 다루는가? 재판소는 정부의 정책이 긴급한 필요 상태에 있는 사람들을 위한 조치를 포함하지 않았다는 점에서 불합리하다고 판단했다. 이것은 권리를 형식적 선언이 아니라 실질적 역량의 관점에서 평가한 판결이다.

이러한 더 풍부한 자유관은 동기 유형들 사이의 질적 구별에 대한 인식을 요구한다. 테일러가 "자유의 개념은 무엇인가?"에서 주장했듯이, 모든 욕망이 진정성이나 권위에 대한 그들의 주장에서 동등하지 않다. 어떤 욕망들은 비성찰적 습관, 사회적 압력, 또는 외부 조작에서 일어나는 반면, 다른 욕망들은 의도적 자기 검토와 장기적 가치들에 대한 헌신에서 비롯된다. 테일러는 이를 "강한 평가"(strong evaluation)라고 불렀다. 강한 평가는 단순히 욕망들의 강도를 비교하는 것이 아니라 그들의 질적 가치를 평가하는 것이다. 예를 들어, 나는 케이크를 먹고 싶은 욕망과 건강해지고 싶은 욕망 사이에서 갈등한다. 약한 평가자는 단순히 어느 욕망이 더 강한지 본다. 강한 평가자는 이 욕망들의 질적 가치를 평가한다. 건강은 단순히 더 강렬한 욕망이 아니라 더 높은 가치를 가진 목표다. 자신의 더 높고 비판적으로 지지된 욕망들에 따라 행동할 자유는 일어나는 어떤 성향이든 따를 자유와 근본적으로 다르다.

이 맥락에서 자유는 가능한 한 많은 욕망들을 만족시키는 것이 아니라 자신의 행동들과 자신의 합리적 자기 개념 사이의 통합성을 달성하는 것이다. 테일러는 이를 "진정성"(authenticity)의 문제로 본다. 진정으로 자유로운 사람은 자신의 더 높은 욕망들과 가치들에 따라 살아가는 사람이다.

순전히 소극적 자유에 기초한 정치 체제는 이러한 질문들에 대해 침묵을 지킨다. 욕망의 근원들이나 동기의 질을 평가하기를 거부함으로써 그것은 진정한 자유와 허상의 자유 형태들을 구별할 능력을 포기한다. 이는 정보에 기반한 행위성에서 일어나든, 내적 강제에서 일어나든 관계없이 모든 선호들이 동등하게 유효한 것으로 취급되는 잠재적으로 위험한 도덕적 상대주의로 이어질 수 있다. 자유 시장 경제학에서 이를 볼 수 있다. 신고전파 경제학은 "선호의 주권"(sovereignty of preferences)을 가정한다. 소비자의 선호는 주어진 것으로 받아들여지고, 질문되지 않는다. 경제학자는 사람들이 무엇을 원해야 하는지 말할 수 없다. 단지 그들이 실제로 원하는 것을 관찰하고, 그 선호를 충족시키는 것이 효율적인지 분석할 뿐이다. 그러나 이것은 선호가 어떻게 형성되는지 묻지 않는다. 선호가 조작된 광고, 중독성 물질, 또는 사회적 압력에 의해 형성되었더라도 그것은 여전히 존중되어야 할 "선호"다. 이것이 문제가 될 수 있다.

정치 제도들의 정당성은 그들의 비간섭에만 의존할 수 없으며, 자기 결정적 행동을 가능하게 하는 조건들을 유지하는 그들의 역할에서도 도출되어야 한다. 위르겐 하버마스가 『사실성과 타당성』에서 강조했듯이 민주적 정당성은 자유로운 의사소통과 합리적 숙의를 통해 형성된다. 하버마스는 법과 민주주의를 인간의 자율성을 실현하는 수단으로 본다. 법은 단순히 외적 강제 장치가 아니다. 시민들이 스스로에게 부여하는 규범이다. 민주적 법 제정 과정에서 시민들은 자신들을 구속할 규칙들을 집단적으로 결정한다. 이때 그들은 동시에 법의 제정자이자 수신자다. 이것이 하버마스가 말하는 "공적 자율성"과 "사적 자율성"의 공동 원초성(동근원성)이다. 시민으로서 공적 영역에 참여하는 것(공적 자율성)과 개인으로서 자신의 삶을 자유롭게 영위하는 것(사적 자율성)은 상호 의존적이다.

이는 교육, 사회적 포용 그리고 합리적 숙의를 촉진하는 구조들을 포함한다. 자유는 보호받을 소극적 조건일 뿐만 아니라 배양될 적극적 성취이기도 하다. 제도들은 개인들이 스스로를 통치하는 능력들을 형성하는 데 중요한 역할을 한다.

이 관점은 자유를 단순히 존중받을 지위가 아니라 사회적이고 도덕적 지원에 의존하는 발전적 과정으로 본다. 이 더 광범위한 이해 내에서 자유는 개인적이고 집단적 차원들을 모두 취한다. 한편으로는 개인들이 자기 지배를 위한 내적 능력을 개발해야 하고, 다른 한편으로는 사회들이 그러한 발전이 격려되는 환경들을 구축해야 한다. 자유는 더 이상 사적 소유로 보이지 않고 관계적 성취로 보인다.

한나 아렌트는 이 점을 가장 명확하게 표현했다. 아렌트는 1958년 『인간의 조건』에서 자유를 본질적으로 정치적 현상으로 규정했다. 아렌트에 따르면, 진정한 자유는 공적 영역에서 다른 시민들과 함께 행동하고 말할 때 실현된다. 사적 영역의 자유는 "해방"(liberation)일 뿐이다. 필요로부터의 해방, 억압으로부터의 해방. 그러나 진정한 자유는 공적 세계에 참여하여 새로운 것을 시작하고, 다른 사람들과 함께 공동의 세계를 구성할 때 경험된다. 아렌트는 이를 "행위"(action)라고 불렀다. 행위는 인간의 복수성(plurality) 속에서만 가능하다. 다양한 관점을 가진 다른 사람들과 함께할 때만 우리는 진정으로 행위할 수 있다. 자유로운 사회는 개인들이 정치적 질서의 공유된 통치에 참여하면서 그들의 합리적 행위성을 실현할 수 있게 하는 사회이다.

자유의 개념은 통상적으로 소극적 자유(Negative Liberty)와 적극적 자유(Positive Liberty)로 구분되어 이해되며, 이 두 가지 개념을 둘러싼 논쟁은 여전히 활발하다. 일부 철학자들은 소극적 자유만으로 충분하다고 주장하며, 이것이 유일하게 정당한 자유의 형태라고 본다. 로버트 노직(Robert Nozick)은 그의 저서 『아나키에서 유토피아로』(1974)에서 이러한 입장을 강력하게 옹호했다. 노직은 정의로운 국가의 역할을 최소 국가(minimal state)로 제한해야 한다고 주장했는데, 이는 국가가 폭력, 절도, 사기로부터 개인을 보호하고 계약을 집행하는 기능에만 국한되어야 함을 의미한다. 그는 재분배 정책이나 복지 프로그램과 같은 최소 국가를 넘어서는 어떠한 국가 개입도 개인의 권리를 침해하는 것으로 간주했다. 노직의 핵심 논변은 개인이 정당하게 취득한 재산에 대해 완전한 권리를 가지며, 국가가 이를 빼앗아 타인에게 주는 것은 강제 노동과 다르지 않아 노동 산물에 대한 권리를 침해한다고 보았다. 따라서 노직에게는 타인과 국가로부터의 비간섭, 즉 소극적 자유만이 정당한 자유인 것이다.

그러나 이러한 소극적 자유만으로는 현실적인 불평등과 격차를 해소할 수 없다는 비판이 제기된다. 토머스 네이글(Thomas Nagel)과 같은 비판가들은 형식적인 권리만 존재하고, 실제적인 경제적 여건, 능력, 접근성, 정보의 격차가 해소되지 않는다면 그 자유는 공허해질 수 있다고 지적한다. 네이글은 이를 "무의 자유(freedom of nothing)"라고 비판하며, 법적으로 대학에 갈 자유가 있어도 실제 경제적 이유로 갈 수 없다면 그 자유는 무의미하다고 보았다. 네이글은 개인이 자신의 재능과 노력의 산물에 대해 자연적 권리를 갖는다는 생각은 환상일 수 있으며, 재능 자체가 사회적 행운의 산물일 수 있기에, 최소한의 사회적 토대가 없다면 선택의 실질성이 떨어진다고 주장했다.

한편, 적극적 자유(자기 결정 및 실현 능력)의 추구가 전체주의로 귀결될 수 있다는 우려도 있다. 이사야 벌린(Isaiah Berlin) 자신도 이러한 위험을 표명했으며, 프리드리히 하이에크(Friedrich Hayek)는 『노예의 길』(1944)에서 중앙 계획 경제가 필연적으로 전체주의로 귀결된다고 극단적으로 주장했다. 하이에크는 경제를 계획하기 위해서는 사람들의 목표와 가치를 중앙에서 조정해야 하며, 이는 사상의 통제를 의미한다고 보았다. 물론 역사적 사례를 통해 이러한 위험이 실제로 존재함은 인정되나, 모든 형태의 적극적 자유 추구가 반드시 전체주의로 이어진다고 단정할 수는 없으며, 많은 자유민주주의 국가들은 적극적 자유의 요소를 수용하면서도 전체주의적 통제를 피하고 있다.

투명성·선택권·사후통제를 갖춘 권리친화적 복지·경쟁정책은 오히려 자율성을 확대할 수 있다. 덴마크의 "플렉시큐리티"(flexicurity) 모델이 그 예다. 이것은 유연성(flexibility)과 안정성(security)의 결합이다. 덴마크는 고용주가 노동자를 쉽게 해고할 수 있게 허용한다(유연성). 동시에 실업자에게 관대한 실업 급여와 적극적 노동시장 정책을 제공한다(안정성). 결과적으로 노동자들은 특정 일자리에 매이지 않고 더 나은 기회를 찾아 이동할 수 있다. 이것은 형식적 자유와 실질적 역량을 동시에 증진시킨다. 기본소득 실험들도 마찬가지다. 2017-2018년 핀란드에서 시행된 기본소득 실험은 2000명의 실업자에게 조건 없이 월 560유로를 지급했다. 참가자들은 복지 혜택을 받기 위해 구직 활동을 증명할 필요가 없었다. 결과는 긍정적이었다. 참가자들의 고용률은 대조군과 비슷했지만, 정신적 웰빙과 재정적 안정감이 유의미하게 높았다. 이것은 국가가 "무엇이 좋은 삶인가"를 정하는 것이 아니라 "좋은 삶을 선택할 수 있는 조건"을 만든 사례다.

"국가가 선(善)을 정하고 강요하는가"라는 비판은 적극적 자유 개념에 대한 가장 근본적인 우려다. 존 롤즈의 정치적 자유주의는 이 문제에 대한 섬세한 답을 제공한다. 롤즈는 『정치적 자유주의』에서 다원주의 사회에서 정의의 기초를 다시 탐구했다. 롤즈에 따르면, 현대 민주사회의 특징은 "합당한 다원주의"(reasonable pluralism)다. 선한 삶에 대한 다양하고 양립 불가능한 포괄적 교설들이 공존한다. 종교적, 철학적, 도덕적 세계관들이 충돌한다. 이러한 상황에서 국가가 특정한 포괄적 선관을 강요하는 것은 억압적이다. 그렇다면 정의의 기초는 무엇인가? 롤즈는 "정치적 정의 개념"을 제안한다. 이것은 어떤 특정한 포괄적 교설에도 의존하지 않는 정치적 영역에 국한된 정의 개념이다. 다양한 세계관을 가진 시민들이 그들의 차이에도 불구하고 "중첩적 합의"(overlapping consensus)를 이룰 수 있는 정의 개념을 의미한다.

이 맥락에서 국가의 역할은 '선의 실현'이 아니라 '역량·접근의 확대'로 한정되어야 한다. 롤즈는 이를 "기본재"(primary goods) 개념으로 표현했다. 기본재는 어떤 합당한 삶의 계획을 추구하든 필요한 것들이다. 권리와 자유, 이동의 자유, 직업 선택의 자유, 공직에 취임할 기회, 소득과 부, 자존감의 사회적 기초. 국가는 모든 시민이 이러한 기본재에 적절하게 접근할 수 있도록 보장해야 하지만, 그들이 그 기본재를 어떻게 사용할지는 각자의 선택에 맡겨야 한다. 그리고 다원주의적 중립과 숙의 절차를 결합해야 한다.

이 두 이해는 쉽게 조화되지 않는다. 하나는 개인의 자율성과 권력에 대한 제한을 우선시하고, 다른 하나는 자기 실현과 합리적 행위성의 형성을 우선시한다. 하나는 외부 제약을 자유에 대한 주된 위험으로 보고, 다른 하나는 내적 무질서와 거짓 의식을 더 큰 위협으로 본다. 각각은 실제 인간의 필요들에 응답한다. 한편으로는 강제로부터의 안전, 다른 한편으로는 의미 있는 행위성. 그러나 극단으로 치달을 때 각각은 다른 것을 훼손할 수 있다. 이러한 개념들 사이의 갈등은 법, 교육, 통치 그리고 시민권에 대한 논쟁들을 형성한다.

따라서 자유를 가치 있게 여기는 사회는 이러한 이중성을 인식해야 한다. 자유가 홀로 남겨지는 것과 의미 있게 행동할 수 있도록 권한이 부여되는 것을 모두 의미할 수 있으며, 이러한 목표들이 때때로 충돌할 수 있다는 것을 인식해야 한다. 자유 개념에 대한 명확성은 민주적 담론에 필수적이다. 단순히 정의가 중요하기 때문이 아니라 정치 제도들과 개인적 기대들이 이러한 의미들 주위에 구축되기 때문이다.

벤자민 콘스탕(Benjamin Constant)이 1819년 강연 "고대인의 자유와 근대인의 자유"에서 지적했듯이 자유의 의미에 대한 혼란은 정치적 재앙으로 이어질 수 있다. 콘스탕은 고대 아테네의 자유와 근대 유럽의 자유를 구별했다. 고대인들에게 자유는 정치 참여였다. 광장에 모여 법을 제정하고 전쟁과 평화를 결정하는 것. 그러나 사적 영역에서 그들은 거의 자유가 없었다. 근대인들에게 자유는 반대다. 사적 자율성, 개인적 독립. 그러나 정치 참여는 제한적이다. 콘스탕은 프랑스 혁명의 비극이 이 두 자유 개념을 혼동한 데서 비롯되었다고 주장했다. 혁명가들은 고대의 자유를 근대에 강제로 이식하려 했다. 시민들에게 정치 참여를 강요하고, 사적 자유를 억압했다. 결과는 공포정치였다.

그러한 명확성 없이는 자유가 권한 부여와 지배, 보호와 강제 모두를 정당화하기 위해 호출될 수 있다. 자유의 복잡성은 그 내용뿐만 아니라 그 결과에도 있다. 이러한 의미들을 구별하지 못하는 정치 체제들은 새로운 형태의 통제를 은폐하는 해방의 약속들을 제공할 수 있다. 조지 오웰의 1984년 소설 『1984』에서 전체주의 정권은 "자유는 예속이다"(Freedom is Slavery)라는 슬로건을 내건다. 이것은 단순한 문학적 과장이 아니다. 역사적으로 많은 억압적 정권들이 자유의 이름으로 지배를 정당화했다.

자유는 방해받지 않을 권리(소극적 자유)와 의미 있게 선택할 능력(적극적 자유)이라는 두 얼굴을 가진다. 전자는 국가와 타인의 간섭을 한계 짓는 방패, 후자는 교육·보건·공정경쟁·참여로 역량을 키우는 사다리다. 방패만 있고 사다리가 없으면 자유는 형식에 그치고, 사다리만 있고 방패가 약하면 선의의 이름으로 자율이 잠식된다. 좋은 법과 제도는 비례성·최소침해·투명성·숙의라는 안전장치 속에서 방패와 사다리를 함께 설계한다. 그렇게 할 때 자유는 사적 소유물이 아니라 관계적 성취, 곧 서로의 권리를 존중하고 공동의 통치에 참여하는 시민적 삶 속에서 가장 잘 살아난다. 민주사회의 성숙은 이러한 자유의 복합적 성격을 인정하고, 상황에 따라 적절한 균형점을 찾아가는 집단적 지혜에 달려 있다.

3. 자유 제한의 규범적 기준

John Stuart Mill은 『자유론』(1859)에서 자유의 한계를 '타인에게 해를 끼치는 경우'로 규정하며, 이를 위해(harm) 원칙으로 정식화하였다. 이 원칙은 소극적 자유의 정당한 제한 기준으로 널리 받아들여졌으며, 자유와 공공선 간의 균형을 모색하는 규범적 기준이 되었다. Mill은 "타인에게 해를 끼치지 않는 한 개인은 자신의 신체와 정신에 대한 절대적 주권을 가진다"고 주장하며, 이를 통해 개인의 자유영역과 사회적 통제영역을 구분하고자 하였다 (Mill, 1859/2006). 그러나 Mill은 동시에 '개인의 미성숙' 또는 스스로의 이익을 판단할 수 없는 경우에 대한 국가의 보호적 간섭, 즉 소위 '온정주의(paternalism)'에 대해서도 일정 부분 허용적인 입장을 취하였다. 예컨대, 어린이나 정신적으로 판단 능력이 결여된 성인 그리고 극단적인 위험 상황에 있는 개인에 대한 제한은 정당화될 수 있다고 보았다. 이처럼 자유의 보호와 제한은 단순히 개인과 국가 간의 경계 문제를 넘어서 자율성과 타율성의 복합적 관계에 대한 철학적 논의로 확장된다. 현대의 자유 개념은 Mill의 해석을 바탕으로 자유의 형식적 보장만이 아닌 실질적 조건 - 예컨대 교육 기회, 정보접근권, 경제적 기반 등 - 의 중요성도 강조하고 있으며, 이는 Amartya Sen의 역량접근법(capability approach)과도 맞닿아 있다 (Sen, 1999; Dworkin, 2000).

1) 표현의 자유와 구조적 불균형: Steel and Morris 사건

유럽인권재판소(ECtHR)는 자유권 보장의 실질적 조건을 강조하는 대표적 판례로 Steel and Morris v. the United Kingdom 사건(2005년)을 들어 구조적 불균형 속에서의 표현의 자유 문제를 다루었다. 이 사건은 London Greenpeace 소속 환경운동가 Helen Steel과 David Morris가 맥도날드를 비판한 유인물 "What's wrong with McDonald's: everything they don't want you to know"을 배포한 것으로 인해 명예훼손 소송에 휘말리며 발생하였다. 영국 법에서는 명예훼손 사건에 대해 법률조력을 제공하지 않았고, 이로 인해 개인은 다국적 기업의 막강한 법률팀에 맞서 스스로를 변호해야 하는 상황에 놓였다. ECtHR는 개인이 대기업에 맞서 방어할 수 있는 자원과 정보의 비대칭이 표현의 자유를 실질적으로 제약할 수 있으며, 이러한 '무기의 불평등(inequality of arms)'이 공정한 재판을 받을 권리를 침해한다는 점을 지적하였다(Steel and Morris v. United Kingdom, 2005). 재판부는 313일간 진행된 영국 역사상 가장 긴 민사재판에서 신청인들이 적절한 법률조력을 받지 못한 것이 유럽인권협약 제6조(공정한 재판을 받을 권리)와 제10조(표현의 자유)를 침해하였다고 판단하였다. 이 판례는 소극적 자유의 형식적 보장만으로는 실질적 자유가 확보되지 않으며, 국가가 구조적 조건의 불균형을 보정할 적극적 책임이 있음을 보여준다. 이는 적극적 자유의 개념이 실정법 해석에서 어떻게 구현될 수 있는지를 보여주는 대표적 사례로 평가되며, 이후 영국의 법률조력 제도 개선에도 영향을 미쳤다.

2) 자기결정권과 범죄자의 자유: Hirst 사건의 함의

Hirst v. the United Kingdom (No. 2) 사건(2005)은 죄수의 참정권 제한이 자유의 본질과 어떻게 충돌할 수 있는지를 드러내는 중요한 사례이다. John Hirst는 살인죄로 복역 중인 수감자로서 영국의 1983년 국민대표법(Representation of the People Act) 제3조에 따라 모든 수감자에게 일률적으로 부과되는 투표권 박탈 조치에 대해 이의를 제기하였다. ECtHR는 대재판부 판결을 통해 이러한 포괄적 금지가 유럽인권협약 제1의정서 제3조에서 보장된 참정권을 침해한다고 판단하였으며, 특히 일률적(blanket) 금지의 무차별성과 비례성 결여를 문제 삼았다. 이 사건은 국가의 형벌권 행사와 시민적 자유권 간의 긴장관계를 조명하며, 정치적 권리 또한 자기결정권의 핵심적 구성 요소임을 보여준다. 특히 소극적 자유 관점에서는 범죄자에 대한 국가의 처벌이 자유의 정당한 제한으로 이해될 수 있으나, 적극적 자유 관점에서는 범죄자 또한 시민사회의 일원으로서 사회 참여의 권리를 지속적으로 보장받아야 한다는 주장이 설득력을 가진다. ECtHR의 판결은 자유를 단순히 처벌의 대상에서 보호받는 권리로 보는 것이 아니라 사회적 회복(rehabilitation)과 정치적 소속감의 맥락 속에서 재구성해야 함을 시사한다. 이 판례는 자유의 정당한 제한이 언제, 어떤 조건에서 가능한지를 구체적으로 해석하는 중요한 기준을 제공하며, 이후 여러 유럽 국가들의 수감자 참정권 제도 개선에 영향을 미쳤다.

<대표 참고문헌>

Berlin, Isaiah. "Two Concepts of Liberty." In *Four Essays on Liberty*, 118-172. Oxford: Oxford University Press, 1969.

Mill, John Stuart. *On Liberty* (1859). In *The Collected Works of John Stuart Mill*, Vol. XVIII. Toronto: University of Toronto Press, 1977.

Dworkin, R. (2000). *Sovereign Virtue: The Theory and Practice of Equality*. Cambridge, MA: Harvard University Press.

제4장 소극적 자유 개념의 적용과 구조적 모순

1. 소극적 자유와 로크너 판결(Lochner v. New York, 198 U.S. 45 (1905))

소극적 자유(negative liberty)는 이사야 벌린(Isaiah Berlin)이 1958년 '자유의 두 개념'에서 체계화했듯이 '타인의 강제나 간섭으로부터의 부재(absence of constraint)'로 정의된다. 이는 개인이 행동할 수 있는 영역에서 외부의 제약이 부재한 상태를 의미한다. 벌린의 개념화에 따르면 소극적 자유의 핵심은 비간섭(non-interference)의 원리에 있으며, 이는 국가나 타인이 개인의 선택과 행위에 개입하지 않는 것을 최고의 가치로 설정한다.

미국 헌법사에서 소극적 자유는 특히 경제적 자유권과 결합되어 나타났다. 19세기 말과 20세기 초 연방대법원의 판례들은 이러한 소극적 자유 개념을 계약의 자유(freedom of contract)라는 구체적 권리로 구현했다. 이는 1905년의 로크너 대 뉴욕 주 판결(*Lochner v. New York*)에서 그 이름이 유래되었으나, 이 법리적 접근이 지배하던 시기는 통상 1897년부터 1937년까지로 지칭된다. 이는 1905년 로크너 대 뉴욕 주 판결이 이러한 법리적 접근의 상징적 사례이기 때문이다.

<사건개요>

뉴욕주 입법부는 제빵업 종사자의 장시간 노동을 완화하고 위생을 개선한다는 명목으로 이른바 '베이커리법'을 제정했고, 그 가운데 "제빵사의 노동시간을 1일 10시간, 1주 60시간으로 제한"하는 조항이 포함되어 있었다. 업주 조지프 로크너는 종업원을 법정 한도보다 오래 일하게 한 혐의로 벌금형을 선고받자 주 법원에서 패소한 뒤 연방대법원에 상고했다. 연방대법원은 1905년 5대 4의 의견으로 해당 근로시간 제한을 위헌이라고 판단했다. 이 판결은 이후 약 40년 동안 경제 규제에 대하여 엄격한 사법심사를 전개하던 이른바 "로크너 시대"(통상 1897-1937년으로 지칭)의 대표적 출발점이자 상징으로 자리 잡았다.

당시 사회적 배경은 산업화의 진행과 함께 열악한 노동환경, 독점적 기업 결합의 확산이라는 문제를 안고 있었다. 그럼에도 대법원 다수는 제빵업의 근로시간 제한이 공중보건과의 직접적·실질적 관련성이 충분히 입증되지 않았다고 보아 주 정부가 경찰권(police power)을 근거로 개인의 경제적 자유를 제한하는 경우 그 정당화 기준을 매우 높게 설정하였다

<판결내용 및 의의>

다수의견은 수정헌법 제14조의 "자유(liberty)"를 계약의 자유를 포함하는 개념으로 해석하고, 적법 절차 조항이 절차적 보장에 그치지 않고 일정한 실질적 권리를 보호한다고 보았다(소위 실질적 적법 절차). 법원은 개인이 자신의 노동을 어떤 조건으로 제공할지 결정할 자유가 헌법적으로 보호된다고 전제한 뒤 뉴욕주의 시간상한 규제가 그 자유를 침해한다고 판단했다. 이어 주의 경찰권은 공중의 건강·안전·도덕·복지를 위해 광범위하게 인정되지만, 그 제한은 합리적(reasonable)이어야 하며 규제 대상과 직접적이고 실질적인 관련성이 성립해야 한다고 하였다. 제빵업은 광산·제강업 등에 비해 특별히 유해한 직종으로 보기 어렵고(법원은 Holden v. Hardy, 1898에서 광산노동 시간규제는 유해성 때문에 정당화된다고 본 바 있다), 시간상한이 위생·건강 보호라는 목적과 합리적으로 연결된다는 증명이 부족하다는 것이었다. 따라서 시간상한 조항은 자의적(arbitrary) 규제로서 제14조에 반한다는 결론에 이르렀다.

이에 대하여 존 마셜 할런 대법관은 반대의견에서, 입법부가 보건상 필요를 합리적으로 판단한 이상 사법부는 이를 존중해야 한다며 사실심 증거와 경험칙에 비추어 시간규제가 정당화될 수 있다고 보았다. 올리버 웬델 홈스 대법관은 별도의 반대의견에서 "제14차 수정헌법은 허버트 스펜서(Herbert Spencer)의 『사회정역학(*Social Statics*)』을 성문화한 것이 아니다"라는 유명한 문구로 다수의견이 특정 자유방임적 경제철학을 헌법에 이식했다고 비판하며, 합리적 근거가 있는 경제·사회입법에 대한 사법적 자제를 강조했다.

판결의 법리적 의의는 세 가지로 정리된다. (1) 제14조의 '자유'를 경제적 계약자유까지 확장하여 실질적 적법 절차 교리를 경제 규제 심사의 핵심 도구로 삼았다는 점, (2) 경찰권 심사에서 규제 목적과 수단 사이의 직접성·실질성을 엄격히 요구하여 노동보호입법 전반에 높은 정당화 부담을 지운 점, (3) 광범위한 사실심 평가를 사법부가 스스로 수행함으로써

입법 판단에 대한 사후적 대체판단(substitution)을 단행했다는 점이다. 이러한 접근은 이후 Adkins v. Children's Hospital (1923) 등에서 최저임금제 제한, Coppage v. Kansas (1915) 등에서 '옐로 도그 계약' 허용 등으로 이어지며 경제 규제에 대한 제한적 태도를 강화했다. 다만 1930년대 중반 프랭클린 D. 루스벨트 대통령의 뉴딜 정책에 대한 법원 태도 변화와 함께, Nebbia v. New York (1934)에서... 그리고 결정적으로 1937년 West Coast Hotel v. Parrish 판결에서 최저임금제를 합헌으로 인정하면서 로크너적 심사 방식은 사실상 종말을 맞이했다. 그 결과 로크너는 오늘날 "사법적 능동주의를 통한 경제적 자유 극대화"의 전형으로 비판적 평가를 받는 한편, 자유와 경찰권의 경계 설정이라는 헌법적 과제를 선명히 드러낸 판례로 교과서적 의의를 지닌다.

<로크너 판결의 법리적 구조와 그 한계>

19세기 후반 미국은 급속한 산업화와 도시화를 경험했다. 이 시기 노동 조건의 악화, 장시간 노동, 산업재해의 증가는 사회적 문제로 대두되었다. 각 주 정부는 이에 대응하여 최대 노동시간 제한, 최저임금 설정, 작업장 안전규정 등의 노동보호법을 제정하기 시작했다. 그러나 연방대법원은 이러한 규제를 수정헌법 제14조의 적법 절차 조항에 근거한 계약의 자유를 침해하는 것으로 판단하는 경우가 빈번했다.

로크너 다수의견을 집필한 펙햄(Rufus Peckham) 대법관은 계약의 자유를 수정헌법 제14조가 보장하는 '자유권(liberty)'의 핵심 내용인 "노동과 재산에 관한 일반적 권리"의 일부로 규정했다. 그는 "일반적으로 말해서, 개인이 자신의 노동을 판매할 권리와 고용주가 노동을 구매할 권리는 수정헌법 제14조가 보장하는 자유의 일부"라고 선언했다. 이러한 접근은 고용주와 근로자를 동등한 법적 주체로 상정하고, 양자 간의 계약을 자유로운 의사의 합치로 이해한다.

그러나 이러한 형식적 평등론은 실제 교섭력의 비대칭성을 간과한다는 비판에 직면한다. 당시 대부분의 근로자들은 생계유지를 위해 즉시 고용이 필요한 상황에 있었고, 다수의 고용주 중에서 선택할 수 있는 여지가 제한적이었다. 반면 고용주들은 노동력의 공급과잉과 경기변동을 활용하여 임금과 근로조건을 일방적으로 설정할 수 있는 구조적 우위에 있었다.

이러한 현실 인식의 부재는 로버트 헤일(Robert L. Hale)의 날카로운 비판을 받았다. 헤일은 1923년 논문에서 국가가 비간섭(non-interference)을 표방하더라도, 재산권의 법적 배열 자체가 개인들 간의 실질적 교섭력을 이미 결정하고 있으므로, 법질서는 항상 분배적 효과를 갖는다고 분석했다. 이는 소극적 자유가 중립적이지 않으며, 기존의 권력관계를 공고화하는 기능을 할 수 있음을 시사한다.

로크너 다수의견은 주 정부의 경찰권(police power)을 극도로 제한적으로 해석했다. 경찰권은 미국 연방 헌법상 명문으로 규정된 권한은 아니지만, 주 정부가 주민의 공중보건, 안전, 복지 등을 보호하기 위해 전통적으로 보유한다고 인정되는 포괄적 권한이다. 로크너 시대에 연방대법원은 경제적 자유를 제14조의 핵심 내용으로 보장하면서, 이 경찰권의 범위를 어떻게 정의할 것인지가 헌법적 분쟁의 핵심이 되었다. 연방헌법이 권한분배 구조를 전제로 하기 때문에, 연방정부는 제한적 권한만을 가지지만, 주 정부는 일반적 권한을 갖고 있으며 경찰권이 그 핵심적 표현이다. 19세기 말에서 20세기 초에 이르는 이른바 로크너 시대(Lochner era)에 연방대법원은 경제적 자유(특히 계약의 자유)를 '자유'의 중요한 내용으로 보장하면서, 경찰권의 범위를 어떻게 정의할지가 헌법적 분쟁의 핵심이 되었다. 경찰권을 넓게 인정하면 노동시간 제한·임금 규제·산업 안전법 등 사회입법이 합헌으로 유지될 수 있다. 그러나 경찰권을 좁게 해석하면 그러한 입법은 사적 계약의 자유를 침해하는 것으로 무효화된다. 따라서 로크너 판결(1905)은 주 정부가 공공복리 명분으로 사적 경제 영역을 규제할 수 있는 범위를 제한했기 때문에 경찰권의 해석 자체가 사회정책의 헌법적 정당성 여부를 결정하는 관건이 된 것이다. 법원은 노동시간 제한이 정당화되려면 "공중보건, 공중도덕 또는 공공안전"과 직접적이고 실질적인 관련성이 있어야 한다고 판시했다. 그러나 제빵업이 특별히 위험한 직업이라는 증거가 부족하다는 이유로 해당 규제를 무효화했다.

이러한 접근의 문제점은 홀든 대 하디 판결(Holden v. Hardy, 1898)[6]과의 비교를 통해

6) 이 사건에서 문제가 된 것은 유타 주 법률로, 광부와 제련소 노동자의 노동시간을 하루 8시간, 주 56시간으로 제한한 것이었다. 고용주는 이 규제가 계약의 자유를 침해한다고 주장했다. 그러나 대법원은 다수의견에서 다음과 같이 판시했다. 광산업은 본질적으로 위험하고 건강에 유해한 직종이므로, 장시간 노동은 노동자 개개인의 건강뿐 아니라 사회 전체의 복지에도 심각한 해를 끼친다. 따라서 이는 단순히 사적 계약 문제를 넘어서 공중보건과 안전에 직접적 관련성이 있다. 주 정부는 경찰권에 따라 이를 규제할 합리적 근거가 있다. 이 판결은 노동시간 규제를 처음으로 합헌으로 인정한 사례였으나, 동시에 산업별 위험성을 기준으로 합헌성을 달리 인정함으로써, 노동자 일반의 협상력 불균형을 고려하지 않은 한계를 가졌다. 다시 말해, '특수한 위험'이 증명되지 않으면 경찰권 행사가 정당화되지 않는다는 전제가 남아있었다.

드러난다. 법원은 광산업의 특수한 위험성을 근거로 하여 광부의 노동시간 제한을 합헌으로 판단했다. 이는 직업별 위험도에 따른 차별적 접근을 의미하는데, 이러한 기준은 자의적이고 예측가능성이 떨어진다는 비판을 받았다.

더 근본적으로, 이러한 접근은 노동자의 협상력 열세라는 구조적 문제를 정책적 고려 사항에서 배제했다. 뮐러 대 오리건 판결(Muller v. Oregon, 1908)[7]에서 여성 근로자에 대한 특별보호는 인정하면서도, 남성 근로자의 일반적인 교섭력 불균형은 인정하지 않는 이중적 태도를 보였다. 이러한 성별 기반의 차별적 보호주의적 접근은 1970년대에 들어서야 리드 대 리드(Reed v. Reed, 1971)[8], 프론티에로 대 리차드슨(Frontiero v. Richardson, 1973)[9], 크레이그 대 보렌(Craig v. Boren, 1976)[10] 등 평등 보호 조항을 통한 성차별 심사 법리가 발전하면서 비로소 전환점을 맞게 되었다.

로크너 사건에서 올리버 웬델 홈즈 대법관은 단문의 강력한 반대의견을 통해

---

7) 이 사건은 오리건 주 법률이 여성 노동자의 근로시간을 하루 10시간으로 제한한 것에 대한 위헌 여부가 쟁점이었다. 고용주는 계약의 자유를 침해한다고 주장했으나, 대법원은 합헌 결정을 내렸다. 판결의 핵심 논리는 다음과 같다. 여성은 생리적 특성과 사회적 역할로 인해 장시간 노동에 특히 취약하며, 이는 출산과 모성 보호 차원에서 사회 전체의 이익과 관련된다. 따라서 주 정부가 여성의 노동시간을 제한하는 것은 경찰권의 합리적 행사이다. 이 사건에서 유명한 것은 브랜다이스 브리프(Brandeis Brief)의 제출이다. 당시 변호사였던 루이스 브랜다이스는 단순히 법리적 주장을 넘어 대규모 사회학적·의학적 자료를 통해 여성 노동이 건강에 미치는 부정적 영향을 입증하려 했다. 이는 이후 헌법소송에서 사회과학적 자료의 활용을 정당화하는 계기가 되었다. 그러나 이 판결은 동시에 여성의 사회적 역할을 제한하고 성 고정관념과 차별적 이중기준을 반영하였다는 비판을 받았다. 법학자들은 이 판결을 '보호의 명목으로 한 차별(protective discrimination)'의 전형으로 평가한다.

8) 아이다호 법률은 상속 재산 관리인을 지정할 때 남성에게 여성보다 우선권을 부여하고 있었다. 세스 리드가 사망하자 부모인 샐리 리드와 세실 리드가 모두 관리인 지정권을 주장했고, 법원은 법률에 따라 아버지를 자동 지정했다. 어머니 샐리 리드는 이 규정이 성별에 근거한 차별이라며 헌법 제14차 수정조항의 평등보호조항을 근거로 소송을 제기했다. 대법원은 만장일치로 성별만을 기준으로 한 자동적 우선권 부여는 임의적이고 합리적 근거가 없는 차별이라고 판시했다. 단순한 행정 편의성은 차별을 정당화할 수 없다고 보았고, 해당 법률은 위헌으로 결정되었다. 이 판결은 연방대법원이 처음으로 성차별을 평등보호조항 위반으로 명시한 사례로 평가된다. Reed v. Reed는 성평등 법리 발전의 출발점이 되었다.

9) 미 공군 장교인 샤론 프론티에로는 남편을 부양가족으로 등록하려 했으나, 여성 군인의 배우자는 실제 부양 여부를 증명해야만 혜택을 받을 수 있다는 규정에 막혔다. 반면 남성 군인의 배우자는 자동적으로 부양가족으로 인정되었다. 프론티에로는 이러한 규정이 성별에 따른 차별이며 평등보호조항에 위배된다고 주장했다. 대법원은 8대 1로 해당 규정을 위헌이라 판결했다. 브레넌 대법관을 포함한 다수 의견은 성별을 인종과 유사한 의심스러운 분류로 보아야 한다고 제시했으나, 모든 판사가 그 심사 기준에는 합의하지는 않았다. 그럼에도 이 사건은 여성을 보호 대상이 아닌 동등한 권리의 주체로 인정한 중요한 계기가 되었습니다. Frontiero는 성차별 법리에 엄격한 기준 적용 필요성을 처음 본격적으로 제기한 판례로 평가된다.

10) 오클라호마 법률은 남성은 21세, 여성은 18세부터 특정 알코올 음료를 구입할 수 있도록 규정했다. 커트니 크레이그와 판매업자 캐럴 베이런은 이 법이 성별에 따른 차별이라며 소송을 제기했다. 정부는 교통 안전을 위해 필요한 규정이라고 주장했으나, 대법원은 이를 위헌으로 판단했다. 재판부는 성차별 심사에 있어 새로운 기준인 중간심사(intermediate scrutiny)를 공식적으로 확립했다. 즉, 성별에 따른 차별이 합헌으로 인정되려면 중요한 정부 목적을 추구해야 하고, 그 수단이 목적 달성과 실질적으로 관련되어야 한다고 판시했다. 오클라호마가 제시한 통계는 남성과 여성 간의 차이를 정당화할 만큼 충분하지 않았다. 이 판결은 성차별에 대한 헌법적 심사 기준을 제도화한 전환점으로 평가된다.

다수의견의 핵심 오류를 지적했다. 홈즈의 유명한 문구 - “제14차 수정헌법은 허버트 스펜서의 『사회정역학』(Social Statics)을 성문화한 것이 아니다(The Fourteenth Amendment does not enact Mr. Herbert Spencer's *Social Statics*).” - 는 헌법이 특정 경제이론(자유방임주의 등)을 절대화하지 않는다는 점을 선언한다. 홈즈는 역사적으로 입법이 계약 자유를 여러 방식으로 제한해 왔음(예: 안식일법, 고리대금 규제 등)을 상기시키며, 공중보건·안전과 합리적 관련성을 갖는다면 구체적 경제정책의 선택은 민주적 다수의 몫이고, 사법부는 이를 함부로 대체해서는 안 된다고 보았다. 요컨대 그는 “합리적인 사람이라면 그 규제가 건강을 증진한다고 생각할 수 있다”는 정도의 근거가 있으면 사법부는 개입을 자제해야 한다는 입장이었다.

브랜다이스의 ‘사실적 법학’과 브랜다이스 브리프(Muller v. Oregon, 208 U.S. 412 (1908)), 루이스 브랜다이스는 변호사로서 오리건주를 대리하며, 여성 근로자의 1일 10시간 상한을 정한 법의 합헌성을 옹호하는 과정에서 이른바 ‘브랜다이스 브리프’를 제출했다. 이 브리프는 총 113쪽 분량으로 알려져 있으며, 법리 논증은 극히 짧게 제시하고, 나머지 대부분을 의학·통계·사회조사 등 경험적 자료로 채웠다. 대법원은 해당 법을 합헌으로 인정했고, 브랜다이스의 방식은 이후 사회입법 심사에서 입법부의 사실 판단과 정책실험을 존중하는 방향으로 법정 변론과 재판부 심리의 작동 방식을 바꾸는 계기가 되었다.

<판결내용 및 의의>

홈즈의 반대의견은 (1) 헌법이 단일한 경제철학을 강제하지 않는다는 점, (2) 입법이 합리적 근거를 갖는 한 사법부는 정책 선택을 대체하지 말아야 한다는 사법절제(judicial restraint), (3) 다수의 민주적 결정을 통해 다양한 사회적 실험을 허용해야 한다는 실용주의를 제시한다. 이러한 관점은 입법의 합리성을 존중하며, 훗날 경제입법에 대한 ‘합리적 근거 심사(rational basis review)’의 토대를 마련했으며, 주(州)를 “정책 실험실”로 본 브랜다이스의 유명한 표현(*New State Ice Co. v. Liebmann*, 285 U.S. 262, 311 (1932) (Brandeis, J., dissenting))과 철학적 맥락을 공유한다. 이러한 흐름 속에서 연방대법원은 Nebbia v. New York, 291 U.S. 502 (1934)에서 공익적 가격규제를, 그리고 결정적으로 로크너 시대의 종지부를 찍은 West Coast Hotel v. Parrish, 300 U.S. 379 (1937)에서 최저임금을 각각 합헌으로 인정하며 로크너식 엄격심사에서 이탈했고, United States v. Carolene Products Co., 304 U.S. 144 (1938) 판결의 유명한 각주 4를 통해 민주주의 전제 조건을 훼손하는 경우를 제외하고는 경제입법에 대한 광범위한 입법재량과 사법자제를 정식화하는 현대적 헌법 심사 구조로 나아갔다.

브랜다이스 브리프는 (1) 법적 판단이 추상적 원리나 형식논리에 갇혀서는 안 되며, 실증적 사실·통계·의학 지식 등 다학제적 자료를 폭넓게 고려해야 한다는 점, (2) 민주적 정당성을 가진 입법부의 사실 판단을 사법부가 폭넓게 존중해야 한다는 점을 제도화했다. 이는 사회입법 합헌성 심리에서 "입법 사실(legislative facts)"의 비중을 높였고, 재판부가 전문적·기술적·통계적 자료를 통해 규제의 합리성을 평가하는 관행을 확립하는 데 기여했다. 결과적으로 홈즈의 사법절제론과 브랜다이스의 사실적 법학은 결을 달리하면서도 상호 보완적으로 작용하여, 1930년대 이후 경제·사회정책 영역에서 입법재량을 넓게 인정하는 현대적 헌법심사 구조로의 전환을 이끌었다. 이러한 흐름은 로크너 시대의 형식주의·경제자유 절대화에 대한 비판적 교정으로서 교과서적 의의를 지니며, 오늘날에도 경험적 자료에 기초한 정책평가와 사법심사의 관계 설정에 핵심적 참고점을 제공한다.

<해석과 의의>

조지 애컬로프(George A. Akerlof)가 1970년에 발표한 「The Market for 'Lemons': Quality Uncertainty and the Market Mechanism」은 정보 비대칭이 시장실패를 유발하는 경로를 정식화하였다. 이는 앞서 로버트 헤일 등이 지적했듯, 로크너 시대의 형식적 평등론이 간과한 경제학적 현실을 현대적인 모델로 증명한 것이다. 노동시장에 적용하면, 사용자는 근로자의 생산성·이직 가능성 등에 대한 정보를 완전히 알기 어렵고, 근로자 역시 기업의 재무건전성·승진 및 보상 체계에 대한 정보를 충분히 파악하지 못한다. 이 비대칭은 저품질·저임금 균형으로의 수렴, 근로조건 악화, 보험적·규범적 기제의 약화를 초래할 수 있다. 로크너 시대(1897-1937)의 연방대법원은 당사자 간 '자유롭고 대등한' 계약을 사실상 전제하고 경찰권(police power)을 협소하게 이해했기 때문에, 이러한 정보경제학적 통찰을 규범 구성 요소로 반영하지 못했다. 그 결과 노동시간 제한·최저임금·안전보건 규정 등은 자주 '자의적 간섭'으로 의심되었으나, 현대적 관점에서는 오히려 정보 비대칭으로 인한 시장실패를 교정하고 거래의 질을 높이는 제도적 조건으로 해석될 수 있다. 이는 시장의 자율을 부정하는 것이 아니라 시장이 효율적으로 작동하기 위한 신뢰·집행·투명성의 기반을 확보하는 조치라는 점에서 정합적이다.

자유 개념 역시 단순한 비간섭만으로는 설명되기 어렵다. 형식적 평등이 정보·교섭력의 비대칭을 은폐할 수 있고, 그 결과 취약한 집단이 구조적 불이익을 반복적으로 부담하는 현실이 발생한다. 따라서 자유의 내용과 전제 조건을 함께 검토하는 다층적 접근이 요구된다. 아마르티아 센(Amartya Sen)의 능력접근법(capability approach)이 강조하듯, 단순한 권리를 가짐(자유)을 넘어 실질적으로 가치 있는 삶을 선택하고 실행할 수 있는 역량(capability)을 자유의 핵심으로 파악하는 관점과도 접점을 갖는다. 다만 시대·산업·노동조직의 특수성을 고려하지 않은 일괄적 처방은 부작용을 낳을 수 있으므로 규범 설계는 경험적 증거와 점진적 조정에 의존해야 한다.

민주주의와 사법심사의 관계에서도 교훈이 분명하다. 경제정책의 타당성은 예측 불확실성과 기술적 전문성이 결부되므로 일차적 판단은 민주적 정당성을 지닌 입법·행정에 맡기는 것이 원칙이다. 알렉산더 비켈(Alexander Bickel)이 지적한 이른바 "반다수주의적 난제(countermajoritarian difficulty)"는 사법부가 다수의 정책결정을 빈번히 대체할 때 민주적 정당성의 긴장이 커짐을 상기시킨다. 연방대법원은 United States v. Carolene Products Co.(304 U.S. 144 (1938))의 각주 4에서 정치과정 왜곡이나 취약한 소수에 대한 차별처럼 민주주의의 전제 조건을 훼손하는 경우에는 보다 엄격한 심사가 정당화될 수 있음을 시사했고, 반대로 통상적 경제 규제에는 입법재량을 넓게 인정하는 이중적 심사구도를 뒷받침했다. 이는 브랜다이스(Brandeis)가 New State Ice Co. v. Liebmann(285 U.S. 262 (1932), Brandeis, J., dissenting)에서 주(州)를 "정책의 실험실(laboratories)"로 본 통찰과도 맞닿아 있다. 요지는, 다수결의 정책실험은 경험적 근거가 있는 한 사법부가 광범위하게 존중하되, 민주주의의 기반과 기본권의 핵심영역에서는 엄격한 보호가 요구된다는 점이다.

시장과 정부의 상호보완성 또한 강조되어야 한다. 현대 경제학은 시장실패와 정부실패를 모두 인정하지만, 더글러스 노스(Douglass C. North)의 신제도주의가 보여주듯 시장이 기능하려면 사기 방지, 계약 집행, 재산권 보호, 투명한 정보 인프라 같은 제도적 틀이 선결되어야 한다. 고전적 자유주의 전통에서도 프리드리히 하이에크(Friedrich A. Hayek)는 임의적 재량이 아닌 일반적 규칙(rule of law)에 기초한 제도적 환경의 중요성을 일관되게 옹호했다. 노동법의 역사적 전개 - 단체교섭권 보장, 노동시간·안전보건 규정, 차별금지 - 는 바로 이러한 제도적 인프라를 통해 교섭력과 정보의 불균형을 완화하고, 공정경쟁을 가능하게 하려는 시도로 이해될 수 있다. 규제의 범위·강도는 경험적 성과와 비용을 따져 조정되어야 하지만, "시장 대 정부"라는 이분법은 실제 정책설계와 집행의 논리를 충분히 설명하지 못한다.

종합하면, 로크너로 상징되는 소극적 자유의 극대화는 (1) 형식적 자유와 실질적 자유의 괴리, (2) 민주적 정당성과 사법심사의 경계, (3) 시장과 제도의 상호작용이라는 세 축에서 한계를 드러냈다. 21세기 디지털 경제·플랫폼 노동·데이터 독점 환경에서도 핵심 쟁점은 유사하다. 정보 비대칭과 네트워크 효과, 플랫폼의 규칙설계 권력은 형식적 계약자유만으로는 처리하기 어려운 구조적 문제를 낳을 수 있다. 따라서 기술혁신과 시장자율을 존중하되, 투명성·상호운용성·데이터 이동권·알고리즘 책임성 등 새로운 제도 장치를 통해 실질적 자유와 공정한 경쟁조건을 보장하려는 시도가 필요하다. 다만 로크너 시대의 교훈을 현재에 기계적으로 이식하는 것은 부적절하므로, 각 부문·산업의 구체적 증거와 비교법적 경험을 토대로 점진적이고 가역적인 규범설계를 지향해야 한다. 이렇게 볼 때 자유는 단일 차원이 아니라 조건·능력·절차가 어우러진 복합적 개념이며, 그 보호를 위해서는 시장·입법·사법이 역할을 분담하면서 상호보완적으로 작동하는 균형이 요구된다.

2. 네비아 판결 (Nebbia v. New York, 291 U.S. 502 (1934))의 헌법사적 의의

<사건의 역사적 배경과 맥락>

네비아 대 뉴욕 주(Nebbia v. New York, 1934) 판결은 1929년 대공황 이후 미국 사회가 직면한 경제적 위기와 그에 대한 정부 개입의 필요성이 충돌하면서 발생한 사건이었다. 당시 뉴욕 주의 낙농업계는 극심한 경제적 어려움에 처해 있었다. 우유 가격의 급격한 하락과 공급망의 불안정은 농민들의 생계를 위협했고, 이는 곧 소비자들에게도 안정적인 식품 공급의 차질로 이어질 우려가 있었다. 이러한 상황에서 뉴욕 주 의회는 1933년

「우유관리법(Milk Control Act)」을 제정했다. 이 법률은 우유의 최소 판매 가격을 설정하고, 이를 위반한 판매업자에게 형사처벌을 가하는 내용을 담고 있었다. 법률의 취지는 낙농업계의 경제적 안정을 도모하고, 궁극적으로는 소비자에게 안정적인 우유 공급을 보장하는 데 있었다. 그러나 이러한 가격 통제는 전통적인 자유시장 경제 원칙과 정면으로 충돌하는 것이었다.

네비아(Leo Nebbia)는 로체스터(Rochester)에서 잡화점을 운영하는 소매상이었다. 그는 법정 최소 가격보다 낮은 가격에 우유를 판매했다는 이유로 기소되었고, 이에 대해 헌법소원을 제기했다. 이 사건은 단순한 개별 상인의 법 위반 사례를 넘어서 국가의 경제 개입 권한과 개인의 경제적 자유 사이의 근본적인 긴장 관계를 다루는 헌법적 쟁점으로 발전했다.

<법적 쟁점의 구조적 분석>

이 사건의 핵심 쟁점은 크게 두 가지 차원에서 구성되었다. 첫째는 국가의 규제 권한의 범위에 관한 문제였다. 전통적으로 미국 법체계에서는 사적 계약의 자유가 강력하게 보호되어 왔으며, 특히 가격 결정과 같은 시장 메커니즘에 대한 정부의 직접적 개입은 극히 제한적인 경우에만 허용되었다. 당시까지 연방대법원이 인정한 가격 규제의 정당성은 주로 '공공에 영향을 미치는 사업(business affected with a public interest)'이라는 제한적 범주 내에서만 인정되었다. 이 범주에는 전통적으로 공공서비스의 성격을 띤 철도, 항만, 창고업 등이 포함되었으나, 일반적인 소매업은 해당되지 않았다.

둘째는 수정헌법 제14조의 적법절차조항(Due Process Clause) 해석에 관한 문제였다. 로크너 판결(Lochner v. New York, 1905) 이래 연방대법원은 적법절차조항을 실체적(substantive) 의미로 해석하여 개인의 경제적 자유 - 특히 계약의 자유 - 를 강력하게 보호해왔다. 이러한 해석론 하에서 정부의 경제 규제는 '경찰권(police power)'의 정당한 행사라는 예외적 사유가 인정되는 경우에만 합헌성을 인정받을 수 있었다. 그리고 이러한 예외의 인정 여부는 법원이 엄격한 심사를 통해 판단했다.

네비아 사건에서 쟁점이 된 우유 가격 통제는 이 두 가지 전통적 기준 모두에 부합하지 않는 것으로 보였다. 일반 잡화점에서의 우유 판매는 '공공에 영향을 미치는 사업'의 전통적 범주에 포함되지 않았고, 사적 계약에 대한 직접적 가격 통제는 계약의 자유에 대한 명백한 침해로 여겨질 수 있었다.

<판결의 법리적 전환과 그 의미>

오언 로버츠(Owen Roberts) 대법관이 집필한 다수의견은 미국 헌법사에서 패러다임의 전환을 알리는 중요한 내용을 담고 있었다. 로버츠 대법관은 두 가지 핵심적인 법리적 변화를 제시했다. 첫째, '공공에 영향을 미치는 사업' 개념의 확장적 재해석이었다. 로버츠 대법관은 "현대 사회에서 거의 모든 형태의 사업 활동이 어떤 방식으로든 공중의 이익과 연결되어 있다"고 하면서, 전통적인 범주론적 접근법을 수정하고, 실질적·기능적 접근법을 제시했다. 그는 "어떤 사업이 공공에 영향을 미치는지의 여부는 그 사업의 본질적 성격이 아니라, 구체적 상황에서 공공의 이익에 미치는 실제적 영향을 기준으로 판단되어야 한다"고 설시했다. 둘째, 헌법 심사 기준의 변화였다. 로버츠 대법관은 "입법부가 제정한 법률이 정당한 입법 목적과 합리적 관련성을 가지고 있고, 자의적이거나 차별적이지 않다면, 그 법률의 현명함이나 효과성은 법원이 판단할 영역이 아니다"라고 명시했다. 이는 경제 규제에 대한 사법부의 역할을 정책의 내용에 대한 실체적 심사에서 절차적 적정성에 대한 형식적 심사로 전환하는 것을 의미했다.

네비아 판결에서 제시된 새로운 심사 기준은 후에 '합리성 심사(rational basis review)'로 발전하게 되는 법리의 출발점이었다. 이 기준 하에서 법원은 정당한 입법 목적의 존재, 수단의 합리적 관련성, 자의성·차별성의 부재라는 최소한의 요건만을 검토하게 되었다. 이러한 기준의 적용에서 중요한 것은 입증책임의 전환이었다. 로크너 시대에는 정부가 규제의 필요성과 정당성을 엄격하게 입증해야 했지만, 네비아 이후에는 규제를 받는 당사자가 그 규제의 위헌성을 입증해야 하는 부담을 지게 되었다.

<의의와 영향>

네비아 판결은 1905년 로크너 판결로 시작된 이른바 '로크너 시대'의 종료를 예고하는 전환점 중 하나였다. 로크너 시대 동안 연방대법원은 실체적 적법 절차 원칙을 통해 개인의 경제적 자유, 특히 계약의 자유를 강력하게 보호해왔다. 이 시기의 법원은 정부의 경제 규제에 대해 엄격한 심사를 가했고, 많은 사회경제적 입법들이 위헌 판결을 받았다. 그러나 1929년 대공황 이후 미국 사회는 정부의 적극적인 경제 개입 없이는 해결하기 어려운 구조적 위기에 직면했다. 뉴딜 정책으로 대표되는 정부의 경제 개입 정책들은 전통적인 자유방임주의 경제 철학과 충돌했고, 이는 헌법 해석의 변화를 요구했다. 네비아 판결은 이러한 시대적 요구에 대한 법원의 중요한 응답 중 하나였다.

네비아 판결의 또 다른 의의는 삼권분립 원칙 하에서 각 기관의 역할을 재정립했다는 점이었다. 로버츠 대법관은 다수의견에서 "경제정책의 현명함이나 효과성을 판단하는 것은 법원의 역할이 아니라 민주적으로 선출된 입법부와 행정부의 역할"이라고 명확히 했다. 이는 사법부가 정책 결정자(policy maker)가 아니라 헌법적 한계의 수호자(guardian of constitutional limits)라는 역할 정의를 보다 명확히 한 것이었다.

이러한 역할 분담은 민주적 책임정치(democratic accountability)의 원칙과도 부합했다. 경제정책의 성패에 대한 정치적 책임은 선거를 통해 국민에게 직접 책임을 지는 선출직 공무원들이 져야 한다는 것이었다. 반면 종신직인 연방대법원 법관들은 이러한 정치적 책임으로부터 자유로운 대신 그들의 역할을 헌법적 원칙의 수호에 보다 집중해야 한다는 논리였다.

네비아 판결은 현대적 의미의 '규제 국가(regulatory state)'에 대한 헌법적 정당성을 인정하는 데 기여한 판결이었다. 전통적인 야경국가(night-watchman state) 모델에서는 국가의 역할이 질서 유지와 재산권 보호에 한정되었지만, 네비아는 국가가 경제 영역에서도 보다 적극적인 역할을 할 수 있다는 헌법적 근거를 제공했다. 특히 주목할 점은 네비아가 국가 개입의 정당성을 추상적 원칙이 아닌 구체적 상황에서 판단해야 한다고 제시한 것이었다.

<현대적 함의와 한계>

네비아에서 시작된 합리성 심사는 이후 미국 헌법 법리에서 경제 규제 영역의 표준적 심사 기준으로 확립되었다. 1937년 웨스트 코스트 호텔 대 패리시(West Coast Hotel

v. Parrish) 판결에서 최저임금법이 합헌으로 판단되면서 로크너 시대는 공식적으로 종료되었고, 1938년 캐럴린 프로덕츠(United States v. Carolene Products) 판결의 유명한 '각주 4번'을 통해 경제 규제와 기본권 규제에 대한 이중 기준(double standard)이 확립되었다. 현대 미국 헌법 하에서 합리성 심사는 매우 관대한(deferential) 심사 기준으로 기능하고 있다. 실제로 합리성 심사를 적용받는 경우 법률이 위헌으로 판단되는 경우는 극히 드물다. 이는 네비아가 추구했던 "민주적 다수의 의사에 대한 사법부의 존중"이라는 원칙이 현실에서 구현되고 있음을 보여준다.

그러나 네비아 판결에 대한 평가는 균형적이어야 한다. 첫째, 네비아가 경제적 자유를 완전히 포기한 것은 아니었다. 여전히 자의적이거나 차별적인 규제에 대해서는 통제가 유지되었고, 목적과 수단 간의 합리적 관련성은 계속해서 요구되었다. 둘째, 네비아의 영향은 경제 규제 영역에 주로 한정되었다. 표현의 자유, 종교의 자유, 절차적 권리 등 다른 헌법적 권리들에 대해서는 여전히 보다 엄격한 심사가 적용되었다. 실제로 네비아 이후에도 연방대법원은 기본권 보호에서는 적극적인 역할을 지속했다. 셋째, 합리성 심사의 과도한 관대함이 때로는 정부 권력의 남용을 방치할 수 있다는 비판도 제기되었다. 특히 경제적 약자나 소수자에 대한 차별적 규제가 합리성 심사를 통과하는 경우들이 있었고, 이는 헌법적 권리 보호의 공백을 만들어내기도 했다.

네비아 판결의 접근법은 다른 국가들의 헌법 체계에도 일정한 영향을 미쳤다고 평가되기도 한다. 비례성 원칙(proportionality principle)과 입법 재량의 존중이라는 두 축을 중심으로 한 헌법 심사 체계는 많은 국가에서 채택되었다. 다만 각국의 구체적인 법리와 네비아 판결 간의 직접적 영향 관계를 단정하기는 어렵다.

<결론: 헌법적 균형의 모색>

네비아 대 뉴욕 주 판결은 단순히 하나의 법적 분쟁에 대한 해결책을 제시한 것을 넘어서 현대 민주주의 국가에서 개인의 자유와 공공의 이익, 사법부의 역할과 민주적 의사 결정 사이의 균형을 모색하는 헌법적 시도였다. 이 판결은 19세기적 자유방임주의에서 20세기적 규제 국가로의 전환을 헌법적으로 뒷받침했을 뿐만 아니라 그러한 전환이 민주적 절차를 통해 이루어져야 한다는 원칙을 강조했다.

네비아의 유산은 오늘날에도 여전히 참고할 만한 가치가 있다. 경제의 글로벌화, 기술혁신, 환경 문제 등 새로운 도전에 직면한 현대 사회에서도 국가의 규제 역할과 개인의 경제적 자유 사이의 긴장은 계속되고 있다. 네비아가 제시한 합리성과 비자의성이라는 기준 그리고 민주적 정당성에 대한 존중이라는 원칙은 이러한 현대적 도전에 대응하는 데 있어서도 의미 있는 지침을 제공할 수 있다. 결국 네비아 판결의 진정한 의의는 헌법이 경직된 교조가 아니라 시대의 변화에 적응할 수 있는 살아있는 문서라는 점을 보여준 데 있다. 동시에 그러한 적응이 헌법적 원칙의 포기가 아니라 원칙의 새로운 적용을 통해 이루어져야 한다는 점을 보여주었다. 이러한 관점에서 네비아는 헌법학뿐만 아니라 민주주의 이론에도 중요한 기여를 한 판결로 평가할 수 있다.

3. 웨스트 코스트 호텔 판결 (West Coast Hotel v. Parrish)과 헌법적 패러다임의 전환

1937년 West Coast Hotel v. Parrish 판결은 로크너 시대의 종료를 알리는 결정적 전환점이었다. 찰스 에반스 휴즈(Charles Evans Hughes) 대법관이 작성한 다수의견은 워싱턴주의 최저임금법을 합헌으로 판단하면서 로크너 판결로부터의 근본적 이탈을 선언하였다. 이 판결에서 법원은 "헌법은 자유방임을 명령하지 않으며, 정부는 사회의 건강과 복지를 보호할 권한을 가진다"고 명시하였다.

<사건개요와 시대적 배경>

West Coast Hotel Co. v. Parrish, 300 U.S. 379 (1937)는 워싱턴주의 여성 최저임금법(산업복지위원회가 정한 시간당 최저임금)을 둘러싼 분쟁에서, 호텔 측이 지급하지 않은 임금 차액을 근로자 엘시 패리시(Parrish)가 청구한 사건이다. 워싱턴주 대법원이 근로자의 손을 들어주자 사용자가 상고하였고, 연방대법원은 1937년 합헌 결정을 내렸다. 이 판결은 Adkins v. Children's Hospital, 261 U.S. 525 (1923)이 확립한 "여성 최저임금 위헌" 선례를 사실상 폐기하고(명시적 폐기 인정), 1897-1937년으로 통칭되는 로크너 시대의 자유계약 중심 심사로부터 이탈했음을 선언했다. 결정의 배경에는 1929년

대공황과 그에 따른 대규모 실업·임금하락·구빈비 증가가 있었고, 뉴딜정책을 통해 국가의 적극적 경제·사회적 역할을 요구하는 시대적 전환이 진행 중이었다.

<판결요지와 핵심 법리>

다수의견(휴즈 대법원장)은 (a) 수정헌법 제14조의 "자유"가 무제약적 자유계약을 뜻하지 않으며, (b) 공중의 건강·안전·복지 보호라는 정당한 목적을 위해, (c) 수단이 합리적이라면 주의 경찰권에 기초한 임금규제가 적법 절차에 위반되지 않는다고 판시했다. 법원은 특히 교섭력의 불균형과 착취의 위험이라는 현실을 인정했다. 임금이 지나치게 낮아 생계가 곤궁해지면 그 비용이 궁극적으로 지역사회(구빈제도 등)에 전가되므로, 최소한의 임금 하한을 통해 인간다운 생활을 보장하려는 입법목적은 정당하다고 보았다. 당시 법은 "여성 근로자"를 대상으로 했고, 재판부는 여성의 신체·사회적 조건을 고려한 보호입법의 정당성을 언급했다. 오늘날 시각에서 성별 보호 논리는 한계를 갖지만, 당시로서는 임금저하와 빈곤의 악순환을 끊는 공익 목적을 승인한 것으로서 의미를 가진다. 결론적으로 법원은 워싱턴주 최저임금제를 합헌으로 판단하며 Adkins를 명시적으로 폐기하였다.

<심사 기준의 전환과 판례의 흐름>

본 판결은 경제입법에 대한 심사 방식을 합리성 심사(rational basis) 중심으로 재정렬했다. 로크너 시대의 엄격한 개입적 심사 대신 입법이 공익목적과 합리적 관련성을 가지면 사법부는 정책 선택을 존중(deference) 해야 한다는 원칙을 재천명한 것이다. 이 전환은 이미 Nebbia v. New York, 291 U.S. 502 (1934)에서 "공익과 합리적 관련성"을 강조한 흐름과 맞물리고, 곧이어 United States v. Carolene Products Co., 304 U.S. 144 (1938)의 각주 4에서 경제 규제에는 완화된 심사를 하되, 민주적 과정의 왜곡이나 특정 권리 영역에는 더 엄격한 심사를 할 수 있음을 시사함으로써 이중심사 구조로 제도화된다. 또한 NLRB v. Jones & Laughlin Steel, 301 U.S. 1 (1937) 등 동시기 판례들은 경제·노동정책 영역에서 연방·주 정부의 규제 권한을 폭넓게 인정하는 방향으로 정착하였다.

<비교법적 함의>

첫째, 본 판결은 자유의 재구성을 보여준다. 자유는 "간섭의 부재"만이 아니라 최소한의 생활보장과 착취 방지라는 제도적 조건 속에서 실질화될 수 있음을 인정한다. 따라서 최저임금·노동시간·안전보건과 같은 규범이 시장의 자율을 부정하는 것이 아니라 오히려 시장이 공정하고 효율적으로 작동하기 위한 전제 조건이 될 수 있음을 헌법적으로 승인한다. 둘째, 민주적 정당성과 사법자제의 재확인이다. 경제정책은 사실평가·전문성·가치선택이 결합되므로 일차적 판단권은 입법부에 있다. 사법부는 입법 목적과 수단의 합리적 연계를 중심으로 통제하되, 정책의 현명함 자체를 대체판단하지 않는다는 원칙을 분명히 한다. 셋째, 비교헌법적 관점에서 미국은 독일 바이마르헌법(1919)이나 북유럽 복지국가처럼 성문헌 차원의 사회권 명문화 대신 해석론과 심사 기준의 전환을 통해 사회적 요구에 대응한다. 이는 성문헌·사법심사를 갖춘 체제에서 해석의 진화가 사회경제적 변화에 적응하는 방식을 보여주는 교과서적 사례이다. 마지막으로, 오늘날에도 형식적 평등 대 실질적 평등, 시장 자유 대 사회적 보호, 입법 대 사법의 긴장은 지속된다. 경제적 불평등과 취약노동의 문제가 확대되는 상황에서, 웨스트 코스트 호텔(West Coast Hotel)은 소극적 자유의 중요성을 인정하면서도 취약계층의 실질적 자유와 인간다운 생활 보장을 위해 합리적 규제가 정당화될 수 있음을 확인한 반면교사이자 이정표로 기능한다.

4. 캐롤린 프로덕츠 판결 (United States v. Carolene Products Co., 1938)과 차등적 헌법심사 체계의 확립

<사건의 배경과 표면적 쟁점>

캐롤린 프로덕츠사건은 표면적으로는 연방 식품규제법의 합헌성을 다룬 사안이었다. 쟁점이 된 법률은 1923년 제정된 「충전우유법(Filled Milk Act)」으로, 이 법은 우유에서 유지방을 제거하고 그 대신 식물성 기름이나 다른 지방을 첨가한 제품(소위 'filled milk')의 주간(州間) 상거래를 금지하는 내용을 담고 있었다.

캐롤린 프로덕츠 회사는 이러한 제품을 제조·판매하던 업체였는데, 연방정부로부터 기소되자 해당 법률이 수정헌법 제5조의 적법절차조항을 위반한다고 주장하며 법률의 위헌성을 다투었다. 회사 측의 주된 논리는 이 법률이 합법적인 사업 활동을 자의적으로 금지함으로써 경제적 자유를 침해한다는 것이었다. 당시 연방정부는 이 법률의 정당성을 공중보건 보호와 소비자 기만행위 방지라는 목적으로 설명했다. 정부는 충전우유가 일반 우유와 외관상 구별하기 어려워 소비자들이 혼동할 수 있고, 영양학적으로도 일반 우유에 비해 열등하다는 근거를 제시했다. 따라서 이러한 제품의 유통을 금지하는 것은 합리적인 규제라는 입장이었다.

이 사건이 제기된 1930년대 후반은 미국 헌법사에서 중요한 전환기였다. 1934년 네비아(Nebbia v. New York) 판결 이후 연방대법원은 경제 규제에 대해 보다 관대한 접근을 보이기 시작했고, 로크너 시대의 엄격한 경제적 자유 보호 기조는 약화되고 있었다. 캐롤린 프로덕츠 사건은 이러한 변화의 연장선상에서 발생한 것이었다.

<판결의 구조와 본안 판단>

연방대법원은 만장일치로 충전우유법을 합헌으로 판단했다. 할란 피스크 스톤(Harlan Fiske Stone) 대법관이 집필한 법정의견은 경제 규제에 대한 합리성 심사의 기준을 재확인하는 내용이었다. 스톤 대법관은 "의회가 주간 상거래에서 특정 식품의 유통을 금지할 권한이 있으며, 그러한 금지가 공중보건이나 소비자 보호라는 정당한 목적을 위한 합리적 수단이라면 법원은 이를 존중해야 한다"고 설시했다.

법원은 충전우유의 영양학적 열등성과 소비자 기만 가능성에 대한 의회의 판단이 완전히 근거가 없다고 볼 수 없다는 점을 강조했다. 더 나아가 "입법부가 제시한 과학적 근거가 완벽하지 않더라도, 그것이 전혀 합리적 기초를 결여한 것이 아닌 이상 법원이 입법 판단을 대체할 수는 없다"고 밝혔다.

이러한 판단은 경제 규제에 대한 사법심사의 기본 틀을 다시 한 번 명확히 한 것이었다. 법원이 적용한 기준은 (1) 정당한 입법 목적의 존재, (2) 목적과 수단 간의 합리적 관련성, (3) 자의성이나 차별성의 부재였다. 이는 네비아 판결에서 제시된 합리성 심사의 기준을 재확인하는 것이었고, 후에 1955년 윌리암슨 대 리 옵티컬(Williamson v. Lee Optical) 판결에서 더욱 명확하게 정립되었다.

<각주 4의 내용과 의미>

그러나 캐롤린 프로덕츠 판결이 헌법사에서 주목받게 된 것은 본문의 판단보다는 스톤 대법관이 덧붙인 짧은 각주 때문이었다. 이른바 '각주 4'는 후에 미국 헌법해석에 상당한 영향을 미치게 되었다.

각주 4에서 스톤 대법관은 입법에 대한 합헌 추정이 일반적 원칙이지만, 특정한 경우에는 "보다 엄격한 사법적 심사가 요구될 수 있다"고 제안했다. 그가 제시한 예외적 경우는 크게 세 가지였다. 첫째, 헌법 조문에 명시적으로 규정된 권리를 제한하는 입법, 둘째, 정치적 과정의 공정성을 해치거나 정치적 변화를 가능하게 하는 통로를 제한하는 입법, 셋째, 특정한 종교적·민족적·인종적 소수자에 대한 편견에 기반한 입법이 그것이었다. 스톤 대법관은 이러한 경우들에서 "통상적인 정치적 과정에 의존할 수 없는 상황"이 발생한다고 지적했다. 정치적 과정 자체가 왜곡되거나 특정 집단이 그 과정에서 체계적으로 배제되는 경우에는 입법에 대한 일반적인 존중만으로는 충분하지 않다는 것이었다. 따라서 이런 경우에는 사법부가 보다 적극적인 역할을 해야 한다는 것이 각주 4의 핵심 내용이었다.

다만 각주 4는 구체적인 심사 기준을 제시한 것이 아니라 사안의 성격에 따라 심사의 강도를 달리해야 한다는 일반적 원칙을 제시한 것에 가까웠다. 오늘날의 '삼단계 심사 구조'는 각주 4에서 직접 도출된 것이 아니라 이후 수십 년에 걸친 판례의 발전을 통해 형성된 것이었다.

<차등적 심사 체계의 이론적 기초>

각주 4가 제시한 통찰은 헌법심사에서 '사안의 성격에 따른 차등적 접근'이라는 사고방식의 이론적 기초를 마련한 것이었다. 이는 모든 법률에 동일한 심사 기준을 적용하던 이전의 접근법에서 벗어나 규제의 대상과 성격에 따라 사법심사의 강도를 달리해야 한다는 아이디어를 제시한 것이었다.

이러한 접근의 이론적 근거는 민주주의 이론과 연결되어 있었다. 일반적인 경제정책이나 사회정책의 경우 민주적 정치과정을 통한 수정과 변화가 가능하므로 사법부는 기본적인 합리성만을 확인하는 것으로 충분하다는 것이었다. 반면 정치과정 자체의 공정성이나 정치적 약자의 권리가 문제될 경우에는 통상적인 민주적 구제 수단이 제대로 작동하지 않을 수 있으므로, 사법부가 보다 적극적으로 개입해야 한다는 논리였다.

각주 4는 또한 다원주의 민주주의 이론의 한계를 인식한 것이기도 했다. 일반적으로 민주주의에서는 다양한 이익집단들 간의 경쟁과 타협을 통해 공익이 실현된다고 가정한다. 그러나 특정 집단이 정치과정에서 체계적으로 배제되거나, 다수의 편견으로 인해 소수자의 이익이 제대로 반영되지 않는 경우에는 이러한 가정이 성립하지 않는다. 각주 4는 이런 상황에서 사법부의 역할을 정당화하는 하나의 이론적 근거를 제공했다.

<후속 판례에서의 발전과 구체화>

각주 4에서 제시된 차등적 심사의 원칙은 이후 수십 년에 걸쳐 구체적인 법리로 발전했다. 1940년대부터 인종 차별에 대한 엄격 심사가 확립되기 시작했고, 1950년대와 1960년대를 거치면서 표현의 자유, 종교의 자유 등 기본권 영역에서도 엄격한 심사 기준이 적용되기 시작했다. 1970년대에는 성별에 따른 차별에 대해 중간 수준의 심사 기준이 도입되었다.

이러한 발전 과정에서 오늘날 우리가 알고 있는 '삼단계 심사 구조'가 점진적으로 형성되었다. 합리성 심사(rational basis review), 중간 심사(intermediate scrutiny), 엄격 심사(strict scrutiny)로 이어지는 이 구조는 각주 4가 제시한 기본 아이디어를 구체화하고 세분화한 결과였다. 다만 이러한 삼단계 구조와 각주 4 사이의 직접적 인과관계를 과장해서는 안 된다. 각주 4는 방향을 제시했지만, 구체적인 기준들은 개별 사안들에서의 판례 축적을 통해 형성된 것이었다.

경제 규제 영역에서는 1955년 윌리암슨 대 리 옵티컬 판결이 합리성 심사의 극도로 관대한 적용을 보여주었다. 이 판결에서 법원은 "입법부가 한 번에 모든 문제를 해결할 필요는 없으며, 하나의 폐해를 먼저 다루고 다른 문제들은 나중에 다룰 수 있다"고 하면서, 경제정책의 우선순위와 범위 설정은 입법부의 재량에 속한다고 명확히 했다.

<이론적 의의와 비판적 검토>

캐롤린 프로덕츠 판결과 각주 4의 이론적 의의는 헌법해석에서 기능적 접근법을 제시했다는 점에 있다. 이는 헌법의 각 조항을 추상적·형식적으로 해석하기보다는 민주주의 체제의 작동 원리와 각 기관의 제도적 역할을 고려하여 해석해야 한다는 접근법이었다. 사법부의 역할을 민주적 정치과정의 실패를 보완하는 것으로 이해하고, 그에 따라 심사의 강도를 달리 적용한다는 아이디어는 이러한 기능적 접근의 산물이었다.

또한 각주 4는 절차적 민주주의와 실질적 민주주의의 균형을 모색한 시도로도 평가할 수 있다. 절차적 민주주의의 관점에서는 다수결에 의한 의사 결정이 정당성을 갖지만, 실질적 민주주의의 관점에서는 소수자의 권리와 정치과정의 공정성도 보장되어야 한다. 각주 4는 이 두 가치 사이의 긴장을 조화시키는 하나의 방법을 제시했다.

그러나 각주 4의 접근법에는 상당한 비판도 존재했다. 첫째, "명백하고 고립된 소수자(discrete and insular minorities)"의 개념이 지나치게 제한적이라는 비판이었다. 실제로는 정치적으로 약한 지위에 있으면서도 이 범주에 포함되지 않는 집단들 - 예를 들어 경제적 약자나 노숙자 등 - 이 존재한다는 것이었다. 또한 현대 사회에서는 전통적인 의미의 "고립된" 소수자보다는 복합적이고 유동적인 정체성을 가진 집단들이 증가하고 있어 각주 4의 분류법이 현실을 제대로 반영하지 못한다는 지적도 있었다. 둘째, 심사 기준의 적용에서 일관성 부족 문제가 지적되었다. 동일한 심사 기준을 적용한다고 하더라도 구체적 사안에서 법원의 판단이 달라지는 경우가 많았고, 이는 법적 예측가능성을 해치는 요인이 되었다. 특히 '중간 심사'의 경우 그 적용 기준이 명확하지 않아 자의적 판단의 여지가 있다는 비판이 제기되었다. 셋째, 사법부의 역할 확대에 대한 민주적 정당성 문제였다. 선출되지 않은 법관들이 민주적으로 선출된 기관의 결정을 무효화하는 것이 과연 정당한지에 대한 근본적 의문이 제기되었다. 이는 각주 4가 제시한 "정치과정의 실패 보완" 논리 자체에 대한 도전이기도 했다. 넷째, 각주 4의 접근법이 사법부의 정치화를 초래할 수 있다는 우려도 제기되었다. 어떤 사안이 엄격한 심사를 받을 것인지, 어떤 집단이 특별한 보호를 받을 것인지에 대한 판단 자체가 정치적 성격을 띨 수밖에 없다는 것이었다.

<현대적 함의와 지속적 영향>

캐롤린 프로덕츠 판결과 각주 4가 제시한 차등적 심사 체계는 오늘날까지도 미국 헌법해석의 중요한 틀로 기능하고 있다. 이 체계는 미국에 국한되지 않고, 다른 많은 국가의 헌법재판에도 일정한 영향을 미쳤다. 특히 비례성 원칙이나 과잉금지 원칙 등의 형태로 각국의 헌법해석에 반영되었다. 다만 각국의 구체적인 법리와 각주 4 사이의 직접적 영향 관계를 단정하기는 어렵다.

현대 사회에서 이 체계가 직면한 새로운 도전들도 있다. 예를 들어, 인터넷과 소셜미디어의 발달로 인한 새로운 형태의 표현의 자유 문제, 테러와의 전쟁 상황에서의 국가안보와 개인의 자유 간의 균형, 인공지능과 빅데이터 시대의 프라이버시 권리 등은 기존의 삼단계 심사 구조만으로는 해결하기 어려운 복잡한 문제들이다.

또한 정치적 양극화가 심화되면서 사법부의 정치적 중립성에 대한 의문도 제기되고 있다. 연방대법원 법관들의 임명 과정이 정치화되고, 판결에서도 이념적 성향이 뚜렷하게 나타나면서 각주 4가 전제한 "정치과정의 실패를 보완하는 중립적 사법부"라는 모델 자체가 도전받고 있다. 그럼에도 불구하고 캐롤린 프로덕츠가 제시한 기본 아이디어 - 사안의 성격에 따른 차등적 접근, 민주적 정치과정에 대한 존중과 그 한계에 대한 인식, 사법부의 역할에 대한 기능적 이해 - 는 여전히 참고할 만한 통찰을 제공하고 있다.

<결론: 민주주의와 헌법주의의 긴장과 조화>

캐롤린 프로덕츠 판결은 표면적으로는 연방 식품규제법의 합헌성을 확인한 사건이었지만, 각주 4를 통해 현대 헌법해석에서 중요한 접근법을 제시한 판결이었다. 이 판결이 제시한 차등적 심사 체계는 민주주의와 헌법주의, 다수결 원리와 소수자 보호, 입법부의 권한과 사법부의 역할 사이의 균형점을 모색하는 하나의 시도였다. 각주 4의 가치는 완벽한 해답을 제시한 데 있는 것이 아니라 이러한 근본적 긴장관계를 인식하고 그에 대한 체계적 접근법을 제안한 데 있다. 경제 규제에서는 민주적 의사 결정에 대한 존중을, 기본권과 정치과정의 공정성 문제에서는 사법적 보호를 강화한다는 이중적 접근은 완벽하지는 않지만, 현실적인 해결책을 제시했다. 다만 이 접근법의 한계도 분명히 인식해야 한다. 어떤 사안이 어떤 심사를 받을 것인지에 대한 분류 자체가 논란의 여지가 있고, 사법부의 역할 확대가 민주적 정당성의 문제를 야기할 수 있다. 또한 변화하는 사회에서 새로운 형태의 권리와 자유가 등장할 때 기존의 틀만으로는 적절히 대응하기 어려울 수 있다.

그럼에도 불구하고 오늘날에도 새로운 기술과 사회 변화가 제기하는 헌법적 쟁점들에 대응하는 데 있어서 캐롤린 프로덕츠가 제시한 기능적·맥락적 접근법은 여전히 의미 있는 지침을 제공하고 있다. 이는 헌법이 경직된 조문의 집합이 아니라 민주사회의 기본 가치를 실현하기 위한 살아있는 도구라는 관점을 보여주는 것이기도 하다.

대표 참고문헌

판례

Lochner v. New York, 198 U.S. 45 (1905)

Holden v. Hardy, 169 U.S. 366 (1898)

Muller v. Oregon, 208 U.S. 412 (1908)

Bunting v. Oregon, 243 U.S. 426 (1917)

Nebbia v. New York, 291 U.S. 502 (1934)

West Coast Hotel Co. v. Parrish, 300 U.S. 379 (1937)

United States v. Carolene Products Co., 304 U.S. 144 (1938)

단행본 및 논문

Akerlof, George A. "The Market for 'Lemons': Quality Uncertainty and the Market Mechanism." *Quarterly Journal of Economics* 84, no. 3 (1970): 488-500.

Berlin, Isaiah. "Two Concepts of Liberty." In *Four Essays on Liberty*. Oxford: Oxford University Press, 1969.

Chamberlin, Edward H. *The Theory of Monopolistic Competition*. Cambridge: Harvard University Press, 1933.

North, Douglass C. *Institutions, Institutional Change and Economic Performance*. Cambridge: Cambridge University Press, 1990.

Pound, Roscoe. "Liberty of Contract." *Yale Law Journal* 18, no. 7 (1909): 454-487.

Rawls, John. *A Theory of Justice*. Cambridge: Harvard University Press, 1971.

Robinson, Joan. *The Economics of Imperfect Competition*. London: Macmillan, 1933.

제5장 적극적 자유의 철학적 구조와 내재적 한계

소극적 자유와는 대조적으로, 적극적 자유(positive liberty)는 외부에서 행동을 제한하는 요소가 아닌 내부에서 누가 개인을 통치하는가에 중심을 둔다. 여기서 자유는 자기 지배(self-mastery)를 의미한다. 즉, 자유롭다는 것은 충동이나 무지, 외부 영향이 아닌 이성에 의해 지배받는 상태이다. 이는 단순히 선택지 중에서 고르는 자유를 넘어 선택이 이루어지는 조건을 형성할 자유를 포함하며, 자신의 진정한 자아나 진정한 이익에 따라 행동하는 것을 의미한다. 이러한 틀에서 부자유(unfreedom)의 근원은 외부 제약뿐만 아니라 비합리적 욕망, 사회적 조건화 또는 조작에 지배당하는 내적 무질서를 통해서도 발생한다. 따라서 자유로 가는 길은 교육, 훈육 그리고 집단적 자기 통치에의 참여에 있다. 단순히 홀로 남겨짐으로써 자유로워지는 것이 아니라 자신을 통치하는 법을 배우고 나아가 공동체의 통치에 기여함으로써 자유로워진다.

정치적 형태에서 이러한 이해는 자유를 피치자들의 합리적 의지를 반영하는 제도들에서 찾는다. 그러한 의지를 통해 만들어진 법률은 제약으로 보이지 않고 오히려 자유의 실현 그 자체로 간주된다. 그러나 법률이 자유를 표현할 수 있다고 주장할 때 이 관점은 자유를 복종과 혼동할 위험을 내포한다. 만약 법률이 합리적 의지를 반영하며 개인들이 이성에 의해 지배받을 때만 자유롭다면, 그러한 법률에 저항하는 사람들은 자유를 옹호하는 것이 아니라 자신의 최선의 이익을 이해하지 못하는 것으로 치부될 수 있다.

이러한 논리 하에서, 자유는 개인들이 강제당할 수 있는 무엇인가가 되며, 특히 그들이 오도되었거나 비합리적이라고 여겨질 때 더욱 그러하다. 이로 인해 다른 사람들(통치자, 교육자 등)이 개인의 진정한 이익이 무엇인지 결정하고, 그에 따라 행동할 수 있다는 가능성이 열린다. 이러한 개념은 사람들이 즉각적인 소망에 반해서라도 더 높은 질서나 합리적 계획과 일치하게 됨으로써 자유로워질 수 있다는 아이디어를 지지해왔다.

적극적 자유의 개념이 실제 법적 판단에서 어떻게 구현되어 왔는지 살펴보면, 단순한 간섭의 부재를 넘어선 실질적 자유의 의미를 이해하는 데 도움이 된다.

1. 남아프리카공화국의 Grootboom 판결 (Government of the Republic of South Africa v. Grootboom, 2000)을 통한 적극적 자유 개념의 헌법적 구현

<적극적 자유의 이론적 토대와 사회경제적 권리>

그루트붐(Grootboom) 사건은 이사야 벌린이 구분한 적극적 자유(positive liberty) 개념의 헌법적 구현을 보여주는 중요한 사례이다. 이는 단순히 국가의 간섭으로부터의 자유(freedom from)를 넘어 무언가를 할 수 있는 실질적 능력(freedom to)의 실현 문제를 다룬다. 적극적 자유는 개인이 자신의 잠재력을 실현할 수 있는 실질적 조건의 보장을 포함하며, 이는 남아프리카공화국의 1996년 최종 헌법에서 사회경제적 권리의 명문화로 나타났다.

남아공 헌법 제26조는 주거에 관한 권리를 보장한다. 제1항은 "모든 사람은 적절한 주거에 접근할 권리를 가진다"고 규정하고, 제2항은 "국가는 이용 가능한 자원의 범위 내에서 이러한 권리의 점진적 실현을 달성하기 위해 합리적인 입법적 및 기타 조치를 취해야 한다"고 명시한다. 이는 전통적인 자유권과 달리 국가의 적극적 의무(positive obligations)를 전제로 하는 사회권의 특징을 명확히 보여준다.

<사건의 사실관계와 헌법적 쟁점>

그루트붐(Grootboom)을 포함한 510가구가 케이프타운 근교 월라세데일(Wallacedene) 지역의 열악한 주거 환경에서 생활하다가 1998년 사유지로 불법 이주한 후, 토지 소유자의 퇴거 명령에 따라 강제 퇴거당하였다. 이들은 퇴거 후 스포츠 경기장에서 천막과 플라스틱 시트로 임시 거처를 마련하며 생활하게 되었다.

이 사건에서 제기된 핵심적 헌법적 쟁점은 헌법 제26조가 규정한 주거권의 구체적 내용과 국가의 이행의무의 범위였다. 신청인들은 국가가 긴급한 주거 필요에 처한 사람들에게 즉시 주거를 제공할 의무가 있다고 주장하였고, 정부는 자원의 한계와 점진적 실현 원칙을 근거로 즉시 이행 의무의 부존재를 주장하였다. 이는 사회경제적 권리의 법적 성격, 즉 이러한 권리들이 법원에서 강제될 수 있는 주관적 권리인가 하는 문제를 제기하였다.

<헌법재판소 판결의 법리와 접근 방식>

남아공 헌법재판소는 2000년 10월 4일 만장일치로 사회경제적 권리의 사법적 강제가능성을 확인하면서도, 그 실현 방식에 대해서는 신중한 접근법을 제시하였다. 재판소는 헌법 제26조의 해석에서 "적절한 주거(adequate housing)"의 개념을 정의하면서 국제인권법의 해석을 참조하였다. 재판소는 헌법 제26조 제2항의 "점진적 실현(progressive realisation)" 개념이 국가의 모든 의무를 미래로 연기하는 것은 아니라고 판시하였다. 국가는 헌법상 권리의 실현을 위해 "합리적인 조치(reasonable measures)"를 취해야 할 의무가 있으며, 이러한 조치는 "이용 가능한 자원(available resources)"의 범위 내에서 이루어져야 한다고 설시하였다. 여기서 합리성 심사(reasonableness review)는 정책의 내용과 그 시행 과정을 포괄하는 개념으로 적용되었다.

재판소는 극도로 취약한 상황에 있는 사람들, 특히 아동에 대해서는 국가가 특별한 보호 의무를 진다고 판시하였으나, 최소 핵심 의무(minimum core obligations)의 구체적 내용을 확정하는 것은 유보하였다. 대신 정부의 주거 정책이 극빈층을 위한 긴급 구제 프로그램을 포함하지 않는다는 점에서 합리적이지 않다고 판단하였다.

<적극적 자유 실현의 제도적 메커니즘과 한계>

Grootboom 판결이 제시한 합리성 심사는 사법부와 행정부 간의 권력분립 원칙을 존중하면서도 헌법상 권리의 실효성을 확보하려는 균형점을 모색한 것이었다. 재판소는 주거 정책의 구체적 내용을 정부가 결정하도록 하되, 그 정책이 헌법적 요구 사항을 충족하는지에 대한 사법적 통제는 유지하였다.

그러나 판결 이후의 집행 과정에서는 여러 한계가 나타났다. 재판소가 요구한 포괄적 주거 프로그램의 수립에도 불구하고, 남아프리카공화국의 주거 위기는 구조적으로 지속되었다. 이는 적극적 자유의 실현이 법적 선언만으로는 불충분하며, 실질적인 자원의 재분배와 정치적 의지가 필요함을 보여준다.

<비교헌법학적 의의와 학술적 함의>

Grootboom 사건은 사회경제적 권리의 사법적 강제가능성에 관한 헌법학적 논의에서 중요한 위치를 차지한다. 이 사건은 사회경제적 권리를 명문으로 보장하지 않는 미국 헌법이나 간접적 보장에 그치는 독일의 사회국가 원리와 대조되는 접근 방식을 보여준다.

이론적으로 이 판결은 적극적 자유 개념의 헌법적 구현 가능성을 보여주면서도, 그 실현 과정의 복잡성을 드러낸다. 국가의 적극적 의무와 자원의 제약, 사법부의 역할과 민주적 정당성 간의 긴장 등이 핵심 쟁점으로 부각된다.

또한 이 사건은 인권의 통합적 성격을 보여준다. 주거권이 인간의 존엄성, 생명권, 건강권 등과 밀접한 관련을 가지며, 이러한 권리들의 상호연관성이 중요함을 확인하였다. 이는 전통적인 권리 분류를 넘어서는 통합적 접근의 필요성을 제기한다.

2. 남아프리카공화국 헌법재판소의 TAC 판결 (Minister of Health v. Treatment Action Campaign, 2002)과 사회권의 사법적 실현

<사건의 배경과 법적 쟁점>

TAC 사건은 2002년 7월 5일 남아프리카 헌법재판소가 선고한 판결로 헌법상 사회권의 사법적 집행가능성과 국가의 적극적 의무에 관한 법리를 제시한 사안이었다.

사건의 구체적 배경은 2000년 남아프리카 정부의 HIV/AIDS 대응 정책과 관련되어 있었다. 당시 남아프리카는 전 세계에서 HIV 감염률이 가장 높은 국가 중 하나였으며, 특히 모자감염 문제가 심각한 상황이었다. 정부는 모자감염 방지를 위한 항레트로바이러스 약물인 네비라핀(Nevirapine)을 제조사로부터 5년간 무료로 공급받는 협정을 체결했다. 그러나 정부는 이 약물의 사용을 특정 파일럿 사이트로만 제한하고, 공공의료 부문에서의 전면적 제공을 거부하는 정책을 유지했다.

이러한 정부 정책은 실질적으로 사회경제적 지위가 낮은 계층의 약물 접근을 차단하는 결과를 초래했다. 사립의료 기관에서는 네비라핀 사용이 가능했지만, 대다수 국민이 의존하는 공공의료 부문에서는 제한적으로만 제공되었기 때문이었다. 이는 남아프리카의 사회경제적 불평등과 맞물려 건강권 실현에서의 계층 간 격차를 심화시켰다.

트리트먼트 액션 캠페인(TAC), 해룬 살루지(Haroon Saloojee) 박사, 아동권리센터(Children's Rights Centre) 등은 이러한 정부 정책이 남아프리카 헌법 제27조(건강권)와 제28조(아동의 권리)를 위반한다며 프리토리아 고등법원에 헌법소원을 제기했다. 이들이 제기한 핵심 쟁점은 정부의 제한적 정책이 헌법상 요구되는 "합리적 조치(reasonable measures)"에 해당하는지 그리고 국가가 사회권 실현을 위해 취해야 할 적극적 의무의 범위는 어디까지인지에 관한 것이었다.

<하급심 판결과 헌법재판소 심리>

프리토리아 고등법원은 원고들의 주장을 받아들여 정부가 헌법적 의무를 위반했다고 판단했다. 고등법원은 네비라핀의 전국적 보급을 명령하는 판결을 선고했고, 이에 대해 정부는 헌법재판소에 상고했다.

헌법재판소 심리 과정에서 정부는 주로 예산상의 제약과 안전성 우려를 근거로 자신들의 정책을 정당화하려 했다. 정부는 네비라핀의 부작용에 대한 우려와 공공의료 시스템의 역량 부족을 들어 단계적 도입이 불가피하다고 주장했다. 또한 사회권의 점진적 실현 원칙을 근거로 즉각적인 전면 시행을 요구하는 것은 과도하다고 항변했다.

반면 원고 측은 무료로 제공되는 약물을 인위적으로 제한하는 것은 합리적 근거가 없다고 주장했다. 특히 이미 사립의료 부문에서는 안전하게 사용되고 있는 약물을 공공부문에서만 제한하는 것은 차별적이며, 이는 헌법이 금지하는 불평등을 심화시킨다고 지적했다.

<헌법재판소의 법리 전개>

헌법재판소는 만장일치로 고등법원의 판결을 지지하며 정부의 상고를 기각했다. 헌법재판소의 판결에서 주목할 만한 점은 사회권 해석에 관한 법리적 접근법이었다.

헌법재판소는 사회권의 "최소 핵심 내용론(minimum core approach)"에 대해 신중한 입장을 취했다. 재판소는 이 이론이 국제인권법에서 논의되고 있음을 인정하면서도, 남아프리카 헌법의 구조 하에서는 다른 접근법이 더 적절하다고 판단했다. 재판소는 헌법 제27조 제1항과 제2항을 종합적으로 해석해야 하며, 국가에게 요구되는 것은 권리의 점진적 실현을 위한 "합리적 조치"를 취하는 것이라고 설시했다.

이러한 접근법은 최소 핵심 내용론과는 구별되는 것이었다. 최소 핵심 내용론이 권리의 특정 수준을 즉시 보장할 것을 요구하는 반면, 합리적 조치 기준은 보다 맥락적이고 점진적인 접근을 허용하면서도 국가의 의무를 구체화하는 특징을 가졌다.

재판소는 정부 정책의 합리성 심사에서 중요한 기준을 제시했다. 재판소는 정부가 네비라핀 사용을 파일럿 사이트로만 제한하고 전국적 확대에 대한 명확한 계획이나 시간표도 제시하지 않은 채 무기한 기다리는 정책은 헌법 제27조 제2항에서 요구하는 합리성을 충족하지 못한다고 판단했다. 특히 재판소는 합리성 심사에서 단순히 정책의 존재 여부가 아니라 정책의 실질적 효과성, 접근가능성 그리고 시행의 시급성을 종합적으로 고려해야 한다고 강조했다.

<사법부의 역할과 권력분립 원칙>

이 판결에서 헌법재판소는 사법부의 역할에 대한 인식을 제시했다. 재판소는 헌법상 보장된 권리의 침해가 확인될 때 법원은 효과적인 구제책을 제공해야 하며, 필요시 적절한 명령을 내릴 수 있다고 강조했다. 이는 전통적인 권력분립론에서 사법부의 소극적 역할을 강조하는 입장과는 구별되는 것이었다.

다만 재판소는 이러한 사법적 개입이 무제한적인 것은 아니라는 점도 명확히 했다. 재판소는 정책의 세부 사항을 결정하거나 예산 배분의 우선순위를 직접 정하는 것은 사법부의 역할이 아니며, 입법부와 행정부가 헌법적 의무를 이행할 수 있는 합리적인 방법을 선택할 재량을 가진다고 인정했다. 다만 그러한 재량이 헌법적 최소 요건을 충족해야 한다는 조건을 부과했다.

<구체적 명령과 그 의미>

헌법재판소는 정부에 대해 구체적인 명령들을 내렸다. 주요 내용은 네비라핀 사용을 제한하는 규제의 철폐, 의학적으로 필요한 경우 네비라핀 사용 허용과 편의 제공, 공립병원과 클리닉에 상담사 배치, 검사 및 상담 시설의 공공보건 부문 전체로의 확대를 위한 합리적 조치 등이었다.

이러한 구체적 명령들은 헌법상 사회권이 추상적 선언에 머물지 않고 실질적으로 집행가능한 권리임을 보여주는 사례가 되었다. 또한 사법부가 행정부의 정책 실행을 감독하고 필요한 경우 구체적 지시를 할 수 있다는 선례를 남겼다.

<이론적 의의와 한계>

TAC 사건의 이론적 의의는 여러 차원에서 평가할 수 있다. 첫째, 이 사건은 사회권의 사법적 집행가능성을 보여주었다. 전통적으로 사회권은 정치적 권리나 프로그램적 권리로 여겨져 법원의 직접적 개입 대상이 아니라고 여겨지는 경우가 많았다. 그러나 TAC 판결은 적절한 법리적 기준과 신중한 접근을 통해 사회권도 사법적으로 보호될 수 있음을 보여주었다.

둘째, 이 사건은 국가 의무의 성격에 대한 이해를 확장했다. 전통적인 소극적 의무(간섭하지 않을 의무)를 넘어서 적극적 의무(보장하고 제공할 의무)의 구체적 내용을 규명했다. 특히 "합리적 조치" 기준을 통해 국가가 단순히 권리를 침해하지 않는 것을 넘어 권리 실현을 위한 적극적 정책을 수립하고 시행해야 한다는 점을 명확히 했다.

셋째, 이 사건은 시민사회의 역할과 전략적 소송의 가능성을 보여주었다. TAC의 헌법적 도전은 법적 행동과 정치적 행동을 결합하는 모델을 제시했으며, 헌법소송이 단순한 법적 절차를 넘어 사회적 변화를 이끌어내는 수단이 될 수 있음을 보여주었다.

그러나 이 판결에는 한계도 있었다. 첫째, 판결의 실행과 관련한 문제가 지속되었다. 헌법재판소의 명령에도 불구하고 정부의 HIV/AIDS 정책 전반에는 여전히 문제가 남아있었고, 네비라핀 보급 확대도 예상보다 느리게 진행되었다. 둘째, "합리적 조치" 기준의 구체적 적용에서 여전히 모호함이 남았다. 어떤 조치가 합리적인지, 얼마나 빨리 시행되어야 하는지에 대한 명확한 기준을 제시하기 어려웠고, 이는 후속 사건들에서 일관성 있는 적용을 어렵게 만들었다. 셋째, 사법부의 역할 확대에 대한 민주적 정당성 문제도 제기되었다. 선출되지 않은 법관들이 정책의 세부 사항에 개입하는 것이 적절한지에 대한 비판이 있었고, 이는 권력분립 원칙과의 긴장을 야기했다. 넷째, 이 사건이 다룬 상황은 상당히 특수한 것이었다. 무료로 제공되는 약물을 인위적으로 제한하는 상황은 일반적인 사회권 침해 사례와는 다른 측면이 있었고, 따라서 이 판결의 법리가 다른 상황에 그대로 적용될 수 있는지는 불분명했다.

<후속 영향과 비교법적 고찰>

TAC 사건은 남아프리카 국내에서 후속 사회권 관련 소송들에 영향을 미쳤다. 이후 주거권, 교육권 등과 관련된 사건들에서 합리적 조치 기준이 적용되었고, 시민사회 단체들은 이를 전략적 소송의 모델로 활용했다.

국제적으로는 이 판결이 사회권의 사법적 집행가능성에 관한 학술적 논의에서 자주 인용되었다. 특히 개발도상국의 헌법학자들과 인권 운동가들 사이에서 주목을 받았다. 그러나 이 판결의 국제적 영향력을 과대평가하기는 어렵다. 각국의 헌법 체계와 사회적 맥락이 다르기 때문에 TAC 모델을 그대로 적용하기 어려운 경우가 많았고, 실제로 다른 국가의 법원들이 이 판결을 직접 인용하여 유사한 결론을 내린 사례는 제한적이었다.

또한 이 사건은 국제인권법에서 논의되는 '최소 핵심 내용' 이론에 대한 대안적 접근법을 제시했다는 평가를 받았다. 그러나 이러한 접근법이 모든 상황에서 최소 핵심 내용론보다 우월하다고 단정하기는 어렵다. 각 접근법은 나름의 장단점을 가지고 있으며, 구체적 맥락에 따라 적절성이 달라질 수 있다.

남아프리카공화국 보건부 장관 대 트리트먼트 액션 캠페인 (Minister of Health v. Treatment Action Campaign, 2002)사건은 헌법상 사회권의 성격과 국가 의무에 관한 법리를 제시한 판례였다. 이 사건은 헌법상 사회권이 단순한 정치적 선언이 아니라 구체적이고 집행가능한 권리임을 보여주었으며, 국가의 의무를 소극적 차원에서 적극적 차원으로 확장하는 데 기여했다.

특히 '합리적 조치' 기준을 통해 사회권 실현의 구체적 기준을 제시하고, 사법부의 적극적 역할을 정당화함으로써 권력분립 원칙 하에서도 헌법적 권리 보장이 가능함을 보여주었다. 이는 건강권을 통한 자율적 삶의 실현이라는 헌법적 가치를 구현하는 데 있어서 국가의 적극적 역할을 강조하는 의미를 가졌다.

그러나 이 판결의 한계도 분명히 인식해야 한다. 판결의 실제 집행 과정에서 나타난 문제들, 합리적 조치 기준의 모호성, 사법부 역할 확대에 대한 민주적 정당성 문제 그리고 이 사건의 특수한 상황으로 인한 일반화의 어려움 등은 여전히 해결해야 할 과제로 남아있다. 또한 이 판결이 다른 맥락에서 어떻게 적용될 수 있는지에 대해서는 신중한 접근이 필요하다.

그럼에도 불구하고 TAC 사건은 헌법상 사회권이 현실에서 의미 있는 보호를 받을 수 있는 하나의 방법을 제시했다는 점에서 의의를 가진다. 이는 형식적 평등을 넘어 실질적 평등을 추구하는 현대 헌법주의의 발전에 기여한 사례로 평가할 수 있다.

3. 독일 연방헌법재판소의 인간다운 최저생계 보장권 판례와 사회적 기본권의 실질화

<사건의 배경과 법적 맥락>

독일 연방헌법재판소는 2010년과 2019년 두 차례에 걸쳐 사회보장법상 최저생계 보장에 관한 판결을 선고했다. 이 판결들은 독일 기본법 체계 내에서 사회적 기본권의 성격과 범위를 구체화한 사례였다.

2010년 2월 9일의 첫 번째 판결(1 BvL 1/09, 3/09, 4/09)은 사회보장법 제2권(SGB II)상 실업급여 II(Arbeitslosengeld II)의 산출 방식이 쟁점이 된 사안이었다. 연방헌법재판소는 당시 적용되던 표준급여의 산정방식이 헌법상 보장되는 '인간다운 존재의 최저수준(*menschenwürdiges Existenzminimum*)'을 보장하기 위한 요건을 충족하지 못했다고 판단했다. 주목할 점은 재판소가 결과금액 자체의 적정성보다는 "방법통제(*Methodenkontrolle*)"와 "절차통제(*Verfahrenskontrolle*)"에 중점을 두었다는 것이었다.

2019년 11월 5일의 두 번째 판결(1 BvL 7/16)은 사회보장 수급자가 의무를 이행하지 않을 때 부과되는 제재 조치의 헌법적 한계를 다룬 사안이었다. 연방헌법재판소는 30%의 단일감액은 원칙적으로 가능하다고 보았으나, 60%·100% 수준의 감액이나 경직된 3개월 고정기간, 중복 누적 등은 과도하다고 판단하여 위헌 또는 부분위헌으로 선언했다.

이 두 판결이 나온 배경에는 독일 기본법의 특수한 구조가 있었다. 독일 기본법은 명시적인 사회적 기본권 조항을 두지 않고 있지만, 제1조 제1항의 인간 존엄과 제20조 제1항의 사회국가원리를 통해 사회적 권리의 헌법적 근거를 마련하고 있었다.

<핵심 법적 쟁점>

이 두 판결에서 제기된 핵심 쟁점들은 다음과 같았다.

첫째, 헌법적 근거의 구조였다. 인간다운 최저생계 보장의 헌법적 근거가 무엇인지, 특히 기본법 제1조 제1항(인간 존엄)과 제20조 제1항(사회국가원리)의 결합 구조가 어떻게 작동하는지가 문제였다. 둘째, 보장범위의 확장이었다. 최저생계의 내용이 순수한 물리적 생존을 넘어 사회·문화적 참여까지 포함하는 소위 '사회문화적 생존최저선(*soziokulturelles Existenzminimum*)'을 포함하는지가 쟁점이었다. 셋째, 사법심사의 기준이었다. 급여 산정에 대한 사법심사의 기준이 결과통제가 아닌 방법·절차통제에 있는지 그리고 이것이 입법형성권의 범위와 한계를 어떻게 설정하는지가 문제였다. 넷째, 제재의 비례성이었다. 의무불이행에 대한 제재가 허용될 수 있는 비례성의 기준과 한계, 구체적으로 감액률, 기간, 누적, 가혹사유 예외는 무엇인지가 2019년 판결의 핵심 쟁점이었다.

<독일 연방헌법재판소의 판결 요지>

1) 헌법적 근거와 2010년 결정의 구조

연방헌법재판소는 2010년(이른바 'Hartz IV 표준급여' 사건)에서 인간다운 최저생계에 대한 권리를 기본법 제1조 제1항(인간 존엄)에서 직접 도출하고, 기본법 제20조 제1항(사회국가원리)이 그 실현의무를 입법자에게 부과한다고 명확히 했다. 이 구성은 권리의 근거(Art. 1 I)와 그 이행을 지시하는 객관적 가치결정(Art. 20 I)을 구별하여 배치한 점에서 이론적으로 정합적이다. 재판소는 보호 범위를 물리적 생존(*minimales physisches Dasein*)에 한정하지 않고 사회·문화적 최소참여(*soziokulturelles Existenzminimum*)까지 포함하는 통합적 보장으로 파악하였다. 이는 인간 존엄의 "핵심적 보장영역(*unverfügbarer Kern*)"을 단순한 생물학적 생존선이 아니라 인격 형성과 사회적 관계망에 최소한으로 참여할 수 있는 조건으로 이해한 것이다.

동시에 재판소는 권리구조를 형성유보(*Gestaltungsvorbehalt*)와 결합했다. 즉, 법원이 구체 금액을 산출하지는 않되, 입법자는 투명성·일관성·현실근거에 입각해 모든 필수지출을 포괄하는 방식으로 표준급여를 산정해야 하며, 법원은 그 방법·자료·절차에 대한 '방법통제(*Methodenkontrolle*)'를 수행한다고 했다. 이러한 모델은 입법형성권의 자율을 존중하면서도 '하한 미달 금지(*Untermaßverbot*)'를 통해 인간 존엄 보장의 실질화를 담보하려는 헌법적 절충이다.

2) 산정방식에 대한 사법심사: 방법통제와 하한보장

2010년 결정은 표준급여 산정이 임의적 가감이나 정치적 재량에 방치되어서는 안 되며, 통계적 기초(예: 가계소비 실태 등)와 규범적 판단을 구별하여 설명할 것을 요구했다. 구체적으로는 (1) 데이터 선택의 근거, (2) 항목별 필요의 포섭 여부, (3) 가정(假定)과 라운딩의 이유, (4) 정기적 업데이트의 의무(*Fortschreibungspflicht*)를 공개적이고 추적 가능한 방식으로 제시해야 한다. 법원은 사후 심사 단계에서 결과의 적정성 자체가 아니라 산정과정의 합리성과 '현실에의 닻 내림(*Realitätsbezug*)'을 점검한다. 이는 전형적 절차-방법 통제이지만, 단순 형식심사에 그치지 않는다. 특정 항목의 체계적 누락이나 근거 없는 삭감이 확인되면, 입법은 존엄보장 하한을 침해한 것으로 위헌 판단을 받게 된다.

학문적으로 보면, 이는 인간 존엄을 '권리적 성격의 급부청구'로 구체화하면서도 그 집행은 객관적 가치질서와 사회국가의 입법형성을 매개로 실현하는 이중구조다. 일부는 이를 사회적 기본권의 사실상 승인으로 평가하고, 다른 일부는 인간 존엄의 보장영역을 최소한도로 한정한 하한보장권으로 본다. 공통분모는, 하한선은 국가가 처분할 수 없는 영역이며, 그 선을 어디에 긋는지는 증거와 절차에 의해 공개적으로 정당화되어야 한다는 점이다.

3) 2019년 제재결정: 비례성, 자기책임 그리고 존엄보장의 한계

독일 연방헌법재판소는 2019년 'SGB II 제재' 사건(*Sozialgesetzbuch* II에 따른 실업부조 관련)에서 의무 불이행에 대한 제재 가능성 자체는 인정한다. 그러나 이러한 제재가 곧바로 생계급여의 삭감으로 연결되는 구조는 인간 존엄 보장의무(Art. 1 Abs. 1 GG 및 사회국가 원칙)와 본질적인 긴장을 이루므로, 엄격한 비례성 심사를 적용해야 한다고 판시한다. 핵심 판단으로서, 재판소는 일회적인 30% 감액은 경험칙과 입법 자료에 비추어 원칙적으로 허용 가능하다고 보지만, 경직적인 3개월 고정 기간 동안의 감액은 허용되지 않으며, 당사자가 의무 이행에 착수하면 즉시 감액을 해제할 수 있어야 하고, 중대한 곤궁 사정(*Härtefälle*)은 개별적으로 고려되어야 한다는 조건 하에 한정적 합헌 결정을 내린다.

반면, 반복적인 60% 감액과 100% 전면 정지 조항은 위헌으로 판단한다. 이는 구직 촉진이라는 목표 달성을 위한 실증적 근거(*Evidenz*)가 부족하고, 주거 및 의료 보장 붕괴 위험 등 부수적 피해가 과도하여 필요성 및 비례성을 충족하지 못하기 때문이다. 특히 누적·중첩 제재로 30%를 초과하는 감액 효과가 발생하는 구조는 허용될 수 없음을 명확히 한다. 이 판결은 제재가 자립 능력 향상에 실질적으로 기여한다는 경험적 자료가 확보되지 않으면 강한 권리 제한은 정당화되지 않는다는 증거 기반 심사(*Evidenzkontrolle*)를 강화했다는 점에서 방법론적 진전을 이룬다. 궁극적으로 이 판결은 자기 책임(*Eigenverantwortung*)의 요청을 부정하지 않으면서도, 생계의 하한선을 침식하는 방식은 인간 존엄의 불가침성과 충돌함을 분명히 하며, 제재는 행태 교정 일반이나 도덕주의적 징벌이 아닌 실제적인 자립 가능성 제고라는 좁은 목적에서만 엄격히 제한되어야 함을 천명한다.

4) 학술적 쟁점과 비교법적 함의: '적극적 자유의 물적 기초'로서의 최저선

2010년 결정은 인간 존엄을 '급부형 기본권(*ein grundrechtlicher Leistungsanspruch eigener Art*)'으로 운용하는 길을 열어준다. 이에 따라 사회적 기본권의 자율성이 강화된다고 해석하는 견해와 인간 존엄의 하한 보장을 넘어서는 확대 해석을 경계하는 견해가 대립하는 양상을 보인다. 그러나 양측 모두 입법 형성권의 폭과 사법 심사의 밀도를 어떻게 조화시킬 것인지라는 동일한 과제에 직면한다. 연방헌법재판소의 해법은 결과 통제가 아닌 방법 통제를 중심에 두는 혼합형 모델을 취하며, 다만 하한 미달의 명백성이 확인되면 결과 위헌을 선언하는 방식을 사용한다.

사회·문화적 최소 참여의 내용은 시대, 기술, 가격 구조에 따라 끊임없이 변동하는 특성을 갖는다. 디지털 접속성, 주거비 상승, 건강보험 구조 등 새로운 생활 조건은 최저선의 구체화를 지속적으로 요구하는 요인이다. 이는 입법과 예산 결정을 통해 민주적으로 책임져야 할 영역이며, 법원은 그 과정의 투명성과 근거의 존재를 확인하는 한도에서만 개입한다. 독일은 성문 헌법상 명시적인 사회권 장(章) 없이도 인간 존엄과 사회 국가 원칙의 결합을 통해 실질적인 급부 보장을 구축하는 모델을 구현한다. 이는 성문 헌법상 사회권을 직접 규정한 다른 체계와 달리 객관적 가치 질서의 규범력을 사법 심사와 입법 형성의 상호작용으로 실현하는 방식을 택한다. 2012년 난민 급여 사건에서 체류 지위와 무관하게 인간다운 최소 생계가 동일한 기준에 따라 보장되어야 한다는 취지로 확장된 점은 이러한 독일 모델의 보편성을 시사한다.

그러나 방법 통제는 과학적 중립을 지향하지만, 자료 선정, 지표 설계, 통계 가정 등에는 불가피하게 규범적 판단이 개입한다는 한계를 가진다. 또한, 제재 운용의 일관성(예: 30%의 '제한적 허용'이 적용되는 구체적 사유 및 '자기 책임' 판단 기준)과 행정 현장의 실행 가능성 문제 역시 중요한 과제로 남는다. 그럼에도 불구하고 2010년 및 2019년 결정을 통해 독일 헌법 질서는 형식적 자유를 넘어 '실질적 자유의 물적 기초'를 보장하려는 방향을 분명히 한다. 이는 시장, 복지, 책임이라는 세 가지 핵심 요소를 인간 존엄의 하한 보장이라는 공통 축으로 재조정하는 것으로 평가할 수 있다.

5) 결론

연방헌법재판소의 2010년과 2019년 결정은 인간 존엄의 불가침성을 측정 가능한 제도 설계와 증거기반 심사로 이어붙인 전형적 사례다. 2010년은 존엄보장의 통합적 범위와 방법통제의 기준을 정립했고, 2019년은 제재의 한계를 엄격한 비례성과 실증적 정당화 요구로 구획했다. 이로써 독일 공법은 입법형성권과 헌법적 하한보장 사이의 긴장을 이론적으로 정리하면서, 실질적 자유의 조건을 권리 언어로 확보하는 단계에 접어들었다. 앞으로도 최저선의 내용은 변할 수 있으나, 하한선의 존재와 그 정당화 방식만큼은 헌법적 통제의 대상으로 남을 것이다.

4. 유럽인권재판소의 Airey 판례(Airey v. Ireland, Application No. 6289/73, 1979)에 나타난 실질적 자유의 물적 기초

<사건 경위>

1970년대 아일랜드의 법제 하에서 이혼(divorce)은 헌법상 금지되어 있었고, 대신 사법상 분리(judicial separation, divorce a mensa et thoro)만이 법적으로 가능한 상황이었다. 이러한 법적 배경 하에서 신청인 Mrs. Johanna Airey는 남편의 폭력 등으로 인한 혼인관계의 실질적 파탄에 직면하여 High Court에 사법상 분리를 청구하고자 했다.

그러나 신청인은 심각한 현실적 장애에 부딪혔다. 해당 절차가 극도로 복잡하고 변호사의 조력이 사실상 필수적임에도 불구하고, 당시 아일랜드에는 민사 법률구조(civil legal aid) 제도가 존재하지 않았다. 신청인은 소송에 필요한 비용을 감당할 수 없는 상황이었다. 접근 가능한 평균 임금과 실제 소송비용 간의 현격한 격차, 고등법원 절차의 고도한 난이도, 상대방의 변호사 선임 가능성 그리고 가사사건 특유의 정서적 복잡성 등이 복합적으로 작용하여 자력 소송이 사실상 불가능한 지경에 이르렀다.

이 사건은 먼저 유럽인권위원회(당시 제도 하에서)에 제기되었고, 위원회는 본안 회부를 권고했다. 최종적으로 유럽인권재판소(ECtHR)는 1979년 10월 9일 중요한 판결을 선고하게 되었다.

여기서 중요한 사실관계의 정정이 필요하다. 본 사안에서 신청인이 실제로 원한 것은 이혼이 아니라 사법상 분리(judicial separation)였다는 점이다. 이 점을 혼동하면 당시 아일랜드 헌법상의 이혼 금지와 민사 법률구조 부재라는 사건의 핵심적인 법적 맥락을 오독하게 될 위험이 있다.

<쟁점>

이 사건의 중심적 쟁점은 유럽인권협약(ECHR) 제6조 제1항 - 민사권리·의무의 결정에 관한 공정한 재판을 받을 권리 - 와 관련하여, 국가가 "법원에의 접근권"을 실질적으로 보장하기 위해 민사사건에서도 법률구조를 제공할 긍정적 의무를 부담할 수 있는가 하는 문제였다.

아일랜드 정부는 "법률상 High Court에의 출석과 자력소송이 가능하므로 접근권은 충분히 보장된다"고 항변했다. 반면 신청인은 절차의 복잡성과 비용 장벽 때문에 실효적 접근권이 근본적으로 침해되었다고 주장했다. 이러한 대립은 결국 (a) 권리의 형식적 보장과 (b) 권리의 실질적·현실적 보장의 관계라는 근본적 문제로 귀결되었다.

또한 재판소는 유럽인권협약 제8조(사생활·가정생활 존중)에 근거한 긍정적 의무의 문제도 함께 검토했다. 가정생활의 보호가 단순한 국가의 불간섭을 넘어 적극적 조치를 요구할 수 있는지가 부차적 쟁점으로 제기되었다.

<결정요지>

유럽인권재판소는 다수의견을 통해 유럽인권협약 제6조 제1항 위반과 제8조 위반을 모두 인정하는 판결을 내렸다. 재판소는 고등법원 절차의 복잡한 성격, 가족법 분쟁 특유의 감정적 차원, 상대방의 변호사 선임 가능성 등을 종합적으로 고려할 때 단순한 자기변론의 허용만으로는 실질적인 접근권이 보장되지 않는다고 판단했다.

이 판결에서 재판소가 확립한 가장 중요한 원칙은 다음과 같다: "협약은 '형식적·허상적(theoretical or illusory)' 권리를 보장하려는 것이 아니라 '실질적·효과적(practical and effective)’ 권리를 보장하려는 것”이라는 점이었다. 이는 이후 유럽인권재판소 판례법에서 핵심적인 해석 원칙으로 자리잡게 되었다.

다만 재판소는 모든 민사사건에 대해 일반적인 법률구조 제공 의무를 부과한 것은 아니었다. 대신 사건의 복잡성과 중대성 등에 따라 법률구조 제공을 포함한 적절한 조치가 요구될 수 있다는 보다 유연한 기준을 제시했다. 제8조와 관련해서도 가정생활에 관한 실효적 보호를 위해 국가의 긍정적 의무가 발생할 수 있다고 판시했다.

<법리>

1) 유럽인권재판소의 ‘실질적 접근권’ 이념과 긍정적 의무

Airey 판결은 법원 접근권을 절차 개시의 권리까지 포함하는 것으로 해석한 Golder 계열 판례를 한층 심화시키면서, 형식적 통로가 존재하더라도 현실적 장애가 제거되지 않으면 제6조의 핵심이 침해될 수 있다는 중요한 법리를 명확히 했다. 즉, 권리의 실효성이 핵심적인 판단기준이며, 이 실효성을 확보하기 위해 국가가 법률구조(또는 절차의 단순화 등 대체수단)를 제공해야 하는 긍정적 의무를 부담할 수 있다는 것이다.

이러한 접근법은 법의 지배(rule of law)가 단순한 공허한 선언에 그치지 않고 실제적인 분쟁 해결을 가능하게 해야 한다는 현대 공법의 기본 원리와 궤를 같이한다고 볼 수 있다.

2) 독일 기본법과의 접점: 기본법 제1조, 제20조 및 ‘자유의 물적 기초’

독일 기본법 체계에서 인간의 존엄(기본법 제1조 제1항)은 사회국가원리(기본법 제20조 제1항)와 결합하여 “인간다운 최소생계 보장”이라는 적극적 보장권을 도출한다. 연방헌법재판소는 2010년 이른바 Hartz IV 판결에서 이를 명확히 선언했다: “인간다운 생존최저선을 보장하는 기본권은 기본법 제1조 제1항과 기본법 제20조 제1항의 사회국가원리로부터 도출된다”(*Das Grundrecht auf Gewährleistung eines menschenwürdigen Existenzminimums [..] aus Art. 1 Abs. 1 GG i.V.m. dem Sozialstaatsprinzip des Art. 20 Abs. 1 GG, Leitsatz*).

이는 자유권의 실질적 전제로서의 물적 기초를 헌법적 권리로 명시한 것으로, 형식적 자유를 넘어서는 실질적 자유의 관념을 제도화한 중요한 발전이었다(BVerfGE 125, 175; Rn. 133 참조).

이러한 독일의 법리와 Airey 판결의 핵심 메시지는 중요한 접점을 찾을 수 있다. 법원의 문턱을 실질적으로 낮추는 조치(법률구조, 절차 단순화 등)와 최소생계의 실질적 보장은 모두 권리의 실효성을 구현한다는 점에서 Airey의 "practical and effective" 원칙과 독일 기본법 제1조·제20조의 보장권 구조 간에 유사성을 발견할 수 있다. 다시 말해, 법정에 도달할 최소한의 자원과 역량이 보장되지 않으면, 자유의 행사 자체가 공허해질 수 있다는 것이다.

3) 독일의 사법보장청구권 (*Justizgewährungsanspruch*)과 권리구제평등 (*Rechtsschutzgleichheit*)

연방헌법재판소는 기본법 제19조 제4항의 공권력에 대한 구제 보장을 넘어서서 일반적인 사법보장청구권을 기본권체계 전반에서 도출하고 있다. 최근 결정들은 "법원에의 구제가 기본법 제19조 제4항의 범위를 넘어 일반적 자유권의 구성 요소"임을 재확인하고 있다.

또한 권리구제평등 (*Rechtsschutzgleichheit*) 원칙은 소송구조제도(*Prozesskostenhilfe*, PKH)의 운용 기준을 통해 구현되어, 빈곤 때문에 상소나 구제의 가능성이 구조적으로 침식되어서는 안 된다는 점을 강조한다. 특히 법률문제가 미해결되거나 난해한 경우, PKH 단계에서 사실상 본안 '종결'에 이르는 성급한 판단을 해서는 안 되며, 무자력자에게 사실상 상급심 도달 기회를 차단하는 것은 권리구제평등을 침해한다는 법리가 확립되어 있다(예: BVerfGE 81, 347; PKH 부인의 엄격 기준).

<제재 한도 기준>

본 사안(Airey)은 국가의 제재(sanction) 조치를 다룬 사건이 아니므로 사건 자체에서 도출할 수 있는 "제재 한도 기준"은 존재하지 않는다. 다만 접근권이라는 관점에서 절차적·경제적 장벽이 실질적으로 권리행사를 억압할 때, 그러한 장벽은 헌법적으로 적정한 수준으로 제한되어야 한다는 일반적 기준을 도출할 수는 있다. 즉, 형식적 통로의 존재만으로는 부족하며 실질적 접근 보장이 필요하다는 원칙이다.

이러한 관점에서 독일의 2019년 제재 한도 판결을 참조해보면, 구직협조의무 불이행에 대한 사회급여 삭감 제재가 일부 위헌으로 판단되었다. 연방헌법재판소는 원칙적으로 30%를 초과하는 급여삭감은 허용되지 않는다는 전제 하에 3개월 고정기간, 중대한 곤궁(hardship) 상황에서의 면제 가능성, 누적·자동 중첩 금지 등 엄격한 조건들을 부과했다(BVerfGE 150, 1; 2019.11.5.).

이는 권리의 핵심영역(존엄·최저생계)을 침해하는 과도한 국가적 불이익 부과를 제한하는 비례성 원칙의 구체화로 이해될 수 있다. Airey의 실질적 접근권 보장 요구와 독일의 제재 한도 설정은 모두 권리의 핵심을 보호하려는 헌법적 의지의 표현으로 볼 수 있다.

<적극적 자유의 물적 기초에 대한 이론적 함의>

Airey 판결은 "권리의 실효성"이라는 개념적 도구를 통해 자유가 실질적 행사가 가능한 물적·제도적 토대 위에서만 진정한 의미를 갖는다는 점을 국제인권 판례법에서 선명하게 제시했다. 이는 단순히 국가의 간섭 부재만으로는 충분하지 않으며, 적극적인 조건 형성이 필요할 수 있다는 현대적 자유관의 핵심을 보여준다.

독일 헌법 질서에서는 이러한 통찰이 기본법 제1조·제20조의 결합을 통해 "인간다운 최저생계 보장"이라는 물적 기초의 권리화로 보다 정식화된 형태로 발전했다(BVerfGE 125, 175). 한편, 사법보장청구권과 권리구제평등 법리는 절차적·경제적 장벽을 통제하는 제도적 기초를 제공한다(BVerfGE 81, 347; 2022년 결정 참조).

종합적으로 보면 실효적 접근권(ECtHR), 최저생계 보장(BVerfG), 권리구제평등(BVerfG)은 자유의 실질화라는 공통된 지향점을 보여준다고 해석할 수 있다. 이는 20세기 후반 이후 헌정주의가 형식적 권리 보장을 넘어 실질적 권리 실현을 추구하는 방향으로 발전해온 흐름의 중요한 사례들이다.

<학계 논쟁>

Airey 판결을 둘러싼 학계의 주요 논쟁점들은 다음과 같이 정리할 수 있다.

첫째, Airey의 적용범위를 두고 "민사 전반에 대한 일반적 법률구조 권리"인지, "사건의 성격·복잡성에 따라 예외적으로 발생하는 의무"인지가 핵심적인 논쟁점이다. 지금까지의 판례 경향을 보면 일반적 권리로까지 확장하지는 않고, "특정한 경우에 필수적일 때 법률구조가 요구될 수 있다"는 사안별 접근을 취하는 것으로 보인다. 특히 가족법 사건, 복잡한 법률관계, 구조적 비대칭이 존재하는 사건 등에서 이러한 의무가 발생할 가능성이 높다고 여겨진다.

둘째, 실효성(practical and effective) 원칙이 국가의 긍정적 의무를 지나치게 확대하는 경향이 있다는 우려와 입법형성권과 재정여력 등 민주적 책임성을 감안하여 사법자제가 필요하다는 반론이 병존하고 있다. 영국 하원 합동인권위원회는 Airey 이후 법률구조의 공적 재원 보장이 법의 지배의 핵심 구성 요소임을 재확인했으나, 동시에 재정 현실과 정책적 재량의 한계에 대한 논의도 제기되고 있다. 독일에서도 PKH의 허용 요건(성공가능성 심사)과 사법접근 행정서비스(법률안내창구 등)의 개선을 통해 예산 효율성과 실효성의 균형을 모색하는 노력들이 있다.

셋째, 독일 헌법이론에서는 사법보장청구권이 때로는 집단적 권리구제 (집단소송·집단적 이익 보호절차)의 헌법적 요청으로까지 확장될 수 있는지에 대한 논의도 있다. 다만 통설과 판례는 이러한 구체적 설계는 여전히 입법형성권의 영역에 속한다고 보는 입장을 유지하고 있다.

<평가>

Airey 판결은 "권리는 실질적이어야 한다"는 간단하지만 강력한 명제를 법원 접근권과 가정생활 보호라는 두 개의 중요한 축에서 제도화한 판례로 평가할 수 있다. 이 판결이 제시한 실효성의 기준은 이후 유럽인권재판소의 판례법 발전에 지속적인 영향을 미치고 있다. 독일 헌법 질서에서 기본법 제1조·제20조의 결합 법리는 Airey의 핵심 명제를 "최소한의 물적 기초"라는 보다 구체화된 권리형식으로 발전시켰다(BVerfGE 125,

175). 또한 PKH/권리구제평등 법리는 경제적 장벽을 다루는 정교한 절차적 장치를 제공하고(BVerfGE 81, 347), 2019년 제재 한도 판결은 과도한 불이익 부과가 존엄과 최저생계의 핵심영역을 침해하지 않도록 구체적인 상한선과 완충장치를 설정했다(BVerfGE 150, 1).

결과적으로 Airey의 메시지는 사전적(물질적) 보장과 사후적(절차적) 보장을 모두 다루고 있다고 해석할 수 있다. 학술적 관점에서 이는 다음과 같은 구성으로 정리될 수 있다: (i) Airey의 제6조·제8조 논리를 충실히 분석하고, (ii) 독일의 기본법 제1조·제20조 및 연방헌법재판소 판례와의 교차 독해를 통해 "적극적 자유의 물적 기초"를 정합적으로 제시하며, (iii) PKH 운용과 제재한도를 실효성 기준(과잉금지·핵심영역 침해 금지, 비례성)과 연결하는 접근법이다.

이러한 분석은 형식과 실질의 단순한 이분법을 넘어서서 자유의 실질화라는 현대 헌정주의의 중요한 과제를 다룰 수 있는 이론적 틀을 제공한다.

5. 유럽인권재판소 Osman 판결(Osman v. United Kingdom, 1998)과 국가의 생명보호 의무

<사건 경위>

1987년부터 1988년에 걸쳐 런던에서 발생한 이 사건은 교사 Paul Paget-Lewis가 자신의 제자였던 Ahmet Osman에게 병적인 집착을 보이며 위협과 방화를 거듭한 끝에 비극적 결말에 이른 사안이었다. 1988년 3월 7일, Paget-Lewis는 결국 총격을 가해 Ahmet의 부친 Ali Osman을 살해하고 Ahmet 자신을 중상시키는 극단적 범죄를 저질렀다.

피해자 가족 측은 이 사건이 발생하기 이전부터 여러 차례에 걸쳐 경찰에 신고와 경고를 했으나, 경찰이 점증하는 위험 신호를 적절히 평가하고 대응하지 못해 결국 이러한 비극을 막지 못했다고 주장했다. 국내법상 불법행위 책임을 묻는 소송에서는 경찰에 대한 광범위한 불법행위 면책(영국의 Hill 판례 계열)이 적용되어 실체적 심리 자체가 차단되는 상황에 이르렀다. 이에 피해자들은 유럽인권재판소(ECtHR)에 제소하게 되었다. 재판부는 사실관계를 검토하면서 Paget-Lewis가 오스만 가족과 관계자들에게 점증적인 위해를 가할 수 있다는 정황이 다수 존재했음을 전제로 하되, 경찰이 그 시점에서 '실시간적(real and immediate) 위험'을 '알았거나 알았어야 했다(knew or ought to have known)'고 단정할 수 있는지 여부를 중심으로 심리를 진행했다.

여기서 중요한 사실관계를 정정할 필요가 있다. 가해자의 성명은 기록상 Paul Paget-Lewis이며, 피살자는 Ali Osman이다. 일부 자료에서 언급되는 다른 표기들은 사건 기록과 일치하지 않는다는 점을 명시해둔다.

<쟁점>

이 사건에서 제기된 핵심 쟁점은 두 가지 차원으로 구분할 수 있다.

첫째, 유럽인권협약(ECHR) 제2조(생명권)의 긍정적 의무(operational duty) 범위에 관한 문제였다. 즉, 국가가 제3자의 범죄적 위해로부터 개인의 생명을 보호하기 위해 어느 정도까지 예방 조치를 취해야 하는가 하는 근본적 질문이었다. 이와 관련하여 유럽인권재판소는 이 사건에서 최초로 이른바 'Osman 테스트'라는 기준틀을 정립했다. 이는 당국이 현실적이고 즉각적인 위험(real and immediate risk)을 알았거나 알았어야 함에도 합리적으로 기대되는 예방 조치를 취하지 않은 경우 협약 위반이 될 수 있다는 기준이었다.

둘째, 유럽인권협약 제6조 제1항(재판접근권)과 관련하여 경찰의 포괄적 면책이 피해자의 법원 접근권을 과도하게 제한했는지 여부가 쟁점이 되었다. 이는 국가기관에 대한 면책과 개인의 구제권 사이의 균형 문제를 핵심으로 다루고 있었다.

<결정요지>

유럽인권재판소는 이 두 쟁점에 대해 서로 다른 결론을 내렸다.

1) 제2조(생명권) 관련 판단

재판소는 국가의 긍정적 의무에 대한 중요한 법리를 확립했다. 즉, "당국이 식별 가능한 개인(들)의 생명에 대한 '현실적이고 즉각적인 위험(real and immediate risk)'의 존재를 사건 당시 '알았거나 알았어야' 하며, 그럼에도 그 위험을 회피하기 위해 '권한 범위 내에서 합리적으로 기대되는 조치'를 취하지 않은 경우" 국가의 긍정적 의무 위반이 될 수 있다는 이른바 'Osman 테스트'를 정립했다.

다만 본건의 구체적 사실관계에서는 경찰이 해당 위험을 그러한 수준으로 인지했다고 단정할 충분한 증거가 부족하다고 판단하여 제2조 위반은 부정했다.

2) 제6조(재판접근권) 관련 판단

반면 재판소는 경찰에 대한 포괄적 면책 때문에 피해자들의 민사청구가 실체적 심리도 받지 못하고 문전박대된 것은 법원 접근권을 침해하는 것이라고 보아 제6조 위반을 인정했다. 제8조(사생활·가정생활 보호)에 관해서는 위반을 부정했다.

요컨대, 이 판결은 중요한 법리는 확립(긍정적 의무의 구성 요소와 한계)했으나 구체적 사안에서는 제2조 위반이 아님을 선언한 판결로 평가할 수 있다.

<법리>

유럽인권재판소의 긍정적 의무 구조: 'Osman 테스트'의 요소와 한계

유럽인권재판소(ECtHR)의 Osman 판결은 국가의 생명 보호 의무를 사실상 작동하는(operational) 차원으로 구체화하는 데 중요한 의미를 가진다. 재판소가 제시하는 법리는 세 가지 핵심 요소로 요약된다. 첫째, 위험의 성격은 현실적이고 즉각적인 위해(real and immediate)여야 한다는 요건이다. 이는 추상적이거나 가능성에 그치는 위험과는 구별되는 구체적이고 임박한 위험을 의미한다. 둘째, 인지 가능성으로서 당국이 그러한 위험을 실제로 알았거나 알았어야 함(constructive knowledge)을 요구한다. 이는 주관적 인식뿐만 아니라 객관적으로 인지 가능했던 상황까지 포함하는 개념이다. 셋째, 예방 조치의 기준으로 합리적으로 기대되는(reasonably expected) 조치를 권한 범위 내에서 취했는지 여부를 판단 기준으로 제시한다.

동시에 재판소는 이러한 의무가 "당국에 불가능하거나 과도한 부담을 부과하지 않도록(not impose an impossible or disproportionate burden)" 해석되어야 한다는 중요한 한계 원칙을 명시한다. 이로써 국가 책임 성립의 문턱과 공권력이 감당할 수 있는 부담의 한계가 함께 설정되는 균형 잡힌 구조를 만든다.

독일 기본법과의 접점: '자유의 물적 기초'와 국가의 보호 의무(Schutzpflicht)

독일 기본법 체계는 기본법 제1조 제1항(인간의 존엄)과 제2조 제2문 제1항(생명·신체의 완전성)을 통해 국가의 보호 의무(*Schutzpflicht*)를 도출하는 법리를 발전시켜 왔다. 연방헌법재판소는 낙태 결정들(1975; 1993)에서 "국가는 인간 생명, 태아를 포함하여, 보호할 헌법상 의무를 진다"고 선언하면서, 인간 존엄이 생명권 보호의 지평을 규율하는 최상위 원리임을 재확인한다 (BVerfGE 39, 1; 88, 203).

특히 항공보안법 사건에서 연방헌법재판소는 다수의 희생을 막기 위한 공익이라 하더라도, 인간을 순수한 수단으로 대상화하는 국가 조치(여객기 격추)는 기본법 제1조 제1항에 반하여 허용될 수 없음을 명확히 선언한다 (BVerfGE 115, 118). 이는 생명 보호 의무의 강도가 인간 존엄에 의해 상한과 하한을 함께 규율받는다는 점을 보여주는 중요한 사례이다.

한편, 기본법 제20조 제1항(사회국가 원리)과의 결합에서 연방헌법재판소는 "인간다운 최저 생계 보장" 기본법 제1조 제1항과 제20조 제1항으로부터 도출하여 자유의 실질적 전제(물적 기초)로 위치시킨다 (BVerfGE 125, 175: Hartz IV). 이러한 보장은 형식적 자유를 실질적 자유로 전환시키는 제도적 인프라이며, 공권력의 과소 보호 금지(*Untermaßverbot*)를 통제하는 중요한 기능을 한다.

Osman 판결의 실효성 기준은 이러한 독일 공법의 구조, 즉 존엄·생명(기본법 제1조, 제2조)을 정점으로 하고 사회국가적 보장(기본법 제20조)과 절차적 접근성이 이를 뒷받침하는 구조와 상당한 정합성을 보여준다고 분석할 수 있다.

사법 보장 청구권과 권리 구제 평등: 절차적·경제적 장벽에 대한 통제

생명권 보호 의무가 실제로 기능하기 위해서는 피해자가 법원에 도달할 수 있는 실질적 가능성이 보장되어야 한다. 연방헌법재판소는 사법 보장 청구권(*Justizgewährungsanspruch*)과 권리 구제 평등(*Rechtsschutzgleichheit*)의 관점에서 소송 구조 제도(*Prozesskostenhilfe*, PKH)의 운용에 엄격한 기준을 적용해 왔다(예: BVerfGE 81, 347). 이러한 접근은 경제적·절차적 장벽이 권리의 실효성을 잠식하지 못하도록 하는 절차적 안전판으로서, Osman 판결의 제6조 접근권 논리와 중요한 접점을 형성한다고 볼 수 있다.

<제재 한도 기준>

본 사건은 형벌이나 행정벌의 '제재' 자체를 다투는 제재사건이 아니므로, 사건 고유의 제재 한도 기준은 존재하지 않는다. 다만 Osman 판결은 국가의 적극적 의무가 합리적 부담의 한계를 넘지 않도록 해야 한다는 중요한 한계 원칙(impossible or disproportionate burden 금지)을 명문화했다. 즉, 실효적 보호와 공권력 부담의 합리적 한계라는 양면적 기준이 동시에 작동해야 한다는 것이다.

이는 독일 헌법학의 비례성·핵심영역 보장 논리와 상당한 유사성을 보여준다. 특히 과도한 불이익(제재)이 존엄·최저생계의 핵심영역을 침해하지 않도록 상한을 설정한 2019년 연방헌법재판소의 '제재 한도' 판결 (BVerfGE 150, 1: 원칙적으로 30% 초과 감액 금지 등)과 구조적 유사성을 발견할 수 있다.

비교법적 관점에서 보면, Osman의 부담 한계 원칙과 독일 연방헌법재판소의 제재 상한 설정은 각각 국가의 작위·부작위 의무가 권리의 핵심영역을 해치지 않도록 경계선을 설정한다는 점에서 유사한 규범적 기능을 수행한다고 해석할 수 있다.

<적극적 자유의 물적 기초에 대한 이론적 함의>

Osman 판결은 자유의 실질화를 위한 필수적 전제 조건으로서 안전(폭력으로부터의 보호)을 중요한 규범적 요소로 제시했다. 형식적 생명권 선언만으로는 충분하지 않고,

현실적 위험을 제거하기 위한 제도적 역량과 구체적 예방 조치가 결합될 때에만 권리가 'practical and effective'한 의미를 갖게 된다는 것이다.

독일 기본법 질서에서는 이러한 통찰이 이중의 경로를 통해 제도화되어 온 것으로 분석된다.

(i) 기본법 제1조, 제2조에 근거한 보호의무(Schutzpflicht)의 발전: 낙태·항공보안 사건 등을 통해(BVerfGE 39, 1; 88, 203; 115, 118) 생명 보호 의무의 강도와 한계를 인간 존엄을 축으로 하여 구체화해왔다.

(ii) 기본법 제1조와 제20조의 결합을 통한 최저생계 보장(BVerfGE 125, 175): 자유의 물적 기초를 적극적 권리의 형식으로 확보하는 접근법이다.

여기에 사법보장청구권과 권리구제평등(BVerfGE 81, 347)이 결합되면 실효성 - 접근성 - 물적 기초로 이어지는 삼중 안전망이 구성된다고 볼 수 있다. 이러한 삼중 구조는 Osman의 실질적 접근·예방 요구와 상당한 이론적 일관성을 보여준다고 평가할 수 있다.

<학계 논쟁>

Osman 판결을 둘러싼 주요 학술적 논쟁점들은 다음과 같다.

첫째, Osman 테스트의 적용 문턱 설정을 둘러싼 논란이 있다. "real and immediate risk"와 "knew or ought to have known" 요건은 한편으로는 사후적 남용 방지(무제한적 국가책임화 차단)를 위해 필요하다고 여겨지지만, 다른 한편으로는 구조적 위험(가정폭력, 스토킹, 테러 징후 등)에 대한 사전 예방 효과를 약화시킬 수 있다는 비판도 받고 있다. 이에 대해 재판소는 '합리적으로 기대되는 조치'라는 상황에 따라 달라질 수 있는 기준을 통해 사안별 판단을 유도하는 접근을 취하고 있다.

둘째, 제6조 접근권과 국가면책의 조화 문제가 논의되고 있다. Osman은 포괄적 면책의 협약위반성을 선언함으로써 접근권의 실효성을 강화했으나, 그 후 일부 국가들에서는 소송남발이나 과도한 책임 위험을 고려하여 면책 범위를 보다 정교하게 설정하는(제한적 면책) 접근을 모색하는 사례들이 나타나고 있다. 이러한 흐름은 독일의 PKH 심사 기준(성공가능성 심사를 하되 본안 판단을 대체해서는 안 됨) 및 권리구제평등 논리와 비교해볼 수 있는 지점을 제공한다.

셋째, 독일 이론에서는 보호의무(*Schutzpflicht*)에 대한 사법심사의 강도를 둘러싼 견해 차이가 있다. 입법형성권과 행정재량의 폭을 존중해야 한다는 견해와, 과소보호금지(*Untermaßverbot*)를 중심으로 실질적 심사를 강화해야 한다는 견해가 서로 다른 접근을 보이고 있다. 연방헌법재판소는 전자의 고려를 인정하면서도, 생명·존엄 관련 사안에서 핵심영역을 침해하는 과소보호에 대해서는 비교적 강한 통제를 행사해 온 것으로 보인다(낙태·항공보안·최저생계 관련 판례들).

<평가>

Osman 판결의 중요한 기여는 국가의 생명 보호의무를 '작동 가능한' 구체적 법규범으로 정식화했다는 점에 있다. 비록 구체적 사안에서는 제2조 위반을 부정했지만, 위험의 문턱·인지 가능성·합리적 조치라는 삼분법과 부담 한계(불가능·과도부담 금지)를 명확히 함으로써 긍정적 의무의 범위와 한계를 동시에 제시하는 균형잡힌 접근을 보여주었다.

이러한 법리는 독일 기본법 질서의 여러 요소들과 구조적 유사성을 찾을 수 있다고 분석할 수 있다. 기본법 제1조, 제2조에 기반한 보호의무(*Schutzpflicht*)와 기본법 제1조와 제20조의 결합에 기반한 최저생계 보장(자유의 물적 기초) 그리고 사법적 접근성 보장(권리구제평등) 등이 그것이다(BVerfGE 39, 1; 88, 203; 115, 118; 125, 175; 81, 347). 나아가 2019년 제재 한도 판결(BVerfGE 150, 1)과의 비교에서는 국가의 작위·부작위가 권리의 핵심영역을 해치지 않도록 경계선을 명시하는 유사한 규범기법을 찾을 수 있다는 점에서 관심을 끈다.

결과적으로 폭력으로부터의 안전이 자유의 전제 조건이라는 기본적 인식이 Osman에서는 예방적 국가의무로, 독일 연방헌법재판소 판례에서는 존엄·사회국가 보장으로 제도화되어 상호 보완적인 성격을 보여준다고 해석할 수 있다.

대표 참고자료

ECtHR, Airey v. Ireland, 9 Oct 1979

BVerfG 2010, Regelleistungen(Hartz IV): Judgment of 9 February 2010, BVerfGE 125, 175 (recognizing the *Grundrecht auf Gewährleistung eines menschenwürdigen Existenzminimums* derived from Art. 1(1) in conjunction with Art. 20(1) GG, para. 133).

BVerfG Sanktionsurteil (Hartz IV Sanctions), Judgment of 5 November 2019, BVerfGE 150, 1 (establishing a 30% reduction ceiling and conditions prohibiting fixed sanction periods, exemptions for hardship, and cumulative sanctions).

BVerfG, Right to Effective Judicial Protection and Equality in Legal Remedies, e.g., BVerfGE 81, 347 (principle of equal access to legal remedies; confirmed in later decisions, including 2022 jurisprudence on legal aid).

ECtHR, Osman v. the United Kingdom, Judgment of 28 October 1998 (developing the "real and immediate risk" standard; held no violation of Art. 2 but a violation of Art. 6 due to denial of access to court through police immunity).

BVerfG, Protective Duties Doctrine, e.g., Abortion I (*BVerfGE* 39, 1), Aviation Security Act (*BVerfGE* 115, 118), and Abortion II (*BVerfGE* 88, 203) (clarifying state duties of protection under the Basic Law).

제3부 법

제6장 법의 본질과 이론적 기초

1. 법의 본질에 대한 근본적 탐구: 철학적 난제와 현실적 쟁점

"법이란 무엇인가?"라는 질문은 겉보기에는 단순해 보이지만, 실제로는 매우 복잡한 문제다. 이 질문에 답하려면 세 가지 중요한 문제를 함께 생각해야 한다. 첫째, 우리는 왜 법에 따라야 하는가(권위의 문제)? 둘째, 무엇이 진짜 '법'인가(존재론의 문제)? 셋째, 법원(court)은 어디까지 판단할 수 있는가(사법 역할의 문제)? 이 세 문제는 서로 깊이 연결되어 있어서 하나를 이해하려면 다른 것들도 함께 고민해야 한다.

현대 법철학자들은 이런 복잡한 문제를 "법의 본성을 설명하는 것"으로 정리했다. 쉽게 말하면, 우리 사회에 수많은 규칙들이 있는데 그 중에서 어떤 것이 진짜 '법적 규칙'인지를 구별하는 기준을 찾는 것이다. 그런데 여기서 더 근본적인 문제가 제기된다. 법철학 연구 자체가 어떤 성격을 가져야 하는가 하는 '메타이론적' 차원의 문제다. 즉, 법철학이 법 현상을 중립적으로 관찰해서 설명하는 기술적 탐구인지, 법이 어떠해야 한다고 제시하는 규범적 탐구인지, 아니면 법의 의미를 해석하는 해석적 탐구인지에 따라 결론이 완전히 달라지기 때문이다.

대표적인 법철학자들인 하트의 분석법학, 라즈의 권위론, 드워킨의 해석주의는 모두 같은 문제를 다루지만 접근 방식이 완전히 다르다. 이들의 차이는 단순한 의견 차이가 아니라 법을 바라보는 근본적인 철학적 방법론과 사회 존재에 대한 관점의 차이에서 나온다. 중요한 점은 "법이란 무엇인가"라는 이론적 질문이 실제로는 정치적 의무, 시민불복종, 사법심사의 범위 같은 현실적인 문제들과 직결된다는 것이다. 따라서 이 질문은 학문적 호기심을 넘어서 우리 사회가 어떻게 운영되어야 하고, 그 정당성을 어떻게 평가할 것인가하는 민주주의의 핵심 문제가 된다.

법철학에서 가장 오래되고 중요한 논쟁은 자연법론과 법실증주의 사이의 대립이다. 이 둘의 차이를 간단히 말하면, 법과 도덕이 본질적으로 연결되어 있는가 아닌가의 문제다.

자연법론은 고대 그리스 시대부터 시작된 오래된 전통으로 토마스 아퀴나스의 스콜라철학적 전통을 거쳐 현대의 존 핀니스까지 이어진다. 이들의 핵심 주장은 "심각하게 부정의한 규범은 진짜 법이라고 할 수 없다"는 것이다. 이는 아퀴나스로부터 이어진 목적론적 사고에 근거한다. 예를 들어, 나치 독일의 유대인 학살법이나 과거 미국의 노예제 관련 법들처럼 명백히 부도덕한 규정들은 비록 정부가 만들었더라도 진정한 의미의 '법'이 아니라는 것이다. 현대 자연법 이론가인 존 핀니스는 한 걸음 더 나아가서, 법이 '실천적 합리성'의 요구를 충족시킬 때만 사람들에게 진짜 의무를 부과할 수 있다고 주장한다. 즉, 인간의 번영(human flourishing)에 기여하는 기본 가치들을 고려하지 않은 법은 완전한 법이 아니라는 것이다.

반면 법실증주의(legal positivism)는 일반적으로 (i) 법의 성립·유효성은 사회적 출처(social sources) - 입법(enactment), 관행(custom), 사법 선례(precedent) 등 - 에 의해 결정된다는 점(소스 테제, ***sources thesis***) 그리고 (ii) 법과 도덕 사이에는 필연적 개념적 연결이 없다는 점(분리가능성 테제, ***separability thesis***)을 강조한다. 다만 이는 "법이 도덕과 무관하다"는 가치판단이 아니라 '무엇이 법인가(what counts as law)'를 가르는 기준이 원칙적으로 도덕적 정당성 여부와 동일하지 않다는 분석적 주장으로 이해하는 것이 정확하다.

대표적 실증주의자인 하트(H. L. A. Hart)는 이를 인정규칙(rule of recognition) 개념으로 설명한다. 각 사회(정확히는 법체계의 공적 운영을 담당하는 관료·법관 집단)에는 "어떤 규범이 유효한 법인가(valid law)?"를 판별하기 위한 궁극 기준(ultimate criteria)이 존재하는데, 그것이 인정규칙이다. 인정규칙은 성문 규정처럼 제정되는 규칙이라기보다 공무원들이 내부적 관점(internal point of view)에서 공통의 기준으로 받아들이고(accept), 비판·정당화의 근거로 사용하는 사회적 규칙(social rule)이라는 점에서 '사회적 사실'에 뿌리를 둔다. 또한 하트의 틀은, 어떤 법체계에서는 인정규칙이 (예컨대 헌법 해석을 통해) 도덕적 기준을 부분적으로 포함할 가능성을 논리적으로 배제하지 않는다는 점에서, 실증주의 내부의 배제적(exclusive)·포섭적(inclusive) 변형을 낳았다.

또 다른 실증주의자인 켈젠(Hans Kelsen)은 기본규범(*Grundnorm*)을 통해 법체계의 통일성과 규범적 유효성(validity)을 설명한다. 켈젠에게 기본규범은 경험적으로 관찰되는 사실이라기보다 상위규범에 근거해 하위규범의 유효성을 연쇄적으로 정당화하는 과정이 무한 퇴행(regress)에 빠지지 않도록 하기 위해 법적 사고가 전제해야 하는 최종의 '가정(presupposition)'으로 기능한다. 이러한 구상은 켈젠의 순수법학(Pure Theory of Law, *Reine Rechtslehre*)이 법을 도덕·정치·사회학적 설명으로부터 분리해 규범체계로서 분석하려는 방법론과 연결되며, 흔히 신칸트주의(neo-Kantian)적 영향 아래 해석된다.

한편 풀러(Lon L. Fuller)는 법이 법으로 기능하기 위한 최소 요건으로 '법의 내재적 도덕성'(the inner morality of law) 또는 '합법성의 원리(principles of legality)'를 제시했다. 그는 (1) 일반성(generality), (2) 공표성(publicity), (3) 장래효(prospectivity), (4) 명확성(clarity), (5) 비모순성(non-contradiction), (6) 준수가능성(possibility of compliance), (7) 상대적 안정성/지속성(constancy), (8) 공적 집행과 공표된 규칙의 합치(congruence)를 핵심 조건으로 든다. 풀러는 이러한 요건들이 단순한 기술적 조건을 넘어 권력 행사의 자의성(arbitrariness)을 억제하고, 행위자에게 안내 가능성(guidance)을 제공한다는 점에서 일정한 "도덕성(morality)"을 갖는다고 보며, 따라서 법과 도덕의 관계를 완전히 단절시키는 관점에 비판적이다. 다만 이 도덕성이 실질적 선의 윤리(substantive morality) 인지, 아니면 형식·절차적 도덕성(procedural/formal morality) 혹은 '열망의 도덕(morality of aspiration)'에 가까운지에 대해서는 학계에서 해석과 평가가 갈린다는 점을 덧붙일 필요가 있다.

법이 무엇인지 정의하는 것 못지않게 중요한 것은 "우리는 왜 법에 복종해야 하는가?"라는 문제다. 이는 정치철학에서 말하는 '정치적 의무' 문제와 밀접히 연관된다.

라즈(Joseph Raz)는 '서비스 구상(service conception)'이라는 이론을 제시했다. 합리적 행위자가 스스로 더 잘 하도록 돕는 경우에만 권위가 정당화된다는 것이다. 라즈는 법적 지시가 개인의 1차적 이유들을 대체하는 '배제적 이유(exclusionary reasons)'로 작동하는 구조를 분석한다. 여기서 배제적 이유란 다른 고려 사항들을 고려 대상에서 아예

제외시키는 이유를 말한다. 라즈의 '정상적 정당화 명제'는 권위가 권위를 따르는 자로 하여금 그가 독립적으로 적용할 이유들을 더 잘 준수하도록 돕는 경우에만 정당화된다고 주장하며, 이는 권위를 도구적이고 봉사적인 개념으로 파악하는 중요한 전환을 의미한다. 또한 그의 '선점 명제(pre-emption thesis)'는 권위적 지시가 다른 고려 사항들을 선점하여 배제하는 이유로 작동한다고 설명한다.

드워킨은 다른 각도에서 접근한다. 그는 "법은 원칙의 문제"라는 명제로 응답하면서, 실제 재판실무가 규칙만이 아니라 공동체의 도덕적, 제도적 원칙을 해석적으로 구성하는 작업임을 강조한다. 유명한 'Riggs v. Palmer' 사건에서처럼 '불법이 이익을 낳아서는 안 된다'는 원칙을 적용하는 것이다. 드워킨의 '연쇄소설(chain novel)' 비유는 법적 추론이 과거의 법적 실천을 최선의 빛에서 재구성하는 해석적 작업임을 보여준다. 이 논쟁은 "권리가 정책목표를 이긴다(trumps)"는 주장과 결합해 소수자 권리의 사법적 보장을 설계하는 데 직접적 함의를 낳는다.

2. 리그즈 대 팔머(Riggs v. Palmer, 115 N.Y. 506, 1889) 판결

리그즈 대 팔머(Riggs v. Palmer) 사건은 1889년 뉴욕 상소법원(New York Court of Appeals)에서 결정된 중요한 판례로 법실증주의와 자연법론 간의 이론적 대립을 보여주는 대표적 사례로 평가된다. 이 사건은 1880년 8월 13일 Francis B. Palmer가 작성한 유언장에 관한 분쟁으로 유언자는 두 딸인 Mrs. Riggs와 Mrs. Preston에게는 작은 유산을, 손자인 Elmer E. Palmer에게는 대부분의 재산을 상속하도록 하였다. 유언장에 따르면 Elmer가 성년이 될 때까지는 그의 어머니 Susan Palmer가 재산을 관리하도록 되어 있었으며, 만약 Elmer가 미성년자로 사망하거나 결혼하지 않고 후손 없이 사망할 경우 재산은 두 딸에게 귀속되도록 규정되어 있었다.

1882년 3월, Elmer E. Palmer는 할아버지가 유언장을 변경할 것을 우려하여 독을 사용해 Francis B. Palmer를 살해하였다. Elmer는 살인죄로 기소되어 유죄판결을 받고 복역하게 되었다. 이후 Mrs. Riggs와 Mrs. Preston은 Elmer의 범죄행위로 인해 그의 상속권이 무효가 되어야 한다고 주장하며 소송을 제기하였다. 1심 법원은 원고들의 주장을 기각하였으나, 원고들이 상소하면서 이 사건은 뉴욕 상소법원에 계류되었다.

법정에서의 핵심 쟁점은 유효하게 작성된 유언장에 명시된 수익자가 유언자를 살해한 경우에도 여전히 상속받을 권리를 갖는지 여부였다. 피고 측은 형법에서 Francis Palmer 살해에 대한 처벌을 이미 규정하고 있으므로, 법원이 상속권을 박탈하는 것은 성문법에 명시되지 않은 추가적 처벌을 가하는 것이며, 이는 법원의 권한을 벗어난다고 주장하였다. 또한 당시 존재하던 성문법들이 이러한 법원의 조치를 허용하지 않으며, 법원은 도덕적으로 만족스러운 결과를 얻기 위해 임의로 법률을 창조하거나 상상해서는 안 된다고 강조하였다.

뉴욕 상소법원의 다수의견은 Earl 판사가 작성하였으며, 법원은 "누구도 자신의 범죄로부터 이익을 얻어서는 안 된다"는 근본적 법원칙을 적용하여 Elmer의 상속권을 부정하였다. 다수의견은 "대륙법하에서 여러 세대의 법학자들, 철학자들, 정치가들에 의해 자연법과 정의의 일반원리로부터 발전된 법체계에서는, 자신이 살해한 조상이나 유증자로부터 상속이나 유언에 의해 재산을 취득할 수 없다"고 판시하였다. 법원은 Elmer가 살인 이전에는 상속인이 아니었으며 상속인이 될 것이 확실하지도 않았는데, 그가 범죄를 통해 스스로를 상속인으로 만들었고, 자신의 범죄의 결과로서 재산을 취득하려 한다고 지적하였다.

다수의견에 대해 Gray 판사는 강력한 반대의견을 제시하였다. Gray 판사는 이 사건이 "특별한 사실상태를 제시하는" 것이며, 이와 같은 사실관계에서 뉴욕주에서는 선례가 없다고 인정하면서도, 법원이 명문의 법률 조항을 무시하고 도덕적 고려에 기반하여 판결할 수 없다고 주장하였다. Gray 판사는 1799년 법률이 개정법에 의해 폐지된 이후 Elmer E. Palmer가 시민권을 상실한 상태(civilly dead)라고 성공적으로 주장할 수 없다고 지적하면서도, 법원이 성문법의 명시적 조항 없이 상속권을 박탈하는 것은 적절한 사법부의 역할을 벗어난다고 보았다.

뉴욕 상소법원은 최종적으로 1심 법원의 판결을 뒤집고, 불합리하거나 부조리한 결과를 방지하기 위해 법원이 성문법의 평문을 벗어나 해석할 수 있다는 원칙을 확립하였다. 법원은 법률의 집행이 부조리하거나 불합리한 결과를 초래할 때, 입법자의 진정한 의도를 구현하는 방식으로 법률을 해석할 수 있다고 판시하였다. 최종 판결에서 법원은 Elmer E. Palmer와 재산관리인이 유언자가 남긴 동산이나 부동산을 Elmer의 이익을 위해 사용하는 것을 금지하고, 유언장의 유증과 상속 조항이 그에게 권리를 이전하는 데 무효라고 선언하였다.

이 판례는 법철학사에서 특별한 의미를 갖는데, 로널드 드워킨이 H.L.A. 하트의 법실증주의에 대한 논증에서 이 사건을 핵심 사례로 활용하였기 때문이다. 드워킨은 이 사건이 하트의 법과정 해석에 모순되는 두 가지 특징을 갖는다고 주장하였다. 첫째, 이 사건은 법규칙의 가장자리(penumbra)에 위치하지 않고 오히려 매우 명확히 중심에 위치함에도 불구하고 다수의견이 법적 규칙을 그대로 적용하지 않았다는 점이다. 둘째, 이 사건에서는 법이 무엇이어야 하는가가 아니라 법이 무엇인가에 대한 정당한 논쟁이 존재한다는 점이다. 드워킨은 이를 통해 법체계에 '규칙'뿐만 아니라 '원칙(principles)'이 내재되어 있으며, 법관들이 어려운 사건에서 도덕적-정치적 원칙에 기반하여 법을 해석해야 한다는 자신의 해석주의적 법이론을 뒷받침하는 근거로 활용하였다.

리그즈 대 팔머 사건은 성문법의 내용이 명확한 경우에도 부조리한 결과를 방지하기 위해 법원이 법률을 벗어나 해석할 수 있다는 선례를 확립하였다. 이는 현대 법해석학에서 문리해석과 목적론적 해석 간의 긴장관계를 보여주는 대표적 사례가 되었으며, 법과 도덕의 관계에 대한 이론적 논의에서 지속적으로 인용되고 있다. 특히 이 사건은 법의 형식적 적용이 정의에 반하는 결과를 초래할 수 있는 상황에서 법관의 역할과 해석의 한계에 대한 근본적 질문을 제기하였으며, 법실증주의와 자연법론 간의 현대적 논쟁에서 핵심적 쟁점으로 다루어지고 있다.

이론적 논의는 시민불복종 같은 실제 상황에서 진짜 시험을 받게 된다. 1955년 12월 1일, 로자 파크스가 몽고메리 버스에서 분리좌석명령을 거부한 사건은 부정의한 실정법에 대한 공적이고 비폭력적인 위반이 언제 정당화되는가라는 질문을 전면에 세웠다. 그 뒤 1년여의 버스 보이콧과 함께 Browder v. Gayle(1956)[11]에서 연방법원이 버스 분리법을 위헌으로 판단했고, 대법원이 이를 확정함으로써 해당 규범은 효력을 잃었다.

정치철학자 롤즈는 시민불복종을 공개적이고 비폭력적이며 양심적인 법위반을 통해 법이나 정책 변화를 겨냥하는 행위로 정의했다. 롤즈는 시민불복종을 '거의 정의로운

11) Browder v. Gayle은 몽고메리 시와 앨라배마 주의 시내버스 분리승차를 정한 법령의 합헌성을 다툰 연방사건이다. 원고는 아우렐리아 브라우더, 클로데트 콜빈, 수지 맥도널드, 메리 루이스 스미스 등 흑인 여성 승객들이고, 피고는 몽고메리 시장 윌리엄 A. 게일 등 지방정부 관계자들이다. 연방 앨라배마 중부지방법원 3인 합의부는 1956년 6월 5일 버스 분리제는 수정헌법 제14조 평등보호조항에 반한다는 이유로 2 대 1로 위헌 판결을 선고한다. 법원은 Brown v. Board of Education의 논리를 원용하여 인종분리는 본질적으로 불평등하다고 판단한다. 이 판결은 1956년 11월 13일 미연방대법원이 per curiam으로 원심을 확정하고, 12월 17일 재심리 청구를 기각함으로써 최종 확정된다. 그 결과 1956년 12월 20일 몽고메리의 시내버스가 공식적으로 통합되고 장기간의 몽고메리 버스 보이콧이 종료된다.

사회(nearly just society)'에서 다수의 부정의에 맞서는 소수의 최후 수단으로 이해하며, 이것이 민주적 헌정체제 내에서의 정당한 반대 형태라고 본다.

국제법 차원에서 비엔나 협약 제53조의 강행규범(jus cogens) 개념은 "어떠한 이유로도 배제될 수 없는 일반국제법상의 강행규범"으로서, 특정 규범이 단순한 법형식만으로는 정당화될 수 없음을 보여주는 제도적 장치다. 이러한 사례들은 "악법도 법인가"라는 물음이 단지 수사적 질문이 아니라 법적 정당성의 위계를 재구성하는 실제의 분기점임을 보여준다.

법철학의 이론적 논의가 현실에서 어떻게 적용되는지 보여주는 극적인 사례가 바로 독일 통일 직후의 베를린 장벽 경비병(Mauerschützen) 사건이다. 독일 법원은 동독 국경법·사격지침의 형식적 유효성을 전제로 하면서도, 그 적용은 비례성 원칙과 인권규범(생명권 보호 등)에 합치해야 한다고 보았다. 그 결과 장벽 탈출을 저지하기 위한 '모든 수단'의 사용이나 치명적 사격의 일반적 허용은 동독법 자체의 체계("사격은 최후수단", 생명보호 유의 등) 및 국제인권에 비추어 정당화 범위를 넘는 위법으로 평가되었다. 이에 따라 BGH는 1992·1993년 연속 판결에서 경비병 유죄를 확정하였고("행위명령 준수"나 "국가행위이론"은 면책사유가 아님), 명백한 과잉·치명적 사격은 정당화되지 않는다고 판시하였다.

3. 베를린 장벽 경비병(Mauerschützen) 판결

"베를린 장벽 경비병(Mauerschützen) 사건"은 단일 사건이 아니라 서로 다른 피고인·사실관계를 가진 여러 형사사건의 총칭이다. 연방대법원(BGH)의 이른바 Mauerschützen I와 II도 각기 다른 1심 사건에서 상고된 별개 사건이고, 연방헌법재판소(BVerfG)의 1996년 결정은 여러 건의 헌법소원을 병합해 판단하였다.

<대표적 사실관계>

1. 1984.12.1. 사건: 두 명의 동독 국경병이 새벽에 사다리를 타고 장벽을 넘으려던 20세 남성(판결문에는 Michael S.)을 자동 소총 사격으로 맞춰 사망케 한 사안이다. 1심 유죄 후 BGH는 1992.11.3.(5 StR 370/92, BGHSt 39, 1) 판결에서, 동독 1982년 국경법(GrenzG-DDR)과 당시 "사격지침('*Grenzverletzer sind zu stellen oder zu vernichten*')" 등에 근거한 정당화 주장을 배척하고 유죄를 확정하였다.

2. 1989.2.5-6. 사건(크리스 괴프프로이 피살): 장벽 최후의 사살 피해자로 알려진 Chris Gueffroy 사건에서, 베를린 지방법원이 1992.1.20. 유죄(주범 3년 6월)를 선고하였다. 이어 BGH는 1993.3.25.(5 StR 418/92, BGHSt 39, 168; Mauerschützen II)에서 국경사격의 정당화 범위를 다시 한 번 엄격히 제한하고 유죄 판단을 유지하였다.

<법원의 핵심 판단>

1. 동독 국경법과 내부 지침의 형식적 존재를 전제로 하더라도, 생명권 등 인권규범과 국제법상 비례성에 비추어 본 치명적 사격 명령은 정당화될 수 없으며, superior orders(상관명령) 항변도 배척된다고 보았다. 특히 BGH는 동독법상의 정당화 사유는 처음부터("von Anfang an") 유효하게 작동할 수 없었다고 판시하였다.

2. BVerfG(1996.10.24., 2 BvR 1851/94 등 병합)는 이러한 유죄 판단이 기본법 제103조 제2항(소급처벌금지)에 반하지 않는다고 보아, 문제의 핵심은 소급적용이 아니라 당시에도 금지된 살해행위를 처벌한 것임을 확인하였다.

정리하면, "Mauerschützen 사건"은 여러 건의 개별 사건(서로 다른 피살자·가해 경비병·시간·장소)에 대해 1심 유죄→BGH 확정(1992·1993)→다수 헌법소원 병합 기각(1996)으로 이어진 사건군이며, 각 판결은 동독 국경사격의 "형식적 합법성"보다 인권·비례성에 기초한 실질적 위법성을 우선시했다.

관련된 일련의 판결은 다음과 같다.:

1.LG Berlin, Urteil vom 20. Januar 1992 - (523) 2 Js 48/90 (9/91) (일명 '게프프로이

사건' 1심) - 장벽 탈출 시도자 사망 사건에 관여한 경비병들의 Totschlag 유죄 판단.

2.BGH, Urteil vom 3. November 1992 - 5 StR 370/92, BGHSt 39, 1 (소위 Mauerschützen I) - 1심 유죄 유지.

3.BGH, Urteil vom 25. März 1993 - 5 StR 418/92, BGHSt 39, 168 (Mauerschützen II) - 경계사격 정당화 범위를 한정하며 유죄 유지.

연방헌법재판소는 1996년 결정을 통해, 해당 살해행위가 동독법의 취지·체계에 비추어 보더라도 정당화될 수 없는 명백한 위법이므로, 통일 후 형사처벌이 기본법 제103조 제2항(소급처벌금지) 및 법적 안정성 원칙을 침해하지 않는다고 보았다. 즉 문제는 '소급적용'이 아니라 당시에도 금지된 살해의 처벌이라는 점을 분명히 했다. 아울러 재판부는 국경체제의 비인도성과 사격 명령의 부당성을 강조하였다.

이 일련의 판결은 독일 전환기 사법에서 라드브루흐 공식(극단적 부정의 법은 법이길 그친다는 명제)이 해석론적·논증적 준거로 재소환된 대표사례로 평가된다. 학계와 판례평석은 법원들이 국제인권과 비례성 논리를 통해 동독법의 정당화사유를 엄격히 축소·배제한 작업을 라드브루흐 공식의 사상사적 맥락에서 해석하고 있다. 유럽인권재판소도 2001년 Streletz/Kessler/Krenz 및 K.-H.W. 사건에서 독일 판결이 ECHR 제7조에 합치한다고 확인하여 이 법리를 국제인권 차원에서 뒷받침했다. 참고로, 이후 상급자 책임(정치·군사 지도부)의 형사책임 구조(간접정범·방조 등)에 관해 BGH는 다수의 판결에서 논리를 정교화하였다(예: BGHSt 39, 168; 45, 270 등).

이 판례군은 "법과 도덕의 관계"에 관한 이론적 논의가 전환기 정의의 구체적 상황에서 어떻게 적용되는지를 보여주는 중요한 사례이며, 동시에 법철학적 원리들이 실제 사법판단에서 갖는 실천적 의미를 분명히 드러낸다.

이처럼 "법이란 무엇인가"라는 질문은 단순한 학문적 호기심이 아니라 우리가 살아가는 사회의 정의와 질서 그리고 개인의 자유와 권리를 어떻게 이해하고 보장할 것인가 하는 근본적인 문제와 직결되어 있다.

4. 자연법론의 철학적 전통과 이론적 발전

자연법론의 핵심 명제 - "진정한 법은 도덕적으로 정당해야 한다" - 는 하나의 구호가 아니라 법적 유효성과 복종의무의 성격을 동시에 규정하려는 이론적 주장이다. 이 명제는 통상 두 가지 판본으로 구분된다. 강한 판본은 심각한 부정의는 법규범의 자격 자체를 파기한다고 보며(*lex iniusta non est lex*), 약한 판본은 그러한 규범이 법형식은 가질 수 있으나 도덕적·법적 복종의무를 생성하지 못한다고 본다. 두 판본 모두 법과 도덕의 "개념적 연결"을 전제하지만, 연결 지점은 다르다. 전자는 법의 존재론에, 후자는 법이 부과하는 이유·의무의 구조에 초점을 둔다. 이 구분을 명확히 해두면 자연법 논증이 언제 "무효 선언"으로, 언제 "복종의무 거부"로 귀결되는지 - 그리고 사법심사가 어느 단계에서 개입해야 하는지 - 를 보다 정밀하게 논의할 수 있다. 그러나 이러한 구분 자체도 자연법론자들 사이에서 완전히 합의된 것은 아니며, 특히 강한 판본과 약한 판본 사이의 실질적 차이가 구체적 사례에서는 모호해질 수 있다는 한계도 인정해야 한다.

고전 전통에서 아리스토텔레스의 구분(자연적 정의/합의적 정의)은 후대 자연법 논증의 중요한 출발점을 제공했다. 자연적 정의는 "어디서나 같은 힘을 가지는" 규준으로서 공동체의 우연적 관행과 구별되는 판단의 표준을 제시한다. 이때 '자연'(*physis*)은 단순한 기술적 사실이 아니라 인간을 목적지향적 존재로 파악하는 규범적 인식틀을 의미한다고 일반적으로 해석된다. 그러나 아리스토텔레스의 자연 개념 자체가 현대적 관점에서 볼 때 상당한 해석상의 복잡성을 내포하고 있으며, 특히 그의 정치학과 윤리학에서 나타나는 자연법적 사고의 정확한 의미는 여전히 학계의 중요한 논쟁 대상이다. 키케로가 "참된 법은 올바른 이성"(*vera lex est recta ratio*)이라고 규정한 것은 이러한 아리스토텔레스적 전통을 로마법적 맥락에서 재해석한 것으로 평가되며, 자연법의 보편성을 경험 일반화의 산물이 아니라 이성의 형식적 성질에서 도출하려는 시도였다. 그럼에도 불구하고 이러한 고전적 자연법 이해가 현대의 다원주의적 사회에서 어떻게 적용될 수 있는지 그리고 문화적 상대주의의 도전에 어떻게 응답할 수 있는지에 대해서는 여전히 해결되지 않은 이론적 과제들이 남아있다.

아퀴나스는 이 고전적 직관을 체계적으로 발전시켰다. 그는 영원법-자연법-인간법의 위계를 통해 인간법이 자연법의 '결정(*determinatio*)'임을 설명하는데, 이는 스콜라철학의 방법론을 법철학에 적용한 중요한 시도로 여겨진다. 결정이란 자연법의 일반 명제가 구체적 제도 설계로 분화되는 과정이며, 이 분화가 공익과 실천이성의 요구에 합치되는 한에서만 권위를 갖는다고 아퀴나스는 주장한다. 따라서 부정의한 법은 단순히 "바람직하지 않은 규범"이 아니라 (i) 적법한 권위를 결여하거나, (ii) 공동선에 반하거나, (iii) 비례성을 결여하는 방식으로 자연법의 요구에 반하는 규범이라고 본다. 이 틀 안에서 '복종의무'는 법의 형식에서 자동으로 발생하지 않고, 실천이성의 제1원리(선을 추구하고 악을 피하라)와 그 파생규칙들 - 생명 보존, 지식 추구, 사회적 평화 등 - 과의 합치에서 정당화된다. 그러나 아퀴나스의 체계가 현대적 의미에서의 개인의 기본권이나 종교적 다원주의 문제를 어떻게 다룰 수 있는지 그리고 그의 공동선 개념이 개인주의적 자유주의와 어떻게 조화될 수 있는지에 대해서는 상당한 해석상의 어려움이 존재한다.

근세(early modern) 정치·법사상의 중요한 변화는 자연법(natural law)을 오로지 신학적 계시나 신적 명령(divine command)에만 의존해 정초하기보다, 인간 이성(reason)과 인간 본성에 관한 보편적 논증에 의해 정당화하려는 시도가 강화되었다는 점에서 특징지을 수 있다. 다만 이는 자연법이 곧바로 신학으로부터 "완전히 분리"되었다는 뜻이라기보다 자연법의 근거 제시 방식이 다원화(pluralization of foundations)되었고, 신학적 자연법 또한 계속 강력한 영향력을 유지했다는 점을 함께 전제해야 한다.

그로티우스(Hugo Grotius)의 유명한 정식인 "*etiamsi daremus non esse Deum*"(설령 신이 존재하지 않는다고 가정하더라도)는 자연법의 규범성이 신의 명령에만 의존하지 않고, 일정 부분 이성적 논증(rational argument)을 통해서도 성립할 수 있음을 강조하는 표현으로 자주 인용된다. 그러나 이 문구를 곧바로 "자연법의 탈신학화"로 단정하기보다는 최소한 하나의 유력한 해석으로서 가상적·방법론적 주장(methodological, hypothetical claim) - 즉 신 존재를 전제하지 않더라도 자연법적 규범을 논증할 수 있다는 주장 - 으로 이해하는 편이 학술적으로 신중하다(그로티우스 자신이 유신론적 세계관을 포기했다고 보기는 어렵다는 견해도 널리 존재한다).

사회계약론(social contract theory)은 이러한 근세 자연법 담론을 정치적 정당화의 언어로 전개하는 한 경로였지만, '자연법→개인의 권리 구조'라는 도식은 이론가들 사이의 차이를 충분히 반영하지 못할 수 있다. 예컨대 홉스(Thomas Hobbes)는 자연법(laws of nature)을 자기보존(self-preservation)을 지향하는 이성의 규칙으로 파악하면서도, 자연상태(state of nature)에서는 상호 불신과 집행 불가능성(lack of enforceability) 때문에 그 규칙이 안정적으로 실현되기 어렵다고 보고, 이에 대한 제도적 해법으로 강력한 주권(powerful sovereignty)을 요청한다. 로크(John Locke)는 자연상태에서도 자연법이 규범적으로 작동한다는 전제를 더 강하게 유지하면서, 생명·자유·재산(life, liberty, property)의 자연권(natural rights) 보호를 정치권력의 핵심 과제로 설정하고 정부 정당성을 그 보호 기능과 동의(consent)에서 도출한다. 루소(Jean-Jacques Rousseau)는 자연적 자유(natural liberty)에서 시민적·정치적 자유(civil/political liberty)로의 이행을 '일반의지(general will)'와 정당한 입법의 조건을 통해 설명하며, 개인 권리의 집합이라기보다 공동체의 자기입법(self-legislation)과 주권 개념을 중심에 둔다.

칸트(Immanuel Kant)는 도덕철학에서 정언명령(categorical imperative)을 통해 도덕법칙(moral law)의 보편성과 필연성을 실천이성(practical reason)에 정초하지만, 그의 법철학에서는 도덕(Moralität)과 구별되는 권리(*Recht*, right)의 영역 — 즉 자유의 외적 조건(external conditions of freedom)과 강제(coercion)의 정당화 — 을 체계적으로 전개한다. 따라서 칸트를 자연법 전통의 "계승"으로 말할 수는 있으되, 그 핵심은 전통적 자연법의 실질적 내용이라기보다 규범의 정당화 구조를 선험적으로 재구성(transcendental reconstruction)하는 데 있다는 점을 분명히 하는 것이 좋다.

이러한 전개는 자연법을 특정 형이상학적 교설의 형태로만 이해하기보다 정치·법질서의 정당화를 위한 세속적 보편 정당화의 문법(a secular, universalizable justificatory grammar)으로 재배치함으로써 근대 공법(modern public law)과 권리 담론(rights discourse)의 전개에 중요한 자원을 제공했다. 동시에 자연법을 호출하는 방식이 홉스-로크-루소-칸트 사이에서 근본적으로 상이하다는 점에서 근세 이후 "하나의 통일된 자연법 전통(a single unified natural law tradition)"을 상정하는 데에는 상당한 유보가 필요하다는 점 또한 함께 인정되어야 한다.

20세기 이후에 등장한 이른바 새 자연법론(Finnis-Grisez 계열)은 형이상학적 본성론에 직접적으로 의존하지 않으면서도 객관적 도덕성을 정식화하려는 시도를 전개한다. 이 이론의 핵심은 두 가지 차원으로 구성된다. 첫째, 생명, 지식, 놀이, 심미적 체험, 사회성,

실천적 합리성, 종교(또는 궁극적 의미에 대한 관심)와 같은 '기본선(basic good)'은 상호 환원되지 않고 공약 불가능(incommensurable)하므로 올바른 행위는 이들 기본선에 대한 합리적 존중과 통합을 요구한다는 점을 주장한다. 둘째, 법의 권위는 조정과 조화의 공적 필요(공동선)에 봉사할 때 정당화되며, 그 정당화는 결정의 영역에서 합리적 선택의 원칙들(공표성, 일관성, 예측가능성, 비차별성 등)이라는 내재적 법성의 요건을 충족해야 한다고 본다. 이 접근법은 자연주의적 오류 비판을 회피하기 위해 "자연"을 단순한 기술적 사실이 아니라 행위 이유의 원천으로 재개념화한다. 동시에 다원주의 사회의 불가피한 도덕적 분쟁에 대해 법이 취해야 할 것은 유일한 '정답'의 강요가 아니라 합리적 절차와 공적 이유 제시라는 점을 강조한다. 그럼에도 불구하고 새 자연법론이 제시하는 기본선들의 목록이나 그들 사이의 관계 설정에 대해서는 여전히 이론적 논쟁이 계속되며, 특히 종교적·문화적 다양성을 충분히 포괄할 수 있는지 그리고 실제로 도덕적 중립성을 확보할 수 있는지에 대한 의문도 지속적으로 제기된다.

이러한 새 자연법론에 자주 제기되는 결정 불가능성, 문화 상대성, 사법부의 과도한 정치화와 같은 비판에 대해 현대 자연법론은 두 단계의 응답을 시도한다. 1단계는 "부정의의 문턱"을 설정하는 작업이다. 이 단계에서 인격의 도구화, 조직적·체계적 폭력, 기본적 평등의 부정과 같은 구조적 침해는 법의 형식을 유지하더라도 더 이상 권위를 생산하지 못한다고 주장한다. 2단계는 "결정의 합리성"을 평가하는 작업이다. 이 작업은 입법자가 관련된 기본선들을 고려하고, 공표성, 명료성, 비자기모순, 실행 가능성 같은 내재적 합법성에 부합하는가를 검토한다. 이러한 이중 심사는 자연법을 무제한적 도덕 통치의 근거로 오용하지 않게 하면서도, 실정법의 형식이 극단적 부정의를 은폐하는 것을 방지하는 안전장치를 제공하려고 한다. 그러나 이러한 문턱 설정 자체가 특정한 도덕적·정치적 전제들을 포함하고 있으며, 따라서 완전히 중립적이고 객관적인 기준을 제공한다고 보기는 어렵다는 비판도 여전히 유효하다. 또한 "견딜 수 없을 정도의 부정의"나 "구조적 침해"와 같은 개념들의 구체적 적용에서는 상당한 해석적 재량이 개입될 수밖에 없다는 한계도 솔직히 인정한다.

이러한 문턱 논증은 전환기 정의와 국제법의 영역에서 구체적인 제도적 맥락에서 검증받는다. 라드브루흐 공식의 경우, 법적 안정성과 정의가 대립할 때 "실정법과 정의 사이의 갈등이 견딜 수 없을 정도에 이르면, 그릇된 법으로서의 실정법은 정의에 자리를 내주어야 한다"는 명제를 제시한다. 이 공식은 나치 독재의 경험에서 비롯된 것으로 자의적 소급 처벌을 허용하는 만능열쇠가 아니라 인간 존엄과 평등에 대한 체계적 침해라는 엄격한 요건을 전제로 한다. 독일 법원들은 동독 체제의 청산 과정에서 이 원리를 적용했지만, 그 범위는 극단적 상황으로 제한되어야 하며, 통상의 정책 판단이나 가치 갈등을 사법화하는 통로로 남용되어서는 안 된다는 점을 지속적으로 강조해 왔다. 국제법 차원에서도 *jus cogens* 규범이나 국제 형사 재판소의 관할권 행사에서 유사한 논리가 작동하고 있으나 이러한 원리들의 구체적 적용 범위나 기준에 대해서는 여전히 많은 논쟁이 계속된다. 그러므로 자연법의 현대적 의미는 "실정법 위의 고차 법"이라는 단순한 위계 구조가 아니라 법질서 자체의 자기 정당화 구조를 점검하는 규범적 감사(audit) 절차에 가깝다고 이해하는 것이 적절하다.

5. 법실증주의의 등장과 이론적 혁신: 과학적 방법론과 제도적 접근

1) '과학화'의 약속과 그 정치적 함의: 사회적 사실·출처·분리의 방법론

법실증주의(legal positivism)는 법을 초월적 질서나 도덕적 진리의 직접 표현으로 이해하기보다 입법·판례·관행 같은 제도화된 실천을 통해 식별되는 규범질서로 파악하려는 기획이다. 흔히 이 기획은 사회적 사실 논제(social-fact thesis), 출처 논제(sources thesis), 분리 논제(separation thesis)의 결합으로 요약된다. 사회적 사실 논제는 법의 존재와 내용이 궁극적으로 특정 공동체의 제도적 실천에 의해 결정된다는 점을 강조한다. 출처 논제는 법적 효력을 가르는 기준이 공적으로 확인 가능한 권위적 근거(authoritative sources)에 의존해야 한다고 말한다. 분리 논제는 "무엇이 법인가(*lex lata*)"라는 기술의 과제와 "무엇이 정당한가(*lex ferenda*)"라는 평가의 과제를 구획한다.

이 전환은 단지 철학적 취향의 변화가 아니었다. 19세기 말 이후 법학은 자연법 담론의 추상성과 역사주의적 상대주의 사이에서 학문적 기준을 잃을 위험에 놓였다. 실증주의가 내건 '과학화'의 약속은 법학을 가치논쟁에서 구해내어 규칙 구조와 제도 설계의 언어로 다시 정렬하겠다는 선언이었다. 그 약속은 동시에 정치적 요청에도 응답했다. 현대 사회에서 법은 예측가능성(predictability)과 계산가능성(calculability)을 제공해야 하며, 민주정에서 법적 권위는 절차적 정당성(procedural legitimacy)을 요구받는다. 실증주의는 이 과제를 "공적 기준(public criteria)에 의한 법의 식별"이라는 형태로 정식화했다.

그러나 권리 중심의 비판적 관점에서 보면 이 구획은 곧 긴장을 낳는다. 현대 헌법국가에서 권리(rights), 존엄(dignity), 평등(equality) 같은 규범적 어휘는 법 바깥의 도덕이 아니라 법 내부의 규범 언어로 제도화되어 있다. 따라서 식별과 정당화의 분리는 유익한 방법론이면서도, 자칫 법이 스스로 요청하는 정당성 요구(legitimacy claim)를 법학의 주변으로 밀어낼 수 있다. 핵심은 단순한 '혼합'이 아니다. 평가가 법 안으로 들어올 때 그것은 어떤 경로를 거치는가 그리고 그 경로가 얼마나 공적으로 통제되는가가 문제다. 이 지점이 이후 논의의 기준점이 된다.

2) 고전적 출발의 성취와 즉각 드러난 한계: 명령설과 규범성의 문제

벤담(Jeremy Bentham)과 오스틴(John Austin)은 법을 신학이나 도덕철학의 부속물에서 떼어내 분석 가능한 대상으로 세우는 데 큰 역할을 했다. 벤담은 자연권 담론이 '있는 것(is)'과 '마땅한 것(ought)'을 혼동해 법학을 설교로 만들 위험이 있다고 보았고, 법을 제도와 권위의 산물로 파악하는 방향을 밀어붙였다. 오스틴은 이를 명령설(command theory)로 체계화하며, 법을 "주권자의 일반적 명령(general commands)과 제재(sanction)의 결합"으로 설명했다. 이 모델은 근대 주권국가의 권력 구조를 명료하게 반영했고, 법학이 독자적 분석대상을 갖는 학문이라는 자의식을 강화했다.

하지만 명령설이 설명하지 못하는 것들이 곧바로 드러났다. 헌법규범은 주권자를 제한하는데, 이를 명령-복종 관계로 설명하면 규범의 근거가 순환한다. 계약·유언처럼 시민에게 어떤 행위를 "하라"고 지시하기보다 특정 행위가 법적 효과를 낳도록 해주는 권한부여규정(power-conferring rules)도 명령·제재의 도식으로는 거칠게만 포착된다. 국제법(international law)과 관습법(customary law) 역시 단일한 명령발출의 형태로 환원하기 어렵다. 더 중요한 문제는 규범성이다. 법은 단지 두려움 때문에 따르는 지시가 아니라 사람들이 비판과 정당화의 기준으로 받아들이는 규칙이기도 하다. 이 차이를 설명하지 못하면, 법은 강제로는 설명되지만 '이유로 작동하는 규범'으로는 설명되지 않는다.

이 한계를 계기로 실증주의는 스스로를 정교화할 필요를 만났다. 법을 명령으로 환원하기보다 규범체계로 재구성하고, 동시에 그 체계가 어떻게 성립하고 유지되는지 - 규범의 논리와 사회적 수용 - 를 함께 설명해야 했다. 켈젠과 하트는 이 과제를 서로 다른 방식으로 떠안는다.

3) 정교화의 두 경로: 켈젠의 순수성(규범논리)과 하트의 사회적 규칙(제도·언어)

켈젠(Hans Kelsen)의 순수법학(Pure Theory of Law)은 법을 사회적 사실의 묶음이 아니라 위계적 규범질서로 이해한다. 그의 설명에서 유효성(validity)은 규범 간 정당화의 연쇄로 나타난다. 하위 규범은 상위 규범이 부여한 조건 아래에서만 유효하며, 이 연쇄는 체계 전체의 통일성을 위해 전제되는 근본규범(*Grundnorm*)에 의해 '가능해진다'(presupposition). 이 틀은 헌법에서 개별 결정까지 이어지는 법형성 과정을 정돈하고, 법학이 존재(Sein)의 설명과 당위(Sollen)의 정당화를 구별해야 한다는 요구를 강하게 제시했다. 켈젠의 실증주의는 단순한 경험주의가 아니었다. 오히려 규범성 자체를 규범논리의 언어로 보존하며, 법학의 엄밀성을 확보하려는 시도였다.

그러나 순수성(purity)은 곧 질문을 불러온다. 근본규범은 설명을 위한 전제이지만, 왜 그 전제가 정당한지에 대한 답은 반복되는 논쟁이 된다. 켈젠이 유효성의 최소 조건으로 일정한 실효성(efficacy)을 요구하는 순간, 사회적 사실이 다시 규범의 존재 조건으로 들어와 '순수성'과 긴장한다. 권리 중심의 관점에서 보면, 내용적 정당성(substantive justification)을 체계 밖으로 밀어내는 방식은 또 다른 위험을 남긴다. 절차적 합법성을 갖춘 억압적 규범을 우리는 어떻게 개념적으로 다룰 것인가. '법이냐 아니냐'의 판정이 '정당하냐 아니냐'와 언제, 어떻게 연결되는지를 설명하지 못하면 이론은 현실의 가장 심각한 사례에서 설명력을 잃는다.

하트(H. L. A. Hart)는 다른 방식으로 명령설의 한계를 넘어섰다. 그는 법체계를 1차 규칙(primary rules, 행위를 직접 규율하는 규칙)과 2차 규칙(secondary rules, 규칙을 식별·변경·적용하는 규칙)의 결합으로 파악한다. 특히 인정규칙(rule of recognition)은 한 법체계에서 "무엇이 유효한 법인가?"를 가려내는 최종 기준이며, 공직자들이 그것을 내부 관점(internal point of view)에서 기준으로 수용(acceptance)할 때 사회적 규칙(social rule)로 기능한다. 또한 개방텍스트성(open texture) 논의는 경계사건에서 사법 판단이 일정한 재량(discretion)을 포함할 수밖에 없음을 설명한다. 하트는 법을 '규칙으로서의 실천'으로 해명함으로써 법의 사회적 작동과 규범적 성격 사이의 접면을 해부했다.

하지만 하트의 성취에도 남는 간극이 있다. 인정규칙은 식별의 기준을 제시하지만, 권리 침해와 기본권 충돌의 상황에서 법이 요청받는 정당화의 기준을 충분히 제공하는가라는 질문이 남는다. 내부 관점이 법을 성립시키는 조건이라 해도, 그 내부 관점이 언제나 공적 정당화(public justification)와 일치하는 것은 아니다. 바로 이 간극이 실증주의의 분화와 해석주의의 도전으로 연결된다.

4) 분화와 도전 그리고 제도 속 검증: 권리국가에서 실증주의의 재구성 과제

하트 이후 실증주의는 배타적(exclusive/hard) 실증주의와 포용적(inclusive/soft) 실증주의로 분기하며 "도덕과 법의 관계"를 정교하게 다시 묻는다. 배타적 실증주의(예: Joseph Raz)는 법의 식별이 사회적 출처(social sources)를 통해서만 이루어져야 하며, 도덕 판단이 법의 존재 조건을 구성해서는 안 된다고 본다. 라즈의 권위론(authority theory)은 법이 행위자에게 전제적 이유(preemptive reasons)를 제공한다는 점을 강조한다. 법이 안내 기능(guidance)을 수행하려면 시민이 매번 도덕적 재계산을 하지 않고도 무엇을 해야 하는지 알 수 있어야 한다는 것이다. 반면 포용적 실증주의(예: Jules Coleman, Wilfrid Waluchow 등)는 특정 법체계의 인정규칙이 '존엄', '잔혹성' 같은 평가적 개념을 법적 기준으로 호출할 수 있다고 본다. 다만 그 호출은 법 외부의 도덕이 임의로 침투한 결과가 아니라 헌법·법률·판례 같은 출처를 통해 제도화되었다는 점이 강조된다.

드워킨(Ronald Dworkin)의 해석주의는 이 논쟁에 다른 각도를 부여한다. 그는 법이 규칙(rules)뿐 아니라 원칙(principles)으로 구성되며, 원칙은 단순한 절차적 계보(pedigree) 검증으로 포착되지 않는다고 주장했다. "어려운 사건(hard cases)"에서도 법관은 재량으로 결정을 만들어내는 것이 아니라 공동체의 과거 결정을 최선으로 정당화하는 해석(constructive interpretation)을 통해 답을 찾는다고 본다. 이 도전은 실증주의의 핵심 구획 - 식별과 정당화 - 을 다시 시험대 위에 올려놓았다. 실증주의자들은 이에 대해 인정규칙의 범위를 넓히거나(포용주의), 원칙 적용은 식별이 아니라 정당화의 문제로 분류하는 방식(배타주의)으로 응답해 왔다.

그러나 문제는 '분류'만으로 끝나지 않는다. 권리 조항이 평가적 개념을 내장하는 법체계에서는 도덕적 고려가 법적 결론에 들어오는 것을 단순히 "허용/불허"로 처리하기 어렵다. 더 중요한 물음은 도덕적 이유가 법적 이유로 전환되는 과정이 어떤 조건 아래에서 공적으로 통제되는가이다. 즉, 어떤 논증이 허용되는지, 어떤 근거가 요구되는지, 어떤 심사 기준이 작동하는지가 문제다. 이 물음은 비교법적 사례에서 더욱 선명해진다.

영국은 성문헌법이 없지만 의회주권과 판례·관습의 결합이 법원(法源) 질서를 이루어 왔고, 인권법(Human Rights Act 1998) 이후에는 유럽인권협약 권리(ECHR rights)가 법적 추론 속에 깊게 연결되었다. 남아프리카공화국은 성문헌법이 권리와 가치(존엄, 평등, 자유 등)를 해석 기준으로 요청하고 국제법·외국법 참조까지 구조화함으로써 도덕적 논증이 법 안으로 들어오는 통로를 더욱 명시적으로 설계했다. 이 두 사례는 공통으로 한 가지를 보여준다. 도덕의 유무가 핵심이 아니라 도덕적 논증이 법적 권위를 얻을 때 그것이 허용된 경로(authorized route)를 통해 공적으로 정당화된다는 점이 핵심이다.

미국의 Erie Railroad Co. v. Tompkins(1938) 역시 제도적 차원에서 같은 통찰을 준다. Erie는 연방 법원이 '일반 연방 보통법(general federal common law)'을 독자적으로 형성한다는 사고를 억제하고, 주(州) 실정법을 존중하도록 하면서 예측가능성과 권한 배분을 강화했다. 이를 실증주의적으로 해석하면 "법은 식별 가능한 공적 근거를 가져야 한다"는 직관이 제도 속에서 강화된 것으로 읽힌다. 다만 Erie의 요지는 도덕·정책이 불필요하다는 뜻이 아니다. 요지는 그러한 고려가 법적 결론에 들어오려면 헌법과 법원(法源) 구조가 허용하는 경로를 통해 정당화되어야 하며, 그렇지 않다면 그것은 '발견'이라기보다 '창안'(law-making)으로 드러난다는 점이다.

결국 실증주의의 가장 큰 유산은 법을 제도와 출처의 언어로 명료하게 만든 데 있다. 그 유산은 법치주의(rule of law)의 예측가능성을 떠받치는 기반이기도 하다. 그러나 권리국가에서 법은 예측가능성만으로는 정당화되지 않는다. 법은 강제(coercion)를 행사하는 만큼 그 강제가 왜 정당한지에 대한 공적 이유(public reasons)를 지속적으로 요구받는다. 실증주의가 오늘 유효하려면 이 정당화 부담을 '외부의 철학'으로 밀어내기보다 제도화된 논증 규칙으로서 - 즉 제도화된 실용적 이성(institutionalized practical reason)으로서 - 이론 안에 더 정교하게 통합해야 한다.

자연법론과 법실증주의는 각기 다른 방식으로 법의 본질을 해명하려 했지만, 두 이론 모두 완결적인 해답을 제시하지는 못한다. 자연법론은 법과 도덕의 긴밀한 연결성을 강조하면서도 현실적 적용의 한계에 직면하였고, 법실증주의는 제도적 안정성과 분석적 명료성을 확보하였으나 법의 정당성을 설명하는 데 있어 도덕적 근거를 충분히 제공하지 못했다. 이와 같은 상반된 시각은 단순한 이론적 대립을 넘어 법의 정체성과 사회적 역할에 관한 근본적 질문을 제기한다. 그러나 이러한 논의가 실제 법의 적용에서 어떤 의미를 갖는지는 판례와 현실 속에서 더욱 선명하게 드러난다. 따라서 다음 장에서는 구체적 사건과 비교법적 사례를 통해 이론과 현실의 긴장이 어떻게 전개되는지를 살펴보고자 한다.

대표 참고문헌

Hart, H. L. A. (1961). The Concept of Law. Oxford University Press.

Kelsen, H. (1967). Pure Theory of Law (M. Knight, Trans.). University of California Press. (Original work published 1960)

Radbruch, G. (2006). Statutory lawlessness and supra-statutory law (B. Litschewski Paulson & S. L. Paulson, Trans.). Oxford Journal of Legal Studies, 26(1), 1-11. (Original work published 1946).

Dworkin, Ronald. Law's Empire. Cambridge, MA: Harvard University Press, 1986.

Raz, J. (1979). The Authority of Law: Essays on Law and Morality. Clarendon Press.

제7장 이론과 현실의 충돌 - 판례와 현대적 쟁점

1. 자연법론적 헌법해석과 비교법적 검토: 독일 항공보안법 판결의 분석

1) 독일 헌법체계에서의 인간 존엄성: 객체화 금지 원칙의 확립

독일 연방헌법재판소의 2006년 항공보안법 판결은 현대 헌법학에서 자연법론적 접근법이 어떻게 실정법적으로 구현될 수 있는지를 보여주는 대표적인 사례가 된다. 이 판결의 핵심은 인간 존엄성을 절대적이고 형량 불가능한 헌법 원리로 확립한 데 있다. 독일 기본법 제1조 제1항의 "인간의 존엄은 불가침이다"라는 선언은 단순한 선언적 규정이 아니라 구체적으로 적용 가능한 주관적 기본권으로 해석되어 왔다.

연방헌법재판소는 1977년 종신형 사건 이래 인간 존엄성의 핵심을 "객체화 금지 원칙"으로 정의한다. 이는 개인이 국가나 타인의 목적을 위한 단순한 수단으로 취급되는 것을 범주적으로 금지하는 원리이다. 항공보안법 사건에서 재판소는 이 원칙을 테러 대응이라는 극한 상황에서도 예외 없이 적용한다. 무고한 승객들을 다른 생명을 구하기 위한 수단으로 이용하는 것은 그들의 주체성을 근본적으로 부정하는 것이며, 아무리 더 많은 생명을 구할 수 있다 하더라도 정당화될 수 없다는 것이다. 이러한 접근법의 사상적 기원은 칸트의 실천철학, 특히 정언명령의 "인격성의 공식"에서 찾을 수 있다. 칸트에 따르면 인간성은 그 자체로 목적이며, 결코 외적 목적을 위한 수단으로 사용될 수 없다. 독일 재판소는 이러한 칸트적 윤리를 헌법 해석의 근본 원리로 수용하여, 공리주의적 계산을 원칙적으로 배제하는 헌법 질서를 구축한다. 재판소가 "생명에 대한 무게 평가"를 명시적으로 거부한 것은 이러한 의무론적 윤리의 직접적 적용이라 할 수 있다.

2) 비교헌법학적 관점에서 본 대안적 접근법들

독일의 이러한 절대주의적 접근법은 다른 자유민주주의 헌법 체계들이 채택한 방식과 현저한 대조를 이룬다. 영미법계에서는 일반적으로 권리들 간의 충돌이나 권리와 공익 간의 갈등 상황에서 비례성 원칙이나 이익 형량을 통한 해결을 선호한다. 미국 연방대법원의 단계적 심사 기준은 이러한 접근법의 전형적 사례인데, 엄격 심사 기준에서도 "필수적 정부 이익"과 "좁게 재단된 수단"이라는 요건이 충족되면 기본권 제한이 허용되며, 이는 권리를 절대적이 아닌 상대적 개념으로 이해하는 관점을 반영한다.

캐나다의 권리자유헌장은 제1조에서 "자유롭고 민주적인 사회에서 명백히 정당화될 수 있는" 권리 제한을 명시적으로 허용한다. R. v. Oakes 판결에서 확립된 4단계 심사기준은 목적의 중요성, 합리적 연관성, 최소 침해, 비례적 효과를 종합적으로 고려하여 권리 제한의 정당성을 판단하며, 이는 권리 보호와 공익 실현 사이의 균형을 추구하는 실용주의적 접근법이라 할 수 있다. 영국은 의회 주권 원칙 하에서 Human Rights Act 1998을 통해 유럽인권협약상의 권리들을 국내법화했지만, 법원이 의회 제정법을 무효화할 수는 없도록 하고 있다. 영국 법원들은 R (Daly) v Secretary of State for the Home Department 이래 비례성 원칙을 적용하여 경쟁하는 이익들을 형량하지만, 최종적으로는 민주적 의사결정을 존중하는 체계를 유지한다. 유럽인권재판소(ECtHR) 역시 Pretty v. United Kingdom 이래 인간 존엄성을 협약 해석의 핵심 원리로 활용하면서도, 이를 독일식의 절대적 금지가 아닌 "핵심 영역(core area)" 보호의 개념으로 발전시켜왔으며, 이는 인권의 본질적 내용을 보호하되 상황적 유연성을 허용하는 제3의 길을 제시한다고 평가할 수 있다.

3) 민주적 정당성과 사법적 권위의 긴장관계

독일 항공보안법 판결이 제기하는 가장 근본적인 문제 중 하나는 민주적 정당성과 사법적 권위 사이의 긴장관계이다. 바이켈이 제기한 "반다수주의적 난제"는 독일의 경우 특히 첨예한 형태로 나타난다. 선출되지 않은 법관들이 절대적 가치 판단에 기반하여 민주적으로 제정된 법률을 무효화하는 것이 과연 민주주의 원리와 양립할 수 있는가 하는 문제이다. 항공보안법 사건에서 연방헌법재판소는 연방 의회의 입법 결정, 연방 정부의 정책 판단, 전문적 안보 기관의 위험 평가 등 민주적 정당성을 갖는 일련의 결정들을 철학적 원리에 기반하여 전면 부정한다. 특히 테러 대응과 같은 긴급한 안보 영역에서는 전문적 판단과 신속한 의사 결정이 요구되며, 추상적 원리보다는 구체적 상황에 대한 정확한 평가가 더 중요할 수 있으므로 이러한 사법적 개입의 정당성에 대한 의문이 제기될 수 있다.

그러나 이러한 비판에 대해 독일 헌법학계는 나름의 반박 논리를 제시한다. 기본권은 본질적으로 민주적 다수결로도 침해할 수 없는 "반다수주의적" 성격을 갖는다는 것이다. 특히 독일의 역사적 경험은 민주적 절차만으로는 인권 보호가 충분하지 않음을 보여준다. 나치 체제는 합법적이고 민주적인 절차를 통해 집권했지만 인간 존엄성에 대한 전례 없는 침해를 자행한다. 따라서 일정한 핵심 가치들은 민주적 의사 결정의 영역에서 제외되어야 한다고 주장한다. 또한 헌법재판소 자체도 간접적이나마 민주적 정당성을 갖는다고 볼 수 있다. 기본법 제정 과정에서 국민들은 인간 존엄성을 최고 원리로 하는 헌법 질서에 동의했으며, 헌법재판소는 이러한 국민의 결단을 수호하는 기관이라는 것이다. 나아가 헌법재판관들은 연방대통령이 지명하고 연방의회와 연방상원이 선출하는 절차를 거치므로, 완전히 민주적 정당성과 무관하다고 볼 수는 없다.

4) 이론적 한계와 실용적 문제점들

독일의 절대주의적 접근법은 이론적 일관성에도 불구하고 여러 한계와 문제점을 노정한다. 가장 근본적인 문제는 인간 존엄성 개념 자체의 불명확성과 해석의 자의성이다. 무엇이 "도구화"에 해당하는지, 어떤 상황에서 인간의 "주체성"이 부정되는지에 대한 명확하고 일관된 기준이 부재하다. 독일에서도 의무적 예방접종, 세금 징수를 위한 강제 집행, 교도소 내 질서 유지 등에서는 개인의 의사에 반하는 국가 조치가 허용되는데, 이것이 인간 존엄성과 어떻게 양립하는지에 대한 설득력 있는 설명은 여전히 부족하다.

또한 절대주의적 접근법은 복잡한 현실에서 적용할 때 심각한 어려움에 직면한다. 현대 사회의 다양한 영역에서 "생명에 대한 계산"은 불가피하다. 의료 자원의 제한적 상황에서의 트리아지 결정, 자율주행차의 알고리즘 설계, 백신 배급의 우선순위 결정 등에서는 명시적이든 암묵적이든 생명에 대한 가치 판단이 개입될 수밖에 없다. 코로나19 팬데믹 상황에서 독일 정부가 시행한 광범위한 봉쇄 조치들도 경제적 자유를 제한하여 간접적으로 생명에 영향을 미치는 조치들이었는데, 이것이 인간 존엄성의 절대적 지위와 어떻게 양립하는지에 대한 명확한 해명이 이루어지지 않았다.

문화적 상대성의 문제도 간과할 수 없다. 독일의 인간 존엄성 개념은 기독교 문명과 칸트 철학이라는 특정한 문화적 배경에서 형성된 것이다. 이를 보편적 원리로 확장할 수 있는지, 다른 문화적 전통을 가진 사회에서도 동일하게 적용될 수 있는지에 대한 의문이 제기된다.

집단주의적 전통이 강한 동아시아 사회나 종교적 가치가 우선시되는 이슬람 사회에서는 개인의 절대적 자율성보다는 공동체의 조화나 신에 대한 복종이 더 중시될 수 있기 때문이다.

5) 결론: 원칙과 현실 사이의 지속적 과제

독일 항공보안법 판결은 자연법론적 헌법해석의 가능성과 한계를 동시에 보여주는 중요한 사례다. 인간 존엄성이라는 보편적 가치를 헌법적 원칙으로 확립하고 이를 위기 상황에서도 견지한 의의는 크다. 9/11 이후 많은 서구 민주주의 국가들이 안보를 명목으로 인권을 제약하는 조치들을 도입했으나, 독일은 이러한 흐름에 대한 강력한 헌법적 제동 장치를 보여줬다. 또한 이 판결은 생명윤리, 고문 금지, 인간배아 보호 등 다양한 영역에서 중요한 준거점을 제공했으며, 국제적으로도 상당한 영향을 미쳤다.

그러나 절대주의적 접근법의 경직성, 민주적 정당성과의 긴장, 개념의 불명확성, 실용적 적용의 어려움 등은 여전히 해결되지 않은 과제로 남아있다. 특히 현대 사회의 복잡성과 다원성을 고려할 때 하나의 절대적 원리만으로 모든 헌법적 갈등을 해결하기는 어려워 보인다. 중요한 것은 인간 존엄성이라는 핵심적 가치를 보호하면서도 이를 현실의 복잡성과 조화시킬 수 있는 보다 정교한 이론적 틀과 제도적 장치를 발전시키는 것이다.

궁극적으로 이 판결의 진정한 의의는 완벽한 해답을 제시한 것이 아니라 현대 입헌민주주의가 직면한 근본적 딜레마들에 대한 진지한 성찰을 촉발한 것에 있다. 인간 존엄성의 보호와 민주적 거버넌스, 보편적 가치와 문화적 맥락, 원칙적 일관성과 실용적 유연성 사이의 균형점을 찾는 것은 여전히 현재진행형의 과제이며, 각국의 헌법체계는 고유한 역사적 경험과 문화적 맥락에 따라 나름의 해법을 모색해 나가야 할 것이다.

2. 자연법론과 법실증주의의 근본적 대립점: 법의 본질을 둘러싼 철학적 갈등

1) 논쟁의 본질과 이론적 쟁점

자연법론과 법실증주의 사이의 논쟁은 표면적으로 “법과 도덕의 관계”에 관한 것처럼 보이지만, 실제로는 법의 존재론, 법적 판단의 인식론 그리고 재판·행정·입법 과정의 실천적 논리를 어떻게 이해할 것인가에 관한 포괄적 이론적 대립이다. 자연법론은 "법다움"의 본질을 도덕적 정당성의 기준에서 찾으며, 법실증주의는 "법됨"의 기준을 사회적·제도적 사실의 확인에서 찾는다. 전자는 "무엇이 법이어야 하는가"의 규범적 물음이 "무엇이 법인가"의 개념적 규정을 부분적으로 구성한다고 주장하고, 후자는 이 두 차원을 분석적으로 구획함으로써 기술과 평가의 영역을 구분하려 한다. 이러한 구획이 단순한 형식논리에 그치지 않으려면 각 이론적 전통이 제시하는 판별 기준의 내용과 작동 방식을 정밀하게 분석해야 한다. 이 지점에서 두 이론은 근본적으로 대립하면서도 특정한 문제 영역에서는 부분적 수렴 가능성을 드러내기도 한다.

이들 간의 이론적 긴장은 법철학사를 관통하는 지속적 논쟁의 핵심을 이루며, 단순히 추상적 철학적 사변에 머무르지 않고 실제 법적 실무와 제도 설계에 직접적 영향을 미친다. 현대 헌법 국가들의 권리 보장 체계, 사법심사제도, 시민불복종에 대한 법적 대응, 국제인권법의 국내적 수용 등은 모두 이러한 이론적 대립의 실천적 발현으로 이해될 수 있다. 특히 20세기 후반 이후 인권 헌법주의의 확산과 함께 이 논쟁은 새로운 차원의 복잡성을 획득했으며, 전통적인 이분법적 대립을 넘어서는 보다 정교한 이론적 종합이 요구되고 있다. 법학교육과 법조 실무에서도 이러한 철학적 기초에 대한 이해는 법적 추론의 질과 정당성을 결정하는 중요한 요소로 인식되고 있다. 따라서 이 논쟁을 단순한 학파적 대립으로 치부하기보다는 법학의 방법론적 토대와 정체성을 둘러싼 근본적 성찰로 접근하는 것이 적절하다.

2) 법과 도덕의 개념적 연결성: 존재론적 의존성의 문제

자연법론 내부에서도 법과 도덕의 관계에 대한 입장은 강한 자연법론과 약한 자연법론으로 구분되며, 각각 서로 다른 이론적 전략을 취한다. 강한 자연법론은 심각한 부정의가 규범의 법적 지위 자체를 무효화한다고 주장하는 "악법무법론(*lex iniusta non est lex*)" 테제를 채택하며, 이는 법의 존재론적 조건으로서 최소한의 도덕적 정당성을 요구하는 입장이다. 약한 자연법론은 부정의한 규범이 형식적으로는 법으로 존재할 수 있으나 시민들에게 진정한 복종의무를 부과하지 못한다고 보는 보다 완화된 입장을 취한다.

법실증주의는 이와 대조적으로 법의 정체성 확정을 도덕적 평가와 개념적으로 분리하며, 도덕적 평가는 법의 식별 이후에 수행되는 사후적 정당화의 문제로 위치시킨다. 여기서 중요한 것은 실증주의가 도덕의 관련성 자체를 부정하는 것이 아니라 법의 식별 기준이 도덕적 판단에 의존해서는 안 된다는 방법론적 원칙을 강조한다는 점이다.

이러한 대립의 실질적 함의는 "도덕이 법의 존재를 구성하는가"라는 존재론적 차원을 넘어 "도덕이 법적 이유와 효력의 범위를 어떻게 변형시키는가"라는 보다 구체적이고 실무적인 문제로 발전한다. 예를 들어, 나치 체제 하에서 제정된 인종법들의 법적 지위를 둘러싼 전후 독일의 논쟁은 이 문제의 실천적 중요성을 보여주는 대표적 사례이다. 자연법론적 접근은 그러한 법률들이 인간의 기본적 존엄성을 심각하게 침해하므로 처음부터 진정한 법이 아니었다고 주장하는 반면, 실증주의적 접근은 그것들이 당시의 법적 절차를 통해 제정된 유효한 법이었으나 도덕적으로 극도로 부당한 법이었다고 평가한다. 이러한 분석적 차이는 단순한 철학적 관념의 차이가 아니라 법적 연속성, 소급처벌 금지 원칙, 과거사 정리의 방향 등에 관한 실질적 판단에 직접적 영향을 미친다. 현대 국제형사법과 과도기 정의(transitional justice) 담론에서도 이러한 이론적 긴장은 지속적으로 나타나고 있으며, 각 접근법은 나름의 규범적 장점과 한계를 동시에 드러내고 있다.

3) 효력과 권위의 근거: 정당성의 원천에 관한 경합

법적 권위와 효력의 근거를 둘러싼 자연법론과 실증주의의 대립은 정치철학의 정당성 이론과 밀접하게 연결되어 있다. 자연법론은 법의 진정한 구속력이 인간 존엄, 생명, 평등, 공정성과 같은 객관적이고 보편적인 도덕적 기준에의 부합에서 발생한다고 주장하며, 이러한 기준을 벗어나는 권위적 결정이나 명령은 형식적 절차를 갖추었더라도 진정한 권위를 상실한다고 본다. 법실증주의는 반대로 법적 유효성의 근거를 사회적 승인과 제도적 관행에서 찾으며, 도덕적 정당성과 법적 효력을 분석적으로 구분한다. 하트의 규칙 이론에서 공직자 공동체의 내부 관점에 체화된 인정규칙이 법체계의 통합성과 유효성을 지탱한다는 분석이나, 켈젠의 순수법학에서 위계적 규범질서의 논리적 통일을 보장하는 근본규범의 가정이 이러한 실증주의적 접근을 대표한다. 이 대립의 핵심은 "권위가 도덕을 전제해야 하는가"와 "권위가 도덕을 대체할 수 있는가" 사이의 단순한 선택이 아니라, 권위가 제공하는 전제적 이유(preemptive reasons)가 언제 정당한 것으로 인정될 수 있는지에 대한 평가 기준과 절차를 어떻게 설정할 것인가의 문제이다.

라즈(Joseph Raz)의 권위 이론은 이러한 문제에 대한 정교한 실증주의적 접근을 제시한다. 그의 "서비스 개념(service conception)"에 따르면 권위는 권위에 복종하는 것이 개인이 스스로 도덕적 계산을 수행하는 것보다 더 나은 행동 지침을 제공할 때 정당화된다. 이는 권위의 정당성을 도덕과 완전히 분리하는 것이 아니라 권위가 도덕적 목표를 더 효과적으로 달성하는 수단으로 기능할 때 그 권위를 인정한다는 조건부 정당화 이론이다. 자연법론자들은 이러한 도구적 접근이 권위의 내재적 한계를 적절히 설명하지 못한다고 비판하며, 특히 권위가 제공하는 이유가 근본적으로 부당한 목표를 향해 있을 때의 복종 문제를 해결할 수 없다고 지적한다. 핀니스(John Finnis)와 같은 현대 자연법론자들은 실천이성의 기본적 선(basic goods)이 권위의 정당성을 판단하는 궁극적 기준이 되어야 한다고 주장하면서, 권위와 도덕의 관계를 단순한 도구적 관계를 넘어서는 구성적 관계로 이해할 것을 제안한다. 이러한 논쟁은 현대 민주주의 이론과 헌법 이론에서 다수결 원칙의 한계, 사법심사의 정당성, 국제법의 구속력 등과 관련하여 지속적으로 제기되는 실천적 문제들과 직접 연결되어 있다.

4) 법의 식별과 내용 결정: 출처성과 도덕성의 경합

법의 식별과 내용 결정을 둘러싼 논쟁은 특히 "어려운 사건(hard cases)"에서 법관이 어떤 추론 과정을 거쳐 판단에 도달해야 하는가의 문제와 밀접히 연관되어 있다. 자연법론적 접근은 법의 내용이 단순히 명문화된 규칙의 기계적 적용으로 결정되는 것이 아니라 해당 법체계의 근본 원리와 도덕적 일관성에 대한 해석적 구성을 통해 확정된다고 본다. 드워킨(Ronald Dworkin)의 "법의 제국(Law's Empire)" 이론은 이러한 접근의 대표적 사례로 법관이 과거의 법적 결정들을 가장 잘 정당화하는 "건설적 해석(constructive interpretation)"을 통해 공동체의 정치적 도덕성을 구현해야 한다고 주장한다. 이와 대조적으로 법실증주의는 법원(法源)의 출처성(sources)을 법적 추론의 출발점으로 설정하며, 법의 존재와 내용이 우선적으로 사회적 출처를 통해 결정되어야 한다고 강조한다. 배타적 실증주의는 법의 식별이 오직 사회적 출처에 의해서만 가능하다고 주장하는 반면, 포용적 실증주의는 헌법이나 판례가 도덕적 기준을 명시적으로 법적 판단의 기준으로 채택할 수 있음을 인정하되, 그러한 도덕적 기준도 여전히 제도적 사실을 통해 법적 지위를 획득한다고 분석한다.

이러한 이론적 차이는 사법 기관의 역할과 한계에 대한 서로 다른 이해로 이어진다. 자연법론적 관점에서 법관은 단순한 "법의 입"이 아니라 공동체의 근본 가치를 해석하고 구현하는 능동적 역할을 수행해야 하며, 이 과정에서 도덕철학적 추론과 정치철학적 판단이 필수적 요소가 된다. 실증주의적 관점에서는 법관의 재량이 법체계 자체에 내재한 불확정성(indeterminacy)에 의해 불가피하게 발생하는 것으로 이해되지만, 그러한 재량의 행사는 명확한 출처 기반의 제약 하에서 이루어져야 한다고 본다. 하트의 "개방 텍스트성(open texture)" 개념이나 라즈의 "법적 공백(legal gaps)" 이론은 이러한 실증주의적 접근을 대표한다. 현실의 사법 실무에서는 이 두 접근법이 완전히 배타적이지 않으며, 많은 경우 법관들이 명시적 법원의 해석에서 시작하여 점진적으로 원리적·정책적 고려사항을 포함시키는 단계적 추론 과정을 거친다. 이는 양 이론 전통이 실무적 차원에서 상호 보완적 기능을 수행할 가능성을 시사한다.

5) 시민불복종과 저항: 법적 의무와 도덕적 의무의 관계

시민불복종과 저항권에 대한 자연법론과 실증주의의 접근 방식은 법적 의무와 도덕적 의무의 관계에 대한 각각의 이론적 전제를 명확히 드러낸다. 자연법론은 법적 권위가 도덕적 정당성에 의존하므로, 특정한 부정의의 문턱을 넘는 법률이나 정책에 대해서는 불복종이 도덕적 의무가 될 수 있음을 인정한다. 이때 정당한 불복종의 조건은 목표의 공공성, 수단의 비폭력성, 공개성, 합리적 인내와 같은 요소들로 구성되며, 이는 소로(Thoreau)의 개인주의적 저항론에서 롤즈(Rawls)의 공적 이성 기반 시민불복종론에 이르는 다양한 이론적 변주를 거쳐 발전되었다. 법실증주의는 법적 의무와 도덕적 의무를 분석적으로 구별하면서 유효한 법에 대한 위반이 초래할 법적 결과를 명확히 고지하고, 그에 대한 최종적 판단을 개인의 도덕적 숙고에 위임한다. 이러한 분리적 접근의 효과는 이중적인데 한편으로는 법적 안정성과 예측가능성을 확보하지만, 다른 한편으로는 시민이

"책임 있는 위반(conscientious violation)"을 통해 부당한 법제의 개선을 촉발할 수 있는 공간을 보장한다. 자연법론의 문턱 논증은 주관적 해석에 의한 남용의 위험을 내포하고 있으며, 실증주의의 분리 논증은 도덕적 무기력이나 맹목적 복종을 조장할 위험이 있으므로, 두 입장은 서로의 극단적 경향을 견제하는 상보적 긴장 관계를 형성한다.

역사적으로 시민불복종의 주요 사례들 - 간디의 염세법 위반, 미국 남부의 인종분리법에 대한 저항, 베트남 전쟁 반대 운동 등 - 은 이러한 이론적 긴장의 구체적 발현을 보여준다. 킹(Martin Luther King Jr.)의 "버밍햄 감옥으로부터의 편지"는 자연법적 저항론의 대표적 표현으로 부정의한 법률에 대한 불복종이 더 높은 법칙에 대한 복종이라는 논리를 제시했다. 반면 법실증주의적 관점에서는 그러한 불복종 행위의 도덕적 숭고함을 인정하면서도, 그것이 법적 처벌의 정당성을 부정하지는 않는다고 본다. 현대 민주주의 체제에서는 이러한 긴장이 헌법적 권리 보장, 양심적 병역거부, 시민적 저항의 제도화 등을 통해 부분적으로 해소되고 있지만, 여전히 새로운 형태의 도덕적 갈등 - 환경 보호, 생명윤리, 이민 정책 등 - 에서 유사한 쟁점들이 반복적으로 제기되고 있다. 이는 법과 도덕의 관계에 대한 근본적 성찰이 단순히 추상적 철학적 논의가 아니라 지속적인 실천적 과제임을 보여준다.

6) 방법론과 학문 정체성: 실천이성과 분석이성의 대립

법학의 방법론적 정체성을 둘러싼 자연법론과 실증주의의 입장 차이는 법학이 본질적으로 어떤 성격의 학문이어야 하는가에 대한 근본적 관점의 차이를 반영한다. 자연법론은 법학을 본질적으로 실천이성(practical reason)의 영역으로 이해하며, 법률가의 핵심적 작업이 단순한 기술적 적용을 넘어선 가치 지향적 판단임을 강조한다. 이러한 관점에서 법적 추론은 공동선과 인권의 실현이라는 규범적 지향을 항상 염두에 둔 해석적 활동이며, 법학 교육과 연구도 이러한 규범적 차원을 핵심적 요소로 포함해야 한다. 법실증주의는 이와 달리 기술과 분석의 과업을 우선적으로 설정하여, 법이 실제로 어떻게 존재하고 작동하는지에 대한 명확하고 객관적인 설명을 법학의 1차적 과제로 본다. 이러한 구분은 규범적 평가와 사실적 기술을 영구적으로 분리하려는 것이 아니라 설명과 정당화의 논리적 순서를 올바르게 설정하여 법학적 논증의 명료성과 엄밀성을 확보하려는 방법론적 요구이다. 실제 법조 실무에서도 훌륭한 판결문은 일반적으로 관련 법원과 규칙을 명확히 확인하는 단계를 거친 후 원리와 이유를 통해 결론의 정당성을 뒷받침하는 단계적 구조를 보인다.

이러한 방법론적 차이는 법학 교육과 법조 양성 과정에도 직접적 영향을 미친다. 자연법론적 접근을 강조하는 교육 과정은 법철학, 정치철학, 도덕철학 등의 이론적 토대를 중시하며, 학생들로 하여금 법적 문제를 더 큰 규범적 맥락에서 사고하도록 훈련한다. 실증주의적 접근을 중시하는 교육 과정은 법체계의 구조적 분석, 판례 연구의 방법론, 법적 추론의 논리적 엄밀성 등에 더 큰 비중을 둔다. 그러나 현실적으로는 대부분의 로스쿨이 이 두 접근법을 적절히 결합하려 시도하며, 특히 영미법계에서는 판례 분석을 통한 귀납적 추론과 원리적 사고를 통한 연역적 추론이 복합적으로 활용된다. 법학 연구 영역에서도 순수한 기술적인 분석과 순수한 규범적인 평가는 매우 드물며, 대부분의 연구가 양자를 다양한 비율로 결합한 형태를 취한다. 이는 법학의 방법론적 정체성이 단일한 모델로 환원될 수 없는 복합적 성격을 지님을 시사하며, 각 접근법의 고유한 장점을 상황에 따라 적절히 활용하는 방법론적 다원주의의 필요성을 제기한다.

7) 보편성과 상대성: 문화적 다원주의와 규범적 최소주의

법의 보편성과 문화적 상대성을 둘러싼 자연법론과 실증주의의 입장 차이는 국제법, 비교법, 법문화론 등의 영역에서 중요한 함의를 갖는다. 자연법론은 인간의 공통된 본성이나 이성의 보편적 구조에 기반한 최소한의 규범적 기준 - 인간을 단순한 수단으로 취급하지 않을 것, 체계적 폭력과 차별을 금지할 것, 절차적 공정성을 보장할 것 등 - 이 존재하며, 이러한 기준을 충족하지 못하는 사회적 질서는 진정한 법질서로 인정될 수 없다고 주장한다. 법실증주의는 각 사회의 법제가 그 사회의 특수한 역사적 경험과 문화적 관행을 반영한다는 점을 강조하며, 보편적 규범의 존재를 인정하더라도 그것이 법의 개념적 본질이라기보다는 특정한 사회적·경제적·정치적 조건 하에서 나타나는 경험적 수렴 현상으로 이해하는 경향이 있다. 하트가 『법의 개념』에서 제시한 “자연법의 최소 내용(minimum content of natural law)” 이론은 이러한 실증주의적 접근의 대표적 사례로 인간의 보편적 조건 - 취약성, 대략적 평등, 제한된 이타주의, 제한된 자원, 제한된 의지력 - 으로부터 모든 실행 가능한 법체계가 공유할 수밖에 없는 최소한의 내용을 도출하되, 이를 법의 개념적 정의가 아닌 생존을 위한 실용적 필요조건으로 제시한다. 양 진영 간의 가능한 수렴점은 "두터운 보편주의"가 아닌 "문턱적 보편성"에서 찾을 수 있는데, 이는 문화적 차이와 제도적 다양성을 인정하면서도 인간 공동체가 넘어서는 안 되는 최소한의 금지선이 존재한다는 입장이다.

현대 국제인권법과 국제형사법의 발전은 이러한 이론적 긴장의 구체적 발현을 보여주는 흥미로운 사례이다. 유엔 세계인권선언이나 국제형사재판소 규정과 같은 국제적 법 문서들은 표면적으로는 자연법론적 보편주의의 승리처럼 보이지만, 실제로는 국가들의 합의와 조약 체결이라는 실증주의적 절차를 통해 법적 효력을 획득한다. 문화상대주의적 비판에 대응하여 "아시아적 가치" 논쟁이나 이슬람법과 서구적 인권 개념 간의 갈등 등이 제기되지만, 동시에 각 법문화 내에서도 보편적 인권 규범을 수용하고 재해석하려는 시도가 지속되고 있다. 이러한 현상은 보편성과 상대성이 단순한 이분법적 대립이 아니라 역동적 상호작용의 과정임을 시사한다. 실증주의적 관점에서는 이러한 국제적 규범의 확산을 법적 수렴(legal convergence) 현상으로 분석하며, 자연법론적 관점에서는 인간 이성의 보편적 내용이 점진적으로 제도화되는 과정으로 해석한다. 두 접근법 모두 현대 세계화 시대의 복합적 법현상을 설명하는 데 나름의 통찰을 제공하지만, 어느 하나만으로는 그 전체적 복잡성을 완전히 포착하기 어렵다.

8) 이론적 종합과 상보적 관계의 가능성

자연법론과 법실증주의의 대립을 정리해보면, 두 이론 전통은 근본적으로 "문턱의 위치와 성격"을 서로 다르게 설정한다고 할 수 있다. 자연법론은 도덕적 정당성의 문턱을 전면에 내세워 법적 형식의 남용과 권위주의적 왜곡을 방지하려 하며, 법실증주의는 사회적 출처의 문턱을 강조하여 무제한적 도덕 논쟁이 법적 안정성을 해치는 것을 제도적으로 관리하려 한다. 현대 헌법 국가의 실제 운영은 종종 이 두 접근법을 연속선상에서 결합하는 모습을 보인다. 헌법 문서가 인권, 평등, 비례성, 절차적 정의와 같은 도덕적 개념을 법적 기준으로 명시적으로 채택하고, 이것이 법체계의 인정규칙 안으로 제도화되면, 도덕적 고려 사항은 더 이상 법 외부의 비판적 잣대가 아니라 법 내부의 판단 기준으로 기능하게 된다.

그럼에도 불구하고 이러한 도덕적 기준들이 법적 지위를 획득하는 경로는 여전히 헌법 제정, 개정, 해석이라는 제도적 절차를 거쳐야 하므로, 법실증주의의 출처성 원칙이 완전히 폐기되는 것은 아니다. 이러한 구조에서 사법부는 무제한적 도덕적 재량이 아닌 "제도화된 도덕 기준"에 따른 추론을 수행하게 되며, 이는 양 이론 전통의 우려를 동시에 고려한 절충적 해결책으로 이해될 수 있다.

이러한 이론적 수렴의 가능성에도 불구하고 자연법론과 실증주의 사이의 근본적 철학적 차이가 완전히 해소되는 것은 아니며, 각 접근법은 여전히 고유한 방법론적 장점과 한계를 지닌다. 자연법론적 접근의 장점은 법을 더 큰 도덕적·정치적 맥락에서 이해할 수 있게 하고, 권위주의적 법 남용에 대한 비판적 기준을 제공한다는 데 있다. 그러나 도덕적 기준의 객관성과 보편성에 대한 합리적 의심 그리고 주관적 해석에 의한 자의적 판단의 위험성이라는 한계도 동시에 존재한다. 실증주의적 접근의 장점은 법적 안정성과 예측가능성을 확보하고, 다원주의 사회에서 법학이 특정 도덕적 비전에 종속되지 않는 중립적 분석 도구로 기능할 수 있게 한다는 점이다. 하지만 형식적 합법성에 매몰되어 법의 실질적 정당성 문제를 간과할 위험성과 급변하는 사회에서 새로운 가치적 요구에 적절히 대응하지 못할 경직성의 문제도 제기된다. 따라서 현실적으로는 두 접근법의 상호 견제와 보완을 통해 각각의 극단적 경향을 완화하고, 상황에 따라 적절한 이론적 자원을 선택적으로 활용하는 방법론적 실용주의도 고려해볼 만하다.

3. 국가 안보와 자유의 긴장: Belmarsh 구금 사건[12)]

1) 사건의 배경과 법적 쟁점

2001년 9월 11일 테러 공격 이후, 영국 의회는 「2001년 반테러·범죄·보안법」(Anti-terrorism, Crime and Security Act 2001, ATCSA)을 제정했다. 이 법률의 Part 4는 테러 활동 연루가 의심되지만 추방이 불가능한 외국인에 대해 내무장관이 인증하고 무기한 구금할 수 있는 권한을 부여했다(제21조, 제23조). 정부는 이러한 조치가 유럽인권협약(ECHR) 제5조(신체의 자유)와 충돌할 수 있음을 인정하고, ECHR 제15조에 근거하여 일시적 일탈(derogation)을 선언했다. 「1998년 인권법」(Human Rights Act

12) A and Others v Secretary of State for the Home Department [2004] UKHL 56

1998, HRA)은 영국의 독특한 권리보장 메커니즘을 제공한다. 핵심적으로 HRA 제4조는 법원이 1차 입법이 협약권과 양립하지 않다고 판단할 경우 '불합치 선언'(declaration of incompatibility)을 할 수 있지만, 해당 법률의 효력은 유지된다고 규정한다. 이는 의회주권 원칙과 인권보호의 요청 간 절충을 추구하는 설계다.

본 사건에서 벨마시 교도소에 구금된 9명의 외국인들이 구금의 적법성을 다투며 제기한 주요 쟁점은 다음과 같다. 첫째, 영국이 주장한 '공공비상사태'가 ECHR 제15조의 "국가의 생존을 위협하는" 수준에 해당하는가. 둘째, 외국인만을 대상으로 한 무기한 구금이 "상황의 엄정성이 엄격히 요구하는 범위"를 넘어서는가. 셋째, 이러한 조치가 ECHR 제14조의 차별금지 원칙에 위반되는가. 넷째, HRA 체계 하에서 법원이 취할 수 있는 적절한 구제 수단은 무엇인가.

법원은 비례성 심사를 통해 목적의 정당성(테러 방지), 수단의 적합성(구금의 효과성), 필요성(대안 수단의 존재), 상당성(이익형량) 그리고 차별성(외국인 대상 한정의 정당성)을 각각 검토했다. 특히 영국 국민도 동일한 테러 위협을 야기할 수 있음에도 불구하고 외국인만을 구금 대상으로 하는 것이 합리적으로 정당화될 수 있는지가 핵심 쟁점이었다.

2) 판결의 내용과 법적 추론

상원(House of Lords)[13]은 2004년 12월 16일 8:1의 압도적 다수로 정부에 불리한 판결을 내렸다. 법원은 첫째, 정부의 일탈명령(derogation order)을 취소(quash)하고, 둘째, ATCSA 제23조가 ECHR 제5조와 양립하지 않음을 선언했다(HRA 제4조 불합치 선언). 다수의견을 주도한 Lord Bingham은 공공비상사태의 존재 자체는 인정하면서도 해당 조치가 비례성 원칙을 위반했다고 판단했다. 핵심 논거는 두 가지였다. 첫째, 무기한 구금은 ECHR 제15조가 요구하는 "엄격히 요구되는 범위"를 넘어서는 과도한 조치라는 점이다.

13) 2009년 7월 30일까지 영국에서는 상원(House of Lords) 내 상소위원회(Appellate Committee of the House of Lords)가 사실상 영국의 최종(최고) 상소심 법원으로 기능했고, 이 위원회에서 Lords of Appeal in Ordinary(통칭 'Law Lords')가 최종 판단을 내렸다. 이러한 구조는 예컨대 테러방지법 관련 무기한 구금 조치의 적법성을 다툰 A and others v Secretary of State for the Home Department [2004] UKHL 56(일명 'Belmarsh' 사건)이 상원에서 선고된 사실에서도 확인된다. 이후 Constitutional Reform Act 2005는 영국 대법원(Supreme Court of the United Kingdom)을 설치하고 상원의 상소관할을 폐지하도록 규정하였으며, 그 결과 상원의 마지막 심리·판결은 2009년 7월 30일에 종료되고 대법원은 2009년 10월 1일 공식 개원하여 최고 재판소의 역할을 승계하였다.

둘째, 외국인만을 차별적으로 구금하는 것은 객관적 정당화를 결여한다는 점이다. 법원은 테러 위협이 외국인에게만 한정되지 않으며, 영국 국민 중에도 유사한 위험을 야기할 수 있는 자들이 존재함에도 불구하고 이들은 구금되지 않는다는 사실을 중시했다.

Lord Nicholls는 ECHR 제5조(1)(f)의 "추방을 염두에 둔 구금" 예외조항의 한계를 분석했다. 그는 추방이 현실적으로 불가능한 상황에서의 무기한 구금은 이 예외조항의 취지에 부합하지 않는다고 판단했다. Lord Hope는 신체의 자유가 갖는 기본권적 지위를 강조하며, 이러한 권리는 비상사태에서도 최대한 보장되어야 한다고 주장했다. 특히 주목할 만한 것은 Lord Hoffmann의 논증이다. 그는 공공비상사태의 존재 자체에 대해 근본적 의문을 제기하며, "테러리스트들의 진정한 목적은 우리를 테러에 빠뜨리는 것이 아니라 우리의 자유를 파괴하는 것"이라고 지적했다. 그는 법치주의의 후퇴 자체가 테러 위협보다 "국가의 생존"에 더 큰 위험이 될 수 있다는 철학적 논증을 전개했다.

반면 유일한 반대의견을 제시한 Lord Walker는 국가안보 영역에서 행정부의 전문적 판단에 대한 사법부의 존중(judicial deference) 필요성을 강조했다. 그는 테러 위협의 평가와 대응 수단의 선택은 본질적으로 정치적·정책적 판단 영역에 속한다고 보았다.

법원의 추론 과정에서 주목할 점은 도덕적 직관과 법적 형식이 어떻게 결합되었는가이다. 신체의 자유와 평등의 기본적 가치를 강조하면서도, 동시에 ECHR 각 조항의 문언해석, 유럽인권재판소의 선례(특히 Chahal v UK) 그리고 기존 이민법상의 구금 제도와의 정합성을 체계적으로 검토했다. 이는 추상적 권리 담론이 구체적이고 예측가능한 법적 기준으로 전환되는 과정을 보여준다.

3) 제도적 후속조치와 국제적 영향

판결 직후 정부는 ATCSA Part 4의 권한을 포기하고 새로운 대안을 모색했다. 그 결과 「2005년 테러방지법」(Prevention of Terrorism Act 2005)을 통해 '통제명령'(control orders) 제도를 도입했다. 이 제도는 국적에 관계없이 모든 테러 용의자에게 적용되며, 구금 대신 거주지 제한, 통신 제한, 접촉 금지 등의 조건을 부과하는 방식이었다. 또한 고등법원의 정기적 검토를 의무화하여 사법적 통제를 강화했다. 그러나 통제명령 역시 인권적 문제점이 지속적으로 제기되자, 2011년 「테러방지 및 수사조치법」(Terrorism Prevention and Investigation Measures Act 2011)을 통해 'TPIMs' 제도로 전환했다. TPIMs는 최대 2년의 유효 기간을 설정하고, 수사와의 연계성을 요구하며, 조건의 침해 수준을 완화하는 등의 개선을 포함했다. 이러한 입법적 진화는 HRA 제4조의 '불합치 선언'이 입법정책의 재설계를 유도하는 기능을 실증적으로 보여준다.

국제적 차원에서는 동일한 신청인들이 유럽인권재판소에 제소했고, 대재판부는 A and Others v United Kingdom (2009)에서 중요한 판결을 내렸다. 재판소는 제5조(1) 위반(무기한 구금이 "추방을 염두에 둔 구금" 예외에 해당하지 않음), 제5조(4) 위반(충분한 사법심사 미보장), 제14조 위반(정당화되지 않는 차별)을 각각 인정했다. 이는 영국 국내법원의 판단을 유럽 차원에서 재확인한 것으로, 다층적 인권보장 체계의 작동을 보여준다.

본 사건은 9/11 이후 각국의 대테러 정책에도 영향을 미쳤다. 미국의 Hamdi v Rumsfeld (2004), 캐나다의 Charkaoui v Canada (2007) 등 유사한 사건들에서 참조되었으며, UN 인권이사회의 테러방지 특별보고관 활동에도 중요한 준거를 제공했다. 특히 차별금지와 비례성 원칙의 국제적 확산에 기여했다는 평가를 받는다.

4) 이론적 함의와 방법론적 의의

Belmarsh 사건은 현대 헌법학에서 논의되는 자연법-실증주의 논쟁에 대한 하나의 해답을 제시한다. 이 사건에서 법원은 추상적 권리 개념이 구체적 법적 출처(HRA/ECHR)를 통해 투입됨으로써 사법적 정당성과 예측가능성을 동시에 확보할 수 있음을 보여줬다. 즉, 도덕적 기준의 제도적 매개가 권리보장의 핵심이라는 점이다.

비례성 원칙은 이 과정에서 도덕적 판단과 법적 판단을 연결하는 교량 역할을 했다. 법원은 적합성, 필요성, 상당성이라는 비례성의 세부 요소들을 통해 추상적 권리 담론을 구체적 법적 기준으로 전환했다. 특히 "필요성" 심사에서 고려된 대안적 수단들(통제명령, 집중감시, 조건부 석방 등)에 대한 분석은 권리 제한의 최소침해 원칙을 구체화했다. HRA 제4조의 '불합치 선언' 메커니즘은 권위와 이유의 균형이라는 측면에서 특별한 의의를 갖는다. 의회주권이라는 형식적 권위와 인권이라는 실질적 이유 간의 긴장을 완전한 사법적 무효화가 아닌 '대화적' 방식으로 해결한 것이다. 이는 사법부가 '권리의 경고등'을 켜되 최종적인 제도설계는 민주적 정당성을 갖는 입법부가 담당하는 분업 구조를 보여준다. 위기 상황에서의 법치주의에 관해서도 중요한 교훈을 제시했다. 비상사태라는 예외적 상황이 권리 보장의 정상적 메커니즘을 완전히 중단시킬 수는 없으며, 오히려 비례성 원칙은 더욱 엄격하게 적용되어야 한다는 점이다. 특히 차별금지는 비상사태에서도 유지되어야 할 절대적 원칙임을 분명히 했다.

이론적으로는 권리와 공익의 이분법적 대립을 넘어서는 가능성을 제시했다. 비례성 심사를 통해 권리 보장과 공공안전이 제로섬 게임이 아닌 조화로운 균형을 이룰 수 있음을 보여준 것이다. 이는 절대적 권리관과 상대적 권리관 사이의 중간지대를 제공하며, 상황에 따른 차등적 심사밀도의 적용을 가능하게 한다.

5) 한계와 평가

Belmarsh 판결에 대한 비판적 검토도 필요하다. 우선 구제의 실효성 측면에서 HRA 제4조의 '불합치 선언'은 즉각적이고 직접적인 구제를 제공하지 못한다는 한계가 있다. 신청인들은 판결 이후에도 상당 기간 구금이 지속되었으며, 실질적 구제는 후속 입법을 통해서야 이루어졌다.

국가안보 영역에서의 사법심사 한계도 지적된다. 법원이 테러 위협의 평가나 대응 수단의 효과성에 대해 얼마나 깊이 있는 심사를 할 수 있는가에 대한 근본적 의문이 제기된다. 행정부의 전문적 판단에 대한 적절한 존중(deference)의 범위를 설정하는 것은 여전히 어려운 과제다. 후속 제도들의 인권적 문제도 완전히 해결되지 않았다. 통제명령이나 TPIMs 역시 개인의 자유에 대한 상당한 제약을 가하며, 일부는 이를 '구금 없는 구금'이라고 비판한다. 테러 방지라는 목적과 개인의 자유 보장 사이의 근본적 긴장은 여전히 존재한다. 방법론적으로는 비례성 심사의 객관성에 대한 의문도 제기된다. 비례성 판단에서 요구되는 이익형량이나 대안 수단의 평가는 본질적으로 주관적·정치적 요소를 포함할 수밖에 없다. 따라서 비례성이 사법적 객관성을 완전히 보장할 수 있는지에 대해서는 회의적 시각도 존재한다.

그럼에도 불구하고 Belmarsh 사건은 21세기 입헌주의의 진화 방향을 제시했다는 점에서 중요한 의의를 갖는다. 안보와 자유, 다수의 의지와 개인의 권리, 국내법과 국제법, 사법부와 입법부 간의 긴장을 완전히 해결하지는 못했지만, 이러한 긴장을 관리할 수 있는 제도적 틀을 제공했다. 특히 도덕적 직관과 법적 형식, 자연법적 논증과 실증주의적 방법론이 상호 배타적이지 않고 상호보완적으로 작동할 수 있음을 실증적으로 보여줬다. 이는 현대 법학이 추구해야 할 통합적 접근법의 가능성을 시사한다.

현재적 관점에서 볼 때, 팬데믹 상황에서의 이동의 자유 제한, 디지털 감시와 사생활 보호, 기후 변화 대응과 재산권의 조화 등 새로운 도전들에 대해서도 Belmarsh 판결의 논리 - 제도적 매개, 비례성 심사, 차별금지, 다층적 보장 - 는 여전히 유용한 지침을 제공할 수 있다. 무엇보다 위기 상황에서도 법치주의와 인권보장이 포기되어서는 안 되는 가치임을 분명히 했다는 점에서 그 의의가 지속되고 있다.

4. 현대적 전개와 지속되는 쟁점들: 21세기 법이론의 새로운 지평

자연법론과 법실증주의의 전통적 대립은 20세기 후반 이후 새로운 이론적 도전과 종합적 시도들로 인해 훨씬 복잡하고 정교한 양상을 보이고 있다. 이러한 변화의 출발점은 로널드 드워킨의 법이론이었는데, 그는 『법의 제국』(1986)에서 기존의 법실증주의에 대한 근본적이고 체계적인 비판을 제기했다. 드워킨의 이론적 개입은 단순히 하나의 새로운 학설을 제시한 것이 아니라 법철학의 전체 지형을 재편하고 기존의 이분법적 구도를 해체하는 혁명적 전환점이 되었다. 그의 영향으로 현대 법이론은 전통적인 자연법론과 법실증주의의 경계를 넘나드는 다양한 '제3의 길'들을 모색하게 되었으며, 이는 법학 방법론, 사법부의 역할, 법과 정치의 관계 등에 대한 근본적 재성찰을 촉발했다. 동시에 페미니즘 법학, 비판법학, 법경제학, 사회학적 법학 등 다양한 새로운 접근법들이 등장하면서 법이론의 다원화와 전문화가 가속화되었다. 이러한 이론적 풍요로움은 법학의 발전에 기여했지만, 동시에 법이론의 통합적 이해를 더욱 어렵게 만드는 도전이기도 하다.

드워킨의 해석적 법이론과 통합성 테제는 현대 법철학의 가장 중요한 이론적 혁신 중 하나이다. 드워킨의 핵심 주장은 법이 단순한 규칙(rules)뿐만 아니라 원칙(principles)과 정책(policies)으로도 구성되며, 이들 사이의 복잡한 상호작용을 통해 구체적 법적 결론이 도출된다는 것이다. 법원칙들은 하트가 강조한 규칙들과 달리 전부-아니면-전무(all-or-nothing) 방식으로 적용되지 않으며, 대신 상황에 따라 서로 경쟁하고 형량(balancing)되는 특성을 갖는다. 예를 들어 "누구도 자신의 잘못으로 이익을 얻어서는 안 된다"는 원칙은 상속법, 계약법, 불법행위법 등 다양한 영역에서 작동하지만, 항상 다른 원칙들과의 관계 속에서 그 구체적 적용 방식이 결정된다. 이러한 원칙들은 종종 도덕적 내용을 담고 있으며, 따라서 법의 식별과 적용에서 도덕적 추론이 불가피할 뿐만 아니라 필수적이라고 드워킨은 주장했다. 그는 또한 법을 "해석적 개념(interpretive concept)"으로 이해했는데, 이는 법을 이해하는 것이 단순히 사회적 사실을 중립적으로 기술하는 것이 아니라 기존의 법적 실무와 제도를 가장 잘 정당화하는 건설적 해석(constructive interpretation)을 구성하는 창조적 작업이라는 의미이다. 이 과정에서는 적합성(fit)과 정당화(justification)라는 두 차원이 모두 고려되어야 하며, 해석자는 기존의 법적 자료들과 적합하면서도 동시에 그 자료들을 가장 매력적이고 일관된 빛으로 보여주는 해석을 제시해야 한다.

존 피니스(John Finnis)의 신자연법론도 현대 법철학의 중요한 발전을 보여준다. 피니스는 『자연법과 자연권』(1980/2011)에서 전통적인 아퀴나스적 자연법론의 목적론적 전제들을 현대의 철학적 환경에 맞게 재구성하면서 동시에 분석철학의 엄밀한 방법론과 개념 분석을 적극적으로 수용했다. 그의 기본선(basic goods) 이론은 생명, 지식, 놀이, 심미적 경험, 사교, 실천적 합리성, 종교성이라는 일곱 가지 인간 번영의 기본 요소들을 체계적으로 제시하며, 이것들이 모든 합리적 행동과 제도적 선택의 궁극적 기준이 되어야 한다고 주장한다. 피니스는 이러한 기본선들이 자명한(self-evident) 성격을 갖는다고 보는데, 이는 데카르트적 의미의 의심 불가능성이 아니라 실천적 추론에 참여하는 모든 이성적 존재가 전제할 수밖에 없는 기초적 가치들이라는 의미이다. 그는 또한 자연법론이 메타윤리학적 논쟁(실재론 대 반실재론, 인지주의 대 비인지주의 등)에 의존하지 않으면서도 객관적 실천적 원리들을 정초할 수 있다고 주장함으로써 현대 도덕철학의 복잡한 논쟁들을 우회하는 독창적 전략을 제시했다. 피니스의 이론은 특히 생명윤리, 성윤리, 정치철학 영역에서 가톨릭 사회교리와 밀접히 연결되면서 현실적 영향력을 발휘하고 있다.

법실증주의 진영의 정교화와 내적 분화도 주목할 만한 발전이다. 조지프 라즈의 권위 이론(authority theory)은 법의 본질을 권위(authority)의 관점에서 근본적으로 재구성하려는 시도이다. 라즈에 따르면 법은 본질적으로 실천적 권위(practical authority)를 주장하는 규범 체계이며, 이는 법이 사람들의 행동에 대한 내용-독립적(content-independent) 이유가 되려고 한다는 것을 의미한다. 법이 정당한 권위를 갖기 위해서는 "서비스 개념(service conception)"이 충족되어야 하는데, 즉 사람들이 법을 따름으로써 자신들이 독립적으로 해야 할 일을 더 잘 할 수 있어야 한다는 것이다. 이는 전문성, 조정 기능, 공정성 확보 등을 통해 달성될 수 있으며, 법의 정당성은 이러한 기능적 우월성에서 나온다고 라즈는 주장한다. 한편 줄스 콜먼의 포용적 법실증주의(inclusive legal positivism)는 하트의 이론을 발전시켜, 인정규칙이 특정 조건 하에서 도덕적 기준을 포함할 수 있다고 주장했다. 이는 법과 도덕의 완전한 개념적 분리를 주장하는 라즈의 배타적 법실증주의와 구별되는 입장으로, 사회적 사실 테제(social fact thesis)라는 법실증주의의 핵심을 유지하면서도 법과 도덕의 관계에 대해 더 유연하고 현실적인 접근을 허용한다. 매튜 크레이머(Kramer, 2004)는 이를 더욱 발전시켜 현대 헌법국가에서는 인권 조항들이 인정규칙에 체계적으로 통합되어 있으며, 이는 법실증주의와 도덕적 고려의 양립가능성을 보여준다고 주장했다.

법과 경제학, 비판법학, 페미니즘 법학등의 새로운 접근법들은 전통적인 법철학의 범위를 크게 확장시켰다. 리처드 포스너로 대표되는 법경제학은 효율성을 법의 중심 가치로 설정하고, 법규범들을 경제적 합리성의 관점에서 분석하고 평가하려는 시도이다. 이는 결과주의적 접근법으로서 자연법론이나 법실증주의와는 다른 제3의 길을 제시하며, 특히 미국의 판례법 발전에 상당한 영향을 미쳤다. 던컨 케네디와 로베르토 웅거로 대표되는 비판법학 운동(Critical Legal Studies)은 법의 정치적 성격과 이데올로기적 기능을 강조하면서, 법적 추론의 객관성과 중립성에 대한 근본적 의문을 제기했다. 그들은 법이 기존의 권력관계와 사회적 불평등을 은폐하고 정당화하는 기제로 작동한다고 비판하며, 법의 해방적 잠재력을 실현하기 위한 급진적 법이론을 발전시켰다. 캐서린 맥키넌과 캐롤 길리건 등으로 대표되는 페미니즘 법학은 전통적 법이론이 남성중심적 관점에 갇혀 있다고 비판하면서, 여성의 경험과 관점을 반영한 새로운 법이론의 구축을 시도했다.

글로벌화와 다문화주의의 도전 속에서 법이론은 새로운 과제들에 직면하고 있다. 국경을 넘나드는 인권규범의 확산, 초국가적 법질서의 등장, 문화적 다원주의와 종교적 다양성의 증가는 기존의 국가중심적 법이론으로는 설명하기 어려운 현상들이다. 로마

가톨릭 교회법, 이슬람 샤리아 법, 유대교 할라하 법 등이 세속적 국가법과 병존하는 현실은 법다원주의(legal pluralism)라는 새로운 이론적 패러다임을 요구하고 있다. 또한 EU법, 국제인권법, 국제형사법 등의 발전은 주권국가의 경계를 넘어서는 법적 권위와 정당성의 문제를 제기한다. 이러한 상황에서 자연법론과 법실증주의의 전통적 구분은 새로운 맥락에서 재검토되어야 할 필요성이 대두되고 있다.

이러한 이론적 발전들의 실제적 중요성을 보여주는 대표적 사례는 유럽인권재판소(European Court of Human Rights)의 판례 발전이다. 이 재판소는 유럽인권협약을 "살아있는 문서(living instrument)"로 해석하면서 시대의 변화와 사회적 가치의 발전을 반영한 진화적 해석 방법론을 발전시켜 왔다. 예를 들어, 동성 간 성적 관계의 비범죄화, 성전환자의 권리 인정, 안락사와 관련된 자기결정권 등의 쟁점에서 재판소는 각국의 실정법을 넘어서는 보편적 인권 기준을 제시해 왔는데, 이는 드워킨의 해석적 법이론과 자연법론적 보편주의가 현실에서 어떻게 구현될 수 있는지를 보여주는 흥미로운 사례이다. 동시에 각국 정부들이 "국가적 여백(margin of appreciation)" 원리를 통해 자국의 문화적 특수성과 민주적 선택을 주장하는 것은 법실증주의적 관점이 여전히 유효함을 시사한다.

대표 참고문헌

A and Others v Secretary of State for the Home Department [2004] UKHL 56

A and Others v United Kingdom (2009) 49 EHRR 29 (ECtHR Grand Chamber)

Anti-terrorism, Crime and Security Act 2001, Part 4

Human Rights Act 1998, section 4

Prevention of Terrorism Act 2005

Terrorism Prevention and Investigation Measures Act 2011

제8장 법과 도덕의 관계

1. 법과 도덕의 구분

법과 도덕의 관계에 대한 체계적 탐구는 고대 그리스 철학에서 그 뿌리를 찾을 수 있다. 플라톤은 『국가』에서 정의로운 국가의 법이 개인의 영혼과 마찬가지로 이성, 기개, 절제의 조화를 통해 덕을 구현해야 한다고 주장하였다(Plato, ca. 380 BCE/2007). 아리스토텔레스는 『니코마코스 윤리학』과 『정치학』에서 법을 "욕정에 의해 좌우되지 않는 이성"으로 규정하며, 법이 공동체의 최고선(summum bonum)을 추구해야 한다고 강조하였다(Aristotle, ca. 330 BCE/2009). 그는 특히 distributive justice의 개념을 통해 법이 각자에게 합당한 몫을 배분하는 도덕적 기능을 수행해야 한다고 보았다. 중세에 들어 토마스 아퀴나스는 『신학대전』에서 영원법(lex aeterna), 자연법(lex naturalis), 인간법(lex humana), 신법(lex divina)의 4층 구조를 통해 법과 도덕의 통합적 이해를 제시하였다(Aquinas, 1265-1274/2002). 그는 "***lex iniusta non est lex***"(부정의한 법은 법이 아니다)라는 명제를 통해 법의 도덕적 조건부성을 분명히 하였다.

근대 계몽주의와 함께 등장한 토마스 홉스는 『리바이어던』에서 자연 상태의 무정부성을 극복하기 위한 사회계약론을 제시하며, 주권자의 명령으로서의 법 개념을 도입하여 법과 도덕의 분리 가능성을 시사하였다(Hobbes, 1651/2012). 제러미 벤담은 더 나아가 『도덕과 입법의 원리 서설』에서 공리주의적 관점에서 법의 효용성을 강조하며, 전통적 자연법론에 대한 체계적 비판을 전개하였다(Bentham, 1789/1996). 벤담은 자연권을 "stilts upon nonsense"라고 혹평하며, 법의 정당성이 도덕적 직관이 아닌 경험적으로 측정 가능한 결과에 의해 판단되어야 한다고 주장하였다. 19세기 존 오스틴은 『법학의 영역』에서 법을 주권자가 신민에게 내리는 명령으로 정의하는 명령이론(command theory)을 체계화하였으며, 이는 법과 도덕의 개념적 분리를 더욱 공고히 하였다(Austin, 1832/1995). 오스틴의 법실증주의는 "법이 무엇인가"의 문제와 "법이 무엇이어야 하는가"의 문제를 엄격히 구분하는 분리명제(separation thesis)의 토대를 마련하였다. 이러한 역사적 전개 과정에서 법과 도덕의 관계는 통합에서 분리로, 다시 통합의 필요성에 대한 재검토로 이어지는 변증법적 발전을 보여주었다.

2. 현대 법철학의 법과 도덕의 논쟁: 실증주의와 해석주의

1) 불의한 법도 법인가? - Hart의 법, 도덕 분리론

Hart의 “Positivism and the Separation of Law and Morals”는 1957년 4월 하버드 로스쿨에서 행한 제6차 Oliver Wendell Holmes 강연을 바탕으로 하여 논문[14]으로 발표되었다. Hart는 이 논문에서 John Austin의 명제인 “법의 존재는 한 가지이고, 그 장점이나 단점은 다른 것이다. 그것이 존재하느냐 아니냐는 하나의 탐구이고, 그것이 가정된 기준에 부합하느냐 아니냐는 다른 탐구이다”를 인용하면서 법실증주의의 핵심 논제를 재확인한다. Hart는 이 논문에서 법실증주의에 대한 오해를 해명하고, 법과 도덕의 개념적 분리를 옹호한다. 그는 특히 Jeremy Bentham과 John Austin의 고전적 법실증주의를 계승하면서도, 더 세련된 형식으로 이를 재구성하려고 시도한다. Hart의 핵심 주장은 법의 정의가 도덕적 판단과는 별개로 수행될 수 있으며, 법과 도덕의 개념을 구별하는 것이 곧 비도덕적인 법을 정당화하는 것은 아니라는 것이다. 이 논문은 20세기 중반 법철학에서 전환점이 된 글로서 법의 유효성(validity)과 법의 정당성(legitimacy) 사이의 이론적 분리를 가능하게 한 작업으로 평가받는다. Hart는 자연법론자들이 주장하는 “불의한 법은 법이 아니다”라는 논리를 철학적으로 반박하며, 개념 분석(analytical jurisprudence)의 방법론을 통해 법 개념을 도덕 개념과 구별하려고 한다.

2) 법실증주의의 이론적 구조와 분리 명제의 옹호

Hart는 법실증주의를 하나의 일관된 교리가 아니라 서로 연관된 여러 명제들로 구성된 이론적 경향으로 설명한다. 그는 Austin과 Bentham으로 대표되는 명령이론(command theory of law)이 법을 주권자의 명령으로 보고, 법적 의무를 외적 강제에 의해 성립하는 것으로 파악한다고 설명하면서도 이러한 접근법의 한계를 인정한다. Hart는 Austin이 제시한 명령이론이 법의 본질을 정확히 대표하지 못한다고 비판하면서 법이 단순한 인간에 대한 명령이라는 관점이 부적절하다고 지적한다. 그럼에도 불구하고 Hart는 법실증주의의 핵심인 분리명제(separability thesis), 즉 법과 도덕은 개념적으로 분리 가능하며 법의

14) H. L. A. Hart (1958), “Positivism and the Separation of Law and Morals, Harvard Law Review Vol. 71, No. 4, pp. 593-629

유효성은 도덕적 정당성과 무관하다는 주장을 옹호한다. Hart는 법이 사회적 사실(social fact)로 이해되어야 하며, 분석적 기술(analytical description)을 통해 설명되어야 한다고 주장한다. 그는 법 개념의 규범적 분석이 도덕 평가와 구분될 수 있어야만 법이론이 과학적 엄밀성을 가질 수 있다고 본다. 이러한 방법론적 접근은 법학을 독립적인 학문 분야로 확립하려는 Hart의 의도를 반영한다.

3) 핵심과 경계영역 이론 및 사법적 재량권

Hart는 이 논문에서 언어의 개방적 구조(open texture of language), 개념의 핵심과 경계영역(core and penumbra) 구별 그리고 쉬운 사건과 어려운 사건의 구분에 대해 논의한다. Hart에 따르면 "확정된 의미의 핵심이 있어야 하지만, 단어들이 명백히 적용 가능하지도 명백히 배제되지도 않는 논쟁의 여지가 있는 사건들의 경계영역도 있을 것이다. 이러한 사건들은 각각 표준적 사건과 공통된 특징들을 가질 것이지만, 다른 특징들은 결여하거나 표준적 사건에는 없는 특징들을 수반할 것이다". 이러한 핵심과 경계영역 이론은 법적 언어와 개념의 불가피한 모호성을 설명하며, 법관이 어려운 사건에서 재량권을 행사해야 하는 이유를 제공한다. Hart는 법관이 경계영역의 사건들에서 재량권을 행사할 때 법 외적 고려 사항에 의존할 수밖에 없다고 본다.

이러한 관점은 후에 Ronald Dworkin의 비판을 받게 되는데, Dworkin은 Hart의 재량권 이론이 법체계에 내재된 원칙들을 간과한다고 주장한다. 그러나 Hart의 핵심과 경계영역 이론은 법적 해석의 구조적 특성을 설명하는 중요한 기여를 했다. Hart는 이를 통해 법의 확정성과 불확정성이 동시에 존재할 수 있음을 보여주며, 법적 추론에서 규칙의 적용과 재량적 판단이 모두 필요하다는 현실적 관점을 제시한다. 그의 이론은 법관이 모든 사건에서 기계적으로 규칙을 적용할 수 있다는 형식주의적 관점과 법관이 항상 자의적으로 판단한다는 회의주의적 관점 사이의 중간 지대를 제공한다.

4) 나치 독일 사례를 통해 본 법체계에 대한 법실증주의적 접근

하트(H. L. A. Hart)는 1958년「법과 도덕의 분리」논문에서 나치 법체계에 대한 라드브루흐(Gustav Radbruch)와 켈젠(Hans Kelsen)의 상이한 평가를 검토하면서, 이른바 '나치 밀고자 사건(Grudge Informer Case)'을 분석 대상으로 삼아 법과 도덕의 개념적 분리를 옹호한다. 하트의 요지는 다음과 같다. 첫째, 나치 하에서 성립·집행된 법률은 형식적 요건을 충족한 이상 '법'으로서의 지위를 부정할 수 없지만, 그 도덕적 평가와는 별개로 다루어야 한다. 둘째, 전후 독일 법원이 남편을 비난하는 발언을 신고한 아내에게 '불법 감금 교사' 책임을 인정한 판결에 대하여, 법원이 해당 나치 형벌법규를 '애초부터 법이 아니었다'고 선언하는 방식으로 결론에 이른 것은 부적절하다고 본다. 하트는 법원이 취할 수 있는 선택지는 사실상 둘뿐이라고 분석한다. 하나는 아내를 처벌하지 않는 것이고(그 도덕적 불만족을 인정하면서도), 다른 하나는 소급입법이나 소급처벌이라는 위험을 명시적으로 감수하고 처벌하는 것이다. 그는 두 선택 모두 '대가가 따르는 나쁜 선택'이지만, 그렇다고 해서 법적 분석 속에서 도덕을 은폐하거나 법적 개념을 왜곡하는 것이 정답은 아니라고 주장한다. 하트에 따르면 법과 도덕의 분리를 인정해야만 악법을 '법'으로서 식별·기술하는 작업과 그에 대한 도덕적 비판을 동시에, 그리고 더 투명하게 수행할 수 있다. 그는 이 사건을 통해 법 개념에 도덕을 본질요소로 끌어들이면 오히려 악한 법의 본질을 흐리고 사후적 대응의 정직한 선택(무죄 또는 소급처벌의 명시)을 가린다고 비판한다. 이러한 논지는 1958년 하버드 로리뷰에 실린 풀러(Lon L. Fuller)의 반론 - 법에는 '내재적 도덕성'이 있어 나치 법률은 애초에 법의 자격을 결여했다는 주장 - 과의 고전적 논쟁을 촉발했으며, 하트의 글에서 그가 제시한 두 대안(무처벌 대 소급처벌)의 정직한 인식이야말로 사법이 법과 도덕의 경계를 혼동하지 않게 하는 최소 요건이라는 점이 재확인된다.

하트가 대응 대상으로 삼은 라드브루흐와 켈젠의 입장은 서로 달랐다. 라드브루흐는 나치 체제의 경험을 바탕으로 "정의와의 충돌이 극한에 달한 실정법은 법이기를 그친다"는 이른바 '라드브루흐 공식'을 제시했고, 전후 독일 판례도 특정 나치 법령·판결의 효력을 이 공식을 원용하여 배척한 바 있다. 하트는 이 공식을 존중하면서도 법원이 법의 개념 자체를 도덕으로 치환하는 방식으로 결론을 얻는 것에는 회의적이었다. 반면 켈젠은 법의 유효성은 도덕과 무관하게 규범 체계 내부의 승인에 달려 있다고 보았고, 뉘른베르크 재판과 관련해서도 소급금지 원칙은 절대적 금과옥조가 아니며, 중대한 국제범죄 처벌이라는 정의의 요구와 충돌할 때 제한될 수 있음을 논증했다. 하트의 관점은 이들 입장을 종합적으로 조망하되, 법적 유효성의 기술적 판단과 도덕적 평가의 규범 판단을 분리해두어야만 악법을 더 정확히 비판할 수 있다는 점을 강조한다.

나치 밀고자 사건 자체에 대한 사실관계와 판결 논거를 둘러싸고는, 하트와 풀러가 의존한 보도·번역에 오해가 섞여 있었다는 점이 후속 연구에서 지적되었다. 그럼에도 하트의 핵심 논지는 변함이 없다. 즉, (i) 당시 법률이 '법'이었다는 사실을 인정하는 것과 (ii) 그 법을 지키는 행위가 도덕적으로 비난 가능하다는 판단을 내리는 것은 별개의 일이며, 사후적으로 처벌을 하려면 소급성의 위험을 정직하게 표면화해야 한다는 것이다. 이러한 정직성의 요구는 법의 개념분석을 통해 도덕적 평가를 더 명료하게 만들고, 입법·사법의 역할분담과 법치의 형식적 이상(일반성·명확성·비소급성 등)을 왜곡하지 않게 하는 방법론적 이점으로 제시된다. 바로 이 점에서 하트의 입장은 현대 법실증주의가 견지하는 '분리가능성 명제(separability thesis)' – 법과 도덕 사이에 필연적 연결은 없다는 명제 – 의 실천적 가치(악법을 식별·비판·교정하는 데 필요한 개념적 투명성)를 변호하는 것으로 이해된다. 동시에 그는 최소한의 자연법적 내용(폭력·취약성·재화의 희소성 등 인간 조건에서 도출되는 규범적 요구)을 부정하는 것이 아니라 그것을 '법의 유효성 판단'과 동일시하지 말자는 점을 일관되게 주장한다.

끝으로, 하트가 제시한 두 대안 – 무죄와 소급처벌 – 의 비극적 양면성은 "악한 법체계에서의 재판"이 본질적으로 도덕적·제도적 딜레마를 동반한다는 사실을 드러낸다. 하트는 법원이 도덕을 숨기거나 법 개념을 변형하는 방식으로 딜레마를 회피할 것이 아니라 입법부가 공개적으로 소급입법의 필요와 위험을 토론·책임지는 경로가 원칙적으로 더 정직하다고 보았다. 이 점에서 그의 논지는 나치 법률 전반을 '법이 아님'으로 선언하려 한 풀러의 급진적 해석과 대비되며, 동시대 및 후대의 논자들 – 예컨대 다이젠하우스(Dyzenhaus)나 월드런(Waldron) – 에 의해서도 심화·비판적으로 검토되었다. 그러나 분명한 것은 하트가 강조한 개념적 분리는 악법의 도덕적 비판을 약화시키는 것이 아니라 오히려 강화한다는 점이며, 이것이 바로 그의 법실증주의가 오늘날까지도 법철학의 기준점으로 기능하는 이유라는 것이다.

3. 악법은 법이 아닌가? - Fuller의 내재적 도덕성 이론

1) 하트의 실증주의에 대한 자연법론적 반론

Hart의 법실증주의에 정면으로 맞서며, Fuller는 법의 구속력은 도덕적 토대에 의존한다는 주장을 펼쳤다[15]. Hart가 법과 도덕을 분석적으로 분리 가능한 개념으로 파악하고 도덕성과 법을 별개라는 실증주의적 관점을 취한 반면, Fuller는 도덕성을 법의 구속력의 원천으로 보는 반박 논증을 전개하였다. 특히 법실증주의가 독일에서 나치 체제 이전 75년 동안 다른 어느 나라에서도 누리지 못한 지위를 획득했다고 주장하면서, 이러한 철학적 토대가 나치 법체계의 정당화에 기여했다고 비판하였다. Fuller의 논지는 법과 도덕을 철저히 구분하려는 법실증주의가 법의 본질과 도덕적 정당성에 대한 이해를 왜곡시킨다는 것이며, 법의 정당성은 단순한 실효성 이상의 기준을 필요로 한다고 주장한다.

이 논의의 중심에는 "법에 대한 충성(fidelity to law)"이라는 이상이 놓여 있다. Fuller에 따르면 진정한 법은 존경과 신뢰를 받을 만한 성격을 갖추어야 하며, 단순히 권력자의 명령이나 반복적 행정행위에 그쳐서는 안 된다. 법은 중력의 법칙처럼 기계적으로 따르는 대상이 아니라 인간의 성취와 도덕적 질서를 반영하는 제도여야 한다는 것이다. 이러한 관점에서 그는 법의 도덕적 기초에 대한 심층적 분석을 통해 Hart의 분리론에 도전하며, 법의 형식적 유효성보다 내재적 도덕적 조건을 강조하는 독창적 접근을 발전시켰다.

2) 법의 내재적 도덕성과 절차적 정당성

Fuller는 법이 단지 명령의 집합이 아니라는 점을 밝히기 위해 법의 내재적 도덕성(inner morality of law)이라는 개념을 제시한다. Fuller는 법률이 효과적이기 위해 충족해야 할 다양한 조건들을 지적하는데, 예를 들어 법은 소급적으로가 아니라 사전에 공표되어야 하고, 정기적으로 시행되어야 한다. 이러한 조건들은 법이 기능하기 위해 반드시 충족해야 할 절차적 원칙들로 구성되며, Fuller는 이를 단순한 행정 효율성을 위한 것이 아니라 법이 법으로 존재하기 위한 도덕적 구조로 이해한다. 그는 이러한 원칙들이 일반성, 공표성,

15) Lon L. Fuller (1958), "Positivism and Fidelity to Law: A Reply to Professor Hart", (Fuller의 해당 논문은 H. L. A. Hart의 "Positivism and the Separation of Law and Morals"(1958)에 대한 직접적인 반박 형태로 작성되었다.)

미래지향성, 명확성, 일관성, 준수가능성, 안정성 그리고 법률과 그 집행 사이의 일치성 등의 요소들을 포함한다고 설명한다.

Fuller에 따르면 법적 유효성은 법의 내재적 도덕성에 의존하며, 규칙 체계가 법적 체계로 간주되기 위해서는 이러한 조건들을 충족해야 한다. 이는 법이 이와 같은 도덕적 조건을 위반할 경우 비록 형식적으로 제정되었더라도 법의 자격을 상실할 수 있음을 의미한다. Fuller의 이러한 접근법은 법의 절차적 정당성에 대한 새로운 이해를 제공하며, 법이 도덕적으로 중립적인 기술적 도구가 아니라 본질적으로 도덕적 차원을 갖는 사회적 제도임을 강조한다. 그는 법치주의가 도덕적 가치에 대한 무관심이 아니라 도덕적 설계의 산물이라고 보며, 이러한 내재적 도덕성이 법의 권위와 정당성의 기초가 된다고 주장한다. Fuller의 절차적 자연법론은 전통적인 자연법론과 법실증주의 사이의 새로운 중간 지대를 제시하는 것으로 평가된다.

3) 나치법 사례를 통해 본 법에 대한 충성 개념

Hart가 제시한 나치 독일 법률의 유효성 문제를 중심으로, Fuller는 법실증주의가 윤리적 판단을 유보한 채 형식적 법률의 존재만 확인하는 태도를 비판한다. Hart-Fuller 논쟁에서 다뤄진 구체적 사례는 1944년 한 여성이 남편을 제거하고 싶어서 남편이 휴가 중에 히틀러에 대해 한 비방적 발언을 당국에 신고했고, 아내의 증언으로 남편이 제3제국의 복지에 해로운 발언을 주장하거나 반복하는 것을 불법으로 규정한 법률에 따라 군사재판소에서 사형을 선고받은 사건이다. Hart는 법적 유효성은 존재의 사실 문제이며, 부정의한 법은 비도덕적이더라도 유효한 법이 될 수 있다고 주장한 반면, Fuller는 이러한 입장이 법에 대한 충성이라는 개념을 공허하게 만든다고 지적한다.

Fuller는 특히 나치 정권 하에서 행해진 제도적 불의가 법이 내재적 도덕성을 상실함으로써 더 이상 법이라 부를 수 없는 상태로 전락했음을 보여준다고 주장한다. 그는 나치 시대 이전 독일에서 법실증주의 철학이 다른 어떤 나라에서도 누리지 못한 지위를 획득했다고 지적하면서, 이러한 철학적 토대가 나치 법체계의 수용을 용이하게 했다고 비판한다. Fuller에게 있어 법은 단순한 권위나 명령의 체계가 아니라 시민과의 상호 신뢰와 도덕적 질서 위에 구축된 사회적 장치이다. 따라서 법에 대한 충성이란 단순한 복종이 아니라 법이 정당한 절차적·도덕적 조건을 충족할 때에만 성립할 수 있는 윤리적 관계라고 본다. 이러한 관점에서 Fuller는 악한 법체계에 대한 저항이 법에 대한 불충성이 아니라 오히려 진정한 법 이념에 대한 충성의 표현일 수 있다고 주장한다. 그는 도덕적으로 혐오스러운 법들은 단순히 법이 아니라고 봄으로써, Hart의 "법은 법일 수 있지만 너무 악해서 복종할 수 없다"는 입장과 명확히 구분되는 관점을 제시한다.

4) 법해석론과 목적론적 접근법의 중요성

Hart의 "핵심과 경계영역(core and penumbra)" 이론에 대하여, Fuller는 Hart가 단순히 일부 사건은 어렵고 다른 사건들은 쉽다는 일상적 경험을 복잡하게 기술한 것이 아니라 더 근본적인 해석 이론을 제시하고 있다고 분석한다. Hart는 "차량을 공원에 가져가는 것을 금지한다"는 법규칙의 예를 통해 자동차는 분명히 금지되지만 자전거, 롤러스케이트, 장난감 자동차, 비행기 등은 어떤지에 대한 해석의 문제를 제기했다. Fuller는 이에 대해 "철도역에서 잠자는 것을 5달러 벌금형에 처하는 경범죄로 한다"는 가상의 법률을 예로 들어 목적론적 해석의 중요성을 설명한다.

이 사례를 통하여 Fuller는 우리가 이러한 법률을 접할 때 즉시 그것이 겨냥하는 일반적 목표의 성격을 인식할 수 있으며, 실제로 역 벤치에 추한 모습으로 뻗어 있는 지저분한 부랑자의 모습을 떠올리게 된다고 설명한다. 이는 법률이 단순히 문언적 의미만이 아니라 그 배후의 목적과 의도를 통해 이해되어야 함을 보여준다. Fuller는 Hart의 해석 이론을 받아들일 수 없다고 하더라도 법에 대한 충성의 이상의 미래에 대해 그렇게 비관적으로 볼 필요는 없다고 주장한다. 그는 법규범성과 사회적 의무의 통합적 이해를 강조하면서, 법실증주의가 법의 무가치한 기술적 체계로 전락할 위험을 지적한다.

더 나아가, Fuller는 규범적 체계로서의 법은 도덕과 무관하게 분석될 수 없으며, 오히려 법의 정당성은 항상 도덕적 평가의 대상이 되어야 한다고 주장한다. 특히 법이 사회적 의무를 발생시키려면 그 자체가 도덕적으로 방어 가능한 구조를 가져야 한다고 본다. 그는 Hart가 인정한 도덕적 비판 가능성을 받아들이면서도 법 개념 자체에 도덕적 기준이 이미 포함되어 있다는 점을 간과한 것으로 평가한다. 이런 점에서 Fuller의 입장은 현대 법철학에서 자연법과 절차적 정당성의 조화를 시도하는 독창적 접근으로 평가되며, 그는 형식적 실증주의가 아닌 절차적 자연법론(procedural natural law)이라는 새로운 입장을 정립하였다고 볼 수 있다.

4. 법실증주의에 대한 근본적 도전: 드워킨(Dworkin)의 'The Model of Rules I"

1) 하트의 법실증주의에 대한 비판적 고찰과 법체계의 복합적 구조

Ronald Dworkin의 "The Model of Rules"는 1967년 University of Chicago Law Review에 처음 발표되어 Hart-Dworkin 논쟁의 시발점이 되었으며, 이후 1978년 "Taking Rights Seriously"에 "The Model of Rules I"으로 재수록되었다. Dworkin의 이 논문은 법실증주의를 제도적 사실에 의거하여 법에서의 의무를 설명하려는 이론들의 계열로 정의하면서 이에 대한 비판을 전개하였다. Dworkin은 이 논문에서 H. L. A. Hart의 법실증주의 이론, 특히 『법의 개념』에서 제시된 인정규칙(rule of recognition) 및 법의 규칙 모델(model of rules)에 대해 근본적 문제를 제기한다. Hart는 법체계를 일련의 1차 규칙과 2차 규칙으로 설명하며, 법은 사회적으로 승인되는 규칙들의 집합이라고 보았다. Dworkin은 이러한 하트의 견해가 법적 논증의 실제 구조, 특히 어려운 사건(hard cases)에서의 법관의 판단 과정을 적절히 설명하지 못한다고 비판한다.

이 논문에서 Dworkin은 법실증주의가 법을 공적 권력에 의해 처벌될 행위를 결정하는 특별한 규칙들의 집합으로 보고, 유효한 규칙들이 그들의 계보, 즉 채택되거나 발전된 방식에 관한 특정 기준에 의해 식별된다고 주장한다고 분석하였다. 법실증주의는 유효한 법 규칙들의 집합이 법을 모두 소진한다고 보며, 따라서 어떤 법 규칙도 적용되지 않는 어려운 사건이 제시될 때 법관은 재량권을 행사하여 법을 넘어서서 사건을 결정해야 한다고 본다고 비판한다. 그는 이러한 접근법이 사법 판단의 정당성과 법적 권리의 존재를 적절히 설명하지 못한다고 주장한다. Dworkin은 법실증주의가 법관을 입법자와 같은 역할을 하는 존재로 보는 것에 대해 문제를 제기하면서, 법관의 판단이 단순한 정책적 고려가 아닌 법적 원리에 기반해야 한다고 강조한다.

Hart가 법체계를 1차, 2차 규칙의 집합으로 설명한 것과 달리 Dworkin은 규칙(rules)뿐만 아니라 원칙(principles), 정책(policies) 등 다양한 형태의 규범적 요소를 포함한다고 주장한다. 그는 법률가들이 법적 권리와 의무에 대해 추론하거나 논쟁할 때, 그들은 규칙으로 기능하지 않지만 원칙, 정책 그리고 다른 종류의 기준들로서 다르게 작동하는 기준들을 사용한다고 지적하였다. Dworkin은 정책과 원칙을 구분하여 설명하는데, 정책은 일반적으로 경제적, 정치적, 사회적 목표의 개선을 지향하는 기준으로, 원칙은 정의나 공정성과 같은 도덕적 요구 사항을 포함하는 기준으로 이해된다. 그는 법적 원칙들이 기존의 규칙처럼 명확히 규정되어 있지 않지만, 실제 법원의 판결에 결정적 역할을 한다는 점에 주목한다. Riggs v. Palmer 사건에서 법원은 누구도 자신의 잘못으로부터 이익을 얻어서는 안 된다는 도덕적·법적 원칙에 근거해 기존의 유언 관련 규칙을 제한적으로 해석했다. Dworkin에 따르면, 법적 원칙과 법적 규칙의 차이는 논리적 구별이며, 두 기준 모두 특정 상황에서 법적 의무에 대한 특정 결정을 지향하지만, 그들이 제공하는 방향의 성격에서 차이가 난다.

2) 규칙과 원칙의 구별 및 법관의 해석적 역할

"The Model of Rules I"에서 제시된 핵심 논점 가운데 하나는 규칙과 원칙 사이의 추상적 차이다. 규칙은 전부 아니면 전무(all or nothing)의 방식으로 작동하지만 원칙은 그렇지 않으며, 원칙은 중요성이나 비중(weight or importance)을 갖지만 규칙은 그렇지 않다. 규칙은 전부 아니면 전무의 방식으로 적용 가능하다. 만약 규칙이 규정하는 사실들이 주어진다면, 그 규칙이 유효한 경우 그것이 제공하는 답변이 받아들여져야 하고, 그렇지 않은 경우에는 그것이 결정에 아무것도 기여하지 않는다. Dworkin은 이를 야구 규칙으로 설명하는데, 야구에서 타자가 3스트라이크를 당하면 아웃되는 것이 규칙이라면, 심판은 이것이 정확한 게임 규칙이라고 인정하면서 동시에 어떤 타자가 4스트라이크를 가질 수 있다고 결정할 수 없다고 본다.

물론 타자가 추가 스트라이크를 허용 받는 예외적 상황이 발생할 수 있지만, Dworkin에 따르면 규칙의 정확한 진술은 모든 예외 사항을 고려해야 하며, 예외를 나열하지 않고 규칙을 간단히 진술하는 것은 불완전하다고 본다. 반면 원칙들은 여러 다른 방향으로 작용하며 모두 동시에 적용되므로, 비중이나 중요성이라는 속성을 갖는다. 결정을 내리기 위해서는 관련된 모든 원칙들을 고려하고, 이 상황에서 일부를 다른 것들보다 더 중요하게 취급해야 한다고 Dworkin은 설명한다. 이러한 차이는 법적 추론의 구조에 있어서 규칙과 원칙이 서로 다른 기능을 수행함을 보여준다.

Hart의 견해에 대한 비판도 이어진다. Hart에게는 법이 아무리 어리석은 규칙이라 할지라도 법을 만들 수 있는 원천으로부터 나온 규칙이라면 그것이 법이지만, Dworkin에게는 원칙이 그 출처가 무엇이든, 심지어 식별 가능한 출처가 전혀 없다 할지라도 의미가 있어야 한다. Dworkin은 특정 원칙을 위해 논증할 때는 제도적 지지를 찾으려 노력하지만, 이러한 제도적 지지만으로는 원칙을 법적 원칙으로 만들거나 특정한 정도의 비중을 고정하기에 충분하지 않다고 강조한다. 그는 제도적 책임, 법령 해석, 다양한 종류의 선례의 설득력 그리고 현대적 도덕 관행과의 관계 등 복합적 기준들을 통해 원칙의 타당성을 평가해야 한다고 주장한다.

또한, Dworkin은 원칙이 법의 일부이며 따라서 구속력이 있다는 관점과 원칙이 법 외적이고 구속력이 없으며, 법관의 재량에 의해 선택되는 것이라는 법실증주의적 관점 사이에서 전자를 옹호한다. 그는 만약 원칙들이 법 외적이고 구속력이 없다고 본다면, 법관이 가장 확고한 규칙들조차도 무시하거나 변경할 수 있는 무제한적 재량권을 갖게 되어 매우 적은 수의 규칙만이 구속력을 갖게 될 것이라고 논증한다. Dworkin에 따르면, 법관은 단순히 정책 결정을 내리는 입법자가 아니라 법체계 내에 존재하는 규범적 원칙들에 대한 최선의 해석을 수행하는 해석자이다. 그는 특히 어려운 사건에서는 법관이 법의 공백을 창조적으로 메우는 것이 아니라 이미 존재하는 법적 원칙을 발견하고 적용하는 것이라고 본다. 이러한 입장은 법관의 판단이 자의적으로 이루어지는 것이 아니라 법의 도덕적 구조에 대한 책임 있는 해석의 결과라는 점을 강조한다.

마지막으로 Dworkin은 Hart의 인정규칙에 대해서도 비판적 입장을 취한다. 그는 법이 무엇이고 무엇이 아닌지를 결정하는 단일한 기준이 있다고 주장하는 것은 불가능하다고 본다. 이는 판례법에서 법관들 사이에 의견 불일치가 있을 때 확인할 수 있다고 주장한다. 그는 Hart의 인정규칙이 원칙들과 양립할 수 없다고 주장하는데, 그 이유는 제도적 제정을 통한 유효성 기준이 원칙의 본성과 일치하지 않기 때문이라고 본다. 최근 연구에 따르면, Dworkin의 규칙과 원칙 구별의 중요성은 Hart의 모델이 법적 원칙의 존재를 허용할 수 없다는 것이 아니라 그들의 작동을 이해할 수 없다는 점이다. 이러한 Dworkin의 비판은 법이 단순히 권위에 의해 부과된 명령이나 합의된 규칙이 아니라 공동체의 도덕적 가치에 대한 해석과 재구성의 장이라는 견해로 이어지며, 법을 해석학적 관점에서 이해하는 현대 법철학의 흐름을 선도하였다.

5. 법과 도덕의 불가분성: Leslie Green의 재해석

Leslie Green은 "Positivism and the Inseparability of Law and Morals"[16]에서 H.L.A. Hart가 법실증주의가 어떤 식으로든 "법과 도덕의 분리"를 포함한다고 한 유명한 주장을 명확히 하고 평가하려고 한다. Green은 Hart의 분리가능성 명제(separability thesis)가 사회명제(social thesis), 출처명제(sources thesis) 또는 법학에 관한 방법론적 명제와 혼동되어서는 안 된다고 주장한다.

Green의 접근법은 기존의 법실증주의 이해에서 흔히 발견되는 오해를 교정하려는 시도로 시작된다. 그는 법실증주의가 법과 도덕의 완전한 분리를 주장한다는 널리 퍼진 비판이 부정확하다고 본다. 대신 Green은 법실증주의의 핵심이 법의 존재론적 기준에 도덕적 평가가 본질적으로 포함되어 있지 않다는 주장일 뿐이라고 강조한다. 이러한 구분은 법실증주의가 법과 도덕 사이의 모든 연결을 부정한다는 오해를 피하기 위해 중요하다. Green은 Hart의 이론이 여전히 현대 법철학에서 중요한 통찰을 제공한다고 보면서도, 그 이론의 한계와 수정 가능성을 인정한다. 그의 논문은 법실증주의의 전통을 계승하면서도 그것을 현대적 맥락에서 재해석하려는 시도로 이해될 수 있다.

Hart의 분리가능성 명제가 법과 도덕 사이의 필연적(개념적) 연결의 존재를 부정한다고 여겨졌지만, Green은 그 명제는 거짓이라고 주장한다. 왜냐하면 법과 도덕 사이에는 많은 필연적 연결이 있으며, 그 중 일부는 개념적으로 중요하기 때문이다. 이러한 연결 중에서 중요한 부정적 연결이 있다: 법은 본질적으로 도덕적으로 오류 가능하고(morally fallible) 도덕적으로 위험하다(morally risky). Green은 이를 통해 전통적인 분리명제를 단순히 거부하는 것이 아니라 법과 도덕 사이의 관계를 더 정교하게 이해하려고 시도한다.

16) Leslie Green, Positivism and the Inseparability of Law and Morals, New York University Law Review, Vol. 83, No. 4 (2008), pp. 1035-1058. 본 논문은 2008년 2월 NYU Law School에서 열린 "Hart-Fuller at 50" 컨퍼런스에서 발표된 후 출판되었다.

이러한 Green의 접근은 Hart의 분리가능성 명제와 실제 법체계에서 나타나는 법-도덕 연결성을 조화시키려는 시도로 이해할 수 있다. 그는 법의 본질적 특성 중 하나가 도덕적 오류 가능성이라고 봄으로써 법이 도덕적 완전성을 달성할 수 없는 제도적 한계를 갖는다는 점을 강조한다. 이러한 관점은 법이 도덕적으로 중립적이거나 무관하다는 견해를 거부하면서도, 동시에 법과 도덕의 완전한 융합을 주장하는 자연법론적 입장과도 구별된다. Green은 법의 도덕적 위험성이 법의 개념적 특징이라고 봄으로써 법에 대한 도덕적 경계심과 비판적 태도가 법적 사고의 필수적 요소라고 주장한다. Green은 법과 도덕 사이의 이러한 필연적 연결들이 각각 법 개념의 핵심에 관련된다고 보며, 이는 인간의 본성보다는 법의 본성에 대해 더 많은 것을 보여준다고 강조한다.

Lon Fuller가 강조한 "법의 내재적 도덕성", 즉 "법을 가능하게 하는 도덕성"에 맞서 Hart의 핵심적 메시지는 "법이 가능하게 하는 부도덕성"의 존재라는 점이라고 해석된다. Green에 따르면 법의 본성은 합법성(legality)이라는 내재적 덕목뿐만 아니라 내재적 악덕에서도 나타난다. 이러한 관점은 Fuller의 절차적 자연법론에 대한 중요한 반박을 제공한다. Fuller가 법의 8가지 조건들을 통해 법의 내재적 도덕성을 강조했다면, Green은 바로 그러한 절차적 형식성이 도덕적으로 문제가 있는 내용을 정당화하는 수단으로 사용될 수 있다는 점을 지적한다.

이러한 Green의 문제제기는 법의 이중적 성격을 인정하는 것으로 볼 수 있다. 법은 질서와 예측가능성을 제공하는 긍정적 기능을 하면서도, 동시에 불의를 제도화하고 권력을 남용하는 수단이 될 수 있다는 것이다. 이는 법에 대한 단순히 긍정적이거나 부정적인 평가를 넘어서 법의 복합적이고 모순적인 성격을 인정하는 관점이다. Green은 이를 통해 법실증주의가 법에 대한 도덕적 무관심을 옹호한다는 비판을 반박하면서, 오히려 법의 도덕적 위험성에 대한 경계를 높이는 이론적 토대를 제공한다고 주장한다. 이러한 관점은 법 질서가 항상 좋은 것이며 법이 없는 사회는 결핍된 것이라는 견해에 대한 비판적 성찰을 포함한다. Green은 법의 존재 자체가 반드시 도덕적 진보를 의미하지 않으며, 때로는 도덕적 후퇴나 억압의 수단이 될 수 있다는 점을 강조함으로써 법에 대한 비판적 거리두기의 중요성을 부각시킨다.

Hart의 방법론은 법의 본질에 접근하기 위해 법 개념에 대한 해석학적 연구를 강조했으며, 그 과정에서 법을 도덕적으로 중립적이고 비개입적인 대상으로 이해하려는 성격을 지닌다. 그러나 Green은 이것이 분리가능성 명제의 엔진이 아니라고 지적한다. 비개입적인 접근법이 법과 도덕의 분리를 자동으로 의미하지는 않기 때문이다. Green의 이러한 방법론적 구분은 법실증주의가 단순히 도덕적 판단을 회피하려는 이론이 아니라 법 개념 분석과 도덕적 평가를 서로 다른 층위의 논의로 보는 이론적 정교함을 보여준다.

이와 관련해 Jules Coleman은 분리가능성 명제가 적절히 이해될 때는 법실증주의를 특징짓는 데 유용하지 않다고 주장하는 반면, John Gardner는 분리가능성 명제가 너무 자명하기 때문에 특징 규정의 기준이 될 수 없다고 본다. 이러한 논의는 법실증주의의 정체성에 대한 현대적 논쟁의 복잡성을 보여준다. Green은 이러한 논쟁들을 통해 법실증주의가 여전히 현대 법철학에서 중요한 이론적 기여를 할 수 있음을 보여주려고 한다. 그의 접근법은 법실증주의의 전통적 테제들을 현대적 맥락에서 재해석하고 정교화하는 것이다. Green은 모든 법이 실정법이며, 모든 법이 출처를 갖는다는 것을 법실증주의의 본질적 명제로 보면서 법실증주의와 법리얼리즘 사이의 관계를 검토하고, 실증주의자들과 리얼리스트들이 법과 비법 사이의 경계선에 대해 서로 다른 이해를 갖고 있다고 분석한다. 이러한 분석을 통해 Green은 법실증주의가 단순한 교조적 입장이 아니라 지속적으로 발전하고 있는 이론적 전통임을 보여준다.

6. 라드브루흐의 법철학: “참을 수 없음의 공식(Unerträglichkeitsformel)”

1) 역사적 배경과 이론적 전환: 법실증주의에서 자연법으로의 회귀

Gustav Radbruch(1878-1949)는 독일의 법학자이자 정치가로서 바이마르 공화국 초기 독일 법무장관을 역임하였다. 그는 뤼베크에서 태어나 뮌헨, 라이프치히, 베를린에서 법학을 공부하였으며, 1901년 베를린에서 첫 번째 사법고시를 통과하고 이듬해 “적절한 인과관계 이론”에 관한 논문으로 박사학위를 받았다. 라드부르흐는 초기에는 법실증주의적 입장을 취했으나, 1933년 나치 정권이 들어서고 헌법적 절차를 거쳐 제정된 법률들이 대량 학살과 인권침해를 정당화하는 수단이 되면서 전통적 실증주의의 한계를 통렬히 비판하게 된다. 1933년 나치가 권력을 장악한 후, 전 사회민주당 정치가였던 라드부르흐는 소위 “공무원제도 복원법”에 의해 대학 직책에서 해임되었다.

1946년 라드부르흐는 "법률적 부정의와 초법적 정의"라는 논문[17]을 발표하였다. 불과 4쪽 분량의 이 논문에서 라드부르흐는 소위 "라드브루흐 공식"을 통해 제3제국을 예로 들어 국가적 부정의의 유효성에 의문을 제기하였다. 그는 "형식적으로 유효한 법률이 도덕적으로 참을 수 없을 만큼 부정의할 경우 그 법은 더 이상 법으로 간주될 수 없다"는 결론을 제시한다. 라드부르흐의 공식은 법실증주의로부터의 이탈을 통해 국가사회주의의 법적 청산을 위한 법철학적 기초가 되었으며, 법이 극단적인 부정의를 특징으로 할 경우 그것은 준수되어서는 안 되고, 누구도 자신의 행동에서 그것을 근거로 삼을 권리가 없다고 주장하였다. 이 주장은 후에 "라드브루흐 공식"으로 불리며 현대 법철학의 핵심 논제로 자리잡았다.

2) 라드브루흐 공식의 구조와 철학적 기초: 법적 가치의 삼원구조

라드브루흐 공식에 따르면, 실정법(성문법)과 정의 사이에 갈등이 있을 때 법관은 해당 법률이 "참을 수 없을 정도로 부정의하다"고 여겨지거나 법 개념에 기본적으로 내재된 모든 인간의 평등이 해석자의 관점에서 "의식적으로 부정된" 경우에만 법률에 반대하고 대신 실질적 정의를 택해야 한다. 핵심은 "참을 수 없음의 공식(Unerträglichkeitsformel)", 즉 "Extremes Unrecht ist kein Recht"("극단적인 부정의는 법이 아니다")이다. Radbruch의 법철학의 핵심은 법 개념과 법 이념에 대한 그의 명제들로 구성되어 있으며, 법 이념은 정의, 유용성, 확실성의 삼원구조를 통해 정의된다.

라드부르흐는 "따라서 정의가 추구되지도 않는 곳에서는 그렇게 만들어진 명령들은 오직 권력의 언명일 수 있을 뿐 결코 법조항이 될 수 없으며, 특정 인간들에게 인권을 거부하는 법률은 법조항이 아니다. 여기서는 법과 비법 사이의 명확한 경계가 주어져 있는 반면, 위에서 보인 바와 같이 법적 부정의와 유효한 법 사이의 경계는 단지 정도의 경계일 뿐이다"라고 명시하였다. 이 명제는 단순히 법에 대한 도덕적 비판이 아니라 법 개념 자체의 경계에 관한 규범적 선언이다. 이는 형식적 유효성과 도덕적 정당성 사이에 위계와 한계가 존재함을 뜻하며, 법실증주의가 무시한 정의의 기준을 법의 조건 중 하나로 복원하려는

17) Gustav Radbruch, Gesetzliches Unrecht und übergesetzliches Recht, Süddeutsche Juristenzeitung, 1946, pp. 105–108.

시도이다. 라드부르흐에 따르면 "법 개념은 법 이념에 봉사한다는 의미를 갖는 주어진 사실 이외에 다른 것이 아니다". 그는 법을 세 가지 가치인 법적 안정성(Rechtssicherheit), 합목적성(Zweckmäßigkeit), 정의(Gerechtigkeit)의 긴장 속에서 이해했으며, 이들 가치 사이의 충돌이 불가피하고, 법의 정당성은 상황에 따라 어느 가치가 우선하느냐에 따라 달라진다고 보았다.

3) 독일 판례법에의 적용과 실천적 영향

독일 연방헌법재판소와 연방대법원은 라드브루흐 공식을 여러 차례 적용하였으며, 법원에서의 첫 등장은 국가사회주의 범죄와 관련된 사건들에서였다. 이러한 사건들에서 피고인들은 그들의 행위 당시 유효했던 나치 법률에 따라 그들의 행위가 합법적이었다고 주장했지만, 법원들은 라드브루흐 공식을 사용하여 일부 법률들이 너무 참을 수 없어서 애초에 법이 아니었으므로 해당 행위들을 정당화하는 데 사용될 수 없다고 논증하였다. BGHSt 2, 234 (1951) 판례에서 법원은 유대인들에 대한 사건을 다루면서 실정법이 정의와의 모순이 "참을 수 없는 수준"에 도달했을 때 법적 지위를 상실한다는 라드부르흐의 주장을 언급하였다.

법원은 "정의를 달성하려고 시도하지도 않고, 의도적으로 평등을 거부하며, 모든 문명화된 민족들에게 공통된 인간성의 기본 기준들을 명백히 위반하는 규칙들은 법적 지위에 대한 어떤 주장도 갖지 않으며, 이에 기반한 행위들은 따라서 법적 정당화를 결여한다"고 판시하였다. 더 최근에는 서독으로 탈출하려는 사람들을 사격명령(Schießbefehl) 정책 하에서 총격한 구 동독의 국경수비대에 대한 재판에서 라드브루흐 공식이 다시 등장하였다. 라드브루흐 공식은 이론적 차원을 넘어서서 독일 연방헌법재판소와 연방대법원의 판례에 실질적 영향을 미쳤으며, 특히 1950년대부터 1970년대까지 나치 범죄자에 대한 형사 재심 과정에서 법원은 라드브루흐 공식을 근거로 "당시 유효했던 법률이라도 정의를 심각하게 위반하면 법이 아니다"라고 판시하였다. 라드부르흐의 공식은 법실증주의로부터의 이탈, 즉 법은 곧 법이라는 명제로부터의 이탈을 통해 국가사회주의의 법적 청산을 위한 법철학적 기초가 되었다.

4) 현대적 의의와 Robert Alexy의 이론적 발전

Robert Alexy는 라드부르흐의 공식을 단지 역사적 직관이나 도덕적 격언이 아닌 법 개념의 구조적 구성 요소로 재구성하려 했다. 그는 이를 법의 이중 본성 구조(Dual Nature of Law)로 설명하며, 법은 실효성(사실적 존재와 시행)과 정당성(도덕적 정당화 가능성)의 두 요건을 충족해야 한다고 본다. 이때 정당성의 한계선이 바로 라드부르흐의 참을 수 없음의 기준이다. 따라서 알렉시는 "극단적으로 부정의한 법은 법이 아니다"는 명제가 단지 감정적 비판이 아니라 법의 개념적 정의에 포함되어야 할 규범적 조건임을 논증한다. 이는 하트의 법실증주의와는 달리 도덕적 정당성을 법 개념 내에 내재된 조건으로 통합하려는 시도이다.

라드부르흐의 논문은 독일 법학계에서 중요한 논거를 제공했으며, 연방대법원은 여러 차례 라드부르흐의 명제를 인용했고, 그의 이름을 딴 "라드브루흐 공식"은 시간이 지나면서 판례법의 확고한 구성 요소가 되었다. 최근에는 동독 부정의의 법적 청산과 관련하여 라드부르흐의 명제가 다시 한 번 주목받았다. 라드부르흐는 몇 문장으로 모든 현대 법질서의 딜레마를 핵심적으로 지적했는데, 법과 도덕의 분리는 법을 유연하게 만들고, 따라서 적응력 있게 한다는 것이다. 이러한 법의 새로운 사회적 관계에 대한 적응력 없이는 현대적 국가 질서가 불가능할 것이지만, 이러한 개방성은 궁극적으로 모든 결정, 모든 이념이 구속력 있는 법이 될 수 있음을 의미한다. 라드브루흐 공식의 현대적 의의는 법의 형식적 유효성과 실질적 정당성 사이의 긴장을 관리하는 이론적 도구를 제공한다는 점에 있으며, 이는 민주적 헌법국가에서 법치주의의 한계와 가능성을 탐구하는 중요한 출발점이 되고 있다.

7. 알렉시의 법철학: 부정의로부터의 논증

1) 배경과 이론적 의의: 법실증주의에 대한 체계적 반박

알렉시의 "부정의로부터의 논증"[18]은 법과 도덕의 관계라는 오래된 질문을 다루며, 법실증주의가 법 개념을 도덕과 독립적으로 설명하려는 시도를 비판한다. 그는 첫째로 법과 도덕 사이에 개념적으로 필연적인 연결이 있으며, 둘째로 법 개념에 도덕적 요소를 포함시킬

18) Robert Alexy, The Argument from Injustice: A Reply to Legal Positivism, trans. Stanley L. Paulson & Bonnie L. Paulson, Oxford University Press, 2002 [orig. Begriff und Geltung des Rechts, 1992].

규범적 이유가 있다고 주장한다. 알렉시의 접근법은 단순히 자연법론으로의 회귀를 의미하지 않으며, 오히려 법실증주의와 자연법론의 대립을 넘어선 제3의 길을 모색하는 시도로 이해된다. 알렉시는 라드부르흐의 공식, 즉 부정의하거나 악한 법은 정의와 평등을 의도적으로 거부할 때만 법적 유효성을 상실한다는 공식을 옹호한다. 그의 이론적 작업은 현대 독일 법철학의 고전적 작품이자 현대 법학의 지배적 정통성에 대한 영향력 있는 도전으로 평가받는다. 알렉시는 법과 도덕의 관계를 탐구하기 위한 다양한 전제나 관점들의 복수성을 대표할 수 있는 다섯 가지 구별로 구성된 개념적 틀 안에서 자신의 논증을 전개한다.

2) 법의 이중 본성과 정확성에 대한 요구: 개념적 연결의 논증

법은 필연적으로 정확성에 대한 요구(claim to correctness)를 제기하며, 그 요구의 내용은 부분적으로 도덕적 성격을 가진다고 제시된다. 이는 알렉시가 『법적 논증 이론』(1978)에서 처음 도입하고 이후 법과 도덕의 필연적 연결에 관한 논문(1990), 『Begriff und Geltung des Rechts』(1992) 그리고 『The Argument from Injustice』(2002)에서 더욱 발전시킨 핵심 개념이다. 알렉시는 법이 단순한 사회적 사실이 아니라 규범적 타당성을 요구하는 명령이라는 점에서 도덕적 정당성을 전제한다고 주장한다. 그는 법의 이중 본성(dual nature of law)을 제시하는데, 이는 사실적 차원(실제적 존재와 시행)과 이데알적 차원(규범적 정당성)을 모두 포함한다. 알렉시에 따르면 이러한 이중 본성 명제는 비실증주의를 함의한다.

법체계의 모든 구성 요소는 정확성에 대한 요구를 제기하며, 이는 법이 본질적으로 도덕적 차원을 내포한다는 점을 시사한다. 그러나 이러한 정확성에 대한 요구는 단순한 요구일 뿐 정확성 그 자체가 아니므로, 이 요구가 충분히 정당화될 수 있도록 하기 위해서는 추가적 단계들이 필요하다. 알렉시는 이를 위해 부정의 논증과 원칙 논증을 추가로 도입한다. 정확성 논증은 법체계가 행위자적 수행모순(performative contradiction)에 빠지지 않기 위해서는 어떤 형태의 도덕과 필연적 연결을 가져야 한다는 것을 보여준다. 이러한 접근법을 통해 법과 도덕 사이의 개념적으로 필연적인 연결의 첫 번째 형태를 확립하려고 시도한다. 그의 논증은 법이 단순한 권력의 산물이 아니라 정당성을 추구하는 규범적 기업이라는 점을 강조한다.

3) 라드브루흐 공식의 재구성과 극단적 부정의 이론

라드브루흐 공식은 알렉시의 재구성을 통해 극단적 부정의가 법적 지위를 상실한다는 명제로 발전한다. 라드브루흐 공식은 "극단적 부정의는 법이 아니다(Extremes Unrecht ist kein Recht)"라는 참을 수 없음의 공식(Unerträglichkeitsformel)을 핵심으로 한다. 알렉시는 1941년 제11차 제국시민법 시행령(11. Verordnung zum Reichsbürgergesetz)을 예로 들어, 인종적 이유로 이주한 유대인들의 시민권을 박탈한 법률을 분석한다. 그는 관찰자의 관점에서 개별적인 극도로 부정의한 규범들을 고려할 때, 부정의 논증이 충분하지 않다고 인정하면서도 참여자의 관점에서는 다른 결론에 도달할 수 있다고 주장한다.

알렉시의 참여자 명제(participant-thesis)는 법체계의 참여자가 이 법체계에서 법적 질문에 대한 정확한 답을 구하는 관점에 의해 논증된다. 이는 라드부르흐의 공식과 법관이 구체적 사건을 결정할 때 원칙들을 형량하는 과정에 대한 호명을 통해 입증된다. 알렉시는 이를 통해 법 개념이 법실증주의의 고전적 요소들인 권위적 제정과 사회적 효력성을 비실증주의적 법이론의 요구인 내용의 정확성과 체계적으로 연결한다고 주장한다. 그의 라드브루흐 공식 재구성은 단순히 도덕적 직관에 의존하는 것이 아니라 법 개념의 논리적 구조에 기반한 철학적 논증으로 제시된다. 알렉시는 극도로 부정의한 법이 법적 지위를 상실하는 것은 도덕적 평가의 결과가 아니라 법 개념 자체의 논리적 귀결이라고 본다. 이러한 접근법은 법의 정체성과 연속성에 대한 새로운 이해를 제공하며, 극한 상황에서의 법적 판단에 대한 이론적 기준을 제시한다.

4) 통합이론과 현대 법철학에의 기여: 실증주의를 넘어선 법 개념

개념적 논증만으로는 법과 도덕 사이의 강한 연결을 확립하기에 부족하고, 규범적 논증만으로는 법의 본성을 설명하기에 한계가 있다는 점이 지적된다. 두 논증이 결합될 때 비실증주의적 법 개념이 지지 되며, 이는 포괄적 법 이론으로서의 법실증주의를 전복하는 결과로 이어진다. 알렉시는 자신의 최종적 법 정의에서 권위적 제정(ordnungsgemäße Gesetztheit), 사회적 효력성(soziale Wirksamkeit), 내용적 정확성(inhaltliche Richtigkeit)의 요소들을 체계적으로 연결한다. 이러한 통합적 접근법은 법실증주의의 핵심 요소들을 완전히 거부하지 않으면서도 도덕적 차원을 법 개념에 통합하려는 시도로 이해된다.

연결명제(Verbindungsthese)는 법 개념이 도덕적 요소를 포함하도록 정의되어야 한다는 점을 강조하며, 이러한 도덕적 요구 사항은 개념적 명확성을 위해 최소한의 수준으로 제한된다. 그는 정확성 논증, 부정의 논증(라드브루흐 공식에 대한 논증), 그리고 Ronald Dworkin과 자신의 기본권 이론에서 착안한 원칙 논증을 통해 이러한 연결명제를 정당화한다. 알렉시의 이론은 단순한 자연법론으로의 회귀가 아니라 법의 실증적 차원과 규범적 차원을 모두 인정하는 정교한 이론적 구조를 제시한다. 그의 작업은 현대 법철학에서 법실증주의와 자연법론 사이의 오래된 대립을 극복하려는 중요한 시도로 평가받으며, 헌법국가의 민주적 요소들을 모두 포괄하는 실천적 이성의 제도화 체계로 발전되었다. 알렉시의 이론적 기여는 법 개념에 대한 새로운 이해를 제공할 뿐만 아니라 극한 상황에서의 법적 판단과 민주적 헌법국가에서의 법의 역할에 대한 중요한 통찰을 제공한다. 그의 통합이론은 법학과 도덕철학, 정치철학 사이의 학제적 대화를 촉진하는 중요한 이론적 자원이 되고 있다.

8. 하버마스의 입장

1) 하버마스의 법-도덕 관계론: 전통적 이분법의 극복

하버마스(Jürgen Habermas)는 『사실성과 타당성(Between Facts and Norms)』에서 법철학의 가장 근본적인 문제 중 하나인 법과 도덕의 관계를 담론이론의 관점에서 혁신적으로 재구성한다. 그는 기존 법철학이 법실증주의의 '분리 명제(Separability Thesis)'와 자연법론의 '동일 명제(Identity Thesis)' 사이에서 극단적으로 양분되어 있다고 진단한다. 법실증주의자들, 특히 H.L.A. Hart는 법의 존재와 도덕적 가치를 개념적으로 엄격히 분리함으로써 법학의 과학적 객관성을 확보하려 했지만, 이는 법의 정당성 문제를 해결하지 못하는 한계를 드러낸다. 반면 자연법론자들은 법과 도덕을 본질적으로 동일한 것으로 보거나 법이 도덕에 종속되어야 한다고 주장하지만, 현대 다원사회에서 보편적으로 수용될 수 있는 도덕적 기준을 제시하지 못한다는 문제가 있다. 하버마스는 이러한 양극단의 접근법이 모두 법과 도덕의 관계를 '외재적(external)'으로만 이해하거나 '환원주의적(reductionist)'으로 단순화한다고 비판한다. 그는 대신 법과 도덕이 모두 규범적 타당성을 추구하는 담론적 질서에 속하면서도, 각각 고유한 사회적 기능과 제도화 방식을 갖는 '내재적으로 연관된 상이한 규범 영역'으로 이해해야 한다고 제안한다.

2) 담론원칙을 통한 규범적 정당화: 도덕과 법의 구조적 차이

하버마스의 담론이론에서 도덕과 법은 모두 동일한 '담론원칙(Discourse Principle, D)'에 의해 정당화되지만, 그 적용 방식과 사회적 기능에서 근본적 차이를 보인다. 담론원칙 D는 "실천적 담론의 참여자로서 영향을 받는 모든 사람들의 동의를 얻을 수 있는 규범만이 타당성을 주장할 수 있다"고 규정한다. 도덕 영역에서는 이 원칙이 '보편화 원칙(Universalizability Principle, U)'으로 구체화되어, 모든 행위자에게 동등하게 적용될 수 있는 규범의 정당성을 요구한다. 도덕적 규범은 본질적으로 전면적이고 수평적인 관계 속에서 성립하며, 모든 도덕적 행위자 간의 직접적 대화 가능성을 전제로 한다. 반면 법 영역에서는 동일한 담론원칙이 '민주주의 원칙(Democracy Principle)'으로 변환되어, 제도화된 절차와 강제력을 통해 형식화된 정당성을 구성한다. 법은 다양한 이해관계자들 사이의 갈등을 합법적 절차를 통해 조정하고 결정하는 제도적 기능을 수행하며, 이 과정에서 민주적 입법과 헌법적 규범 체계를 통해 정당화된다.

이러한 구조적 차이는 도덕과 법의 사회적 역할에서도 명확히 드러난다. 도덕은 개인의 양심과 상호주관적 승인에 의존하여 '내적 제재'의 형태로 작동하는 반면, 법은 국가의 합법적 폭력 독점을 배경으로 한 '외적 강제'를 통해 실효성을 확보한다. 하버마스는 이를 통해 법이 단순한 실정질서가 아니라 도덕적 통찰과 공적 담론에 기반한 절차적 정당화 구조를 갖는 '제도화된 규범 체계'임을 논증한다. 특히 현대 복합사회에서 도덕만으로는 해결할 수 없는 복잡한 이해관계의 조정과 집합적 행동 문제의 해결을 위해 법적 제도화가 필수적이라고 강조한다. 이는 법이 도덕의 단순한 연장이나 대체물이 아니라 도덕적 직관을 사회적으로 구현하는 독자적이고 불가결한 매개체임을 의미한다. 따라서 하버마스에게 법과 도덕의 관계는 경쟁이나 종속의 관계가 아니라 '기능적 분화와 상호 보완'의 관계로 이해된다.

3) 절차적 정당성과 민주적 자기 입법: 현대 법철학에의 함의

하버마스가 제시하는 법-도덕 관계론의 핵심은 '절차적 정당성(procedural legitimacy)' 개념에 있다. 그는 법의 정당성이 특정한 실질적 내용에의 일치가 아니라 민주적 담론과 참여를 통한 절차적 합의에서 나온다고 본다. 이는 칸트의 자율성 개념을 계승하면서도 개별 행위자의 내적 이성보다는 시민들 간의 상호주관적 담론을 강조하는 '상호주관적 전회(intersubjective turn)'를 보여준다. 민주주의적 입법과정은 바로 이러한 담론적 정당화의 제도화된 형식으로써 시민들이 자신들에게 적용될 규범을 평등하게 논의하고 결정할 수 있는 절차적 장치이다. 하버마스는 이를 통해 근대 민주주의의 정당성 원리가 단순한 다수결이 아니라 '모든 영향받는 자들의 담론적 참여'에 기반해야 함을 논증한다. 이러한 관점에서 법은 시민의 자율성을 제약하는 외적 강제가 아니라 시민들이 스스로 제정한 규범을 통해 집합적 자율성을 실현하는 매개체가 된다.

이 이론적 틀은 현대 법철학과 정치철학에 중요한 함의를 갖는다. 첫째, 하버마스는 법실증주의의 제도적 통찰력과 자연법론의 규범적 지향을 담론이론을 통해 종합함으로써 두 전통의 일방적 한계를 극복하는 '제3의 길'을 제시한다. 둘째, 그의 이론은 법의 정당성과 민주적 자기결정 사이의 구조적 연관성을 밝힘으로써 법치주의와 민주주의의 내적 통일성을 이론적으로 해명한다. 셋째, 글로벌화와 다문화주의가 진전되는 현대사회에서 보편적 정의 원리와 문화적 다양성을 조화시킬 수 있는 절차적 접근법의 가능성을 열어준다. 넷째, 그의 담론적 법개념은 시민사회와 공론장의 역할을 재평가하게 하며, 법의 민주적 정당성이 단순히 선거와 의회를 통해서만이 아니라 활발한 시민적 담론을 통해 지속적으로 재생산되어야 함을 시사한다. 마지막으로, 이 이론은 헌법해석과 사법심사의 민주적 정당성 문제에 대해서도 새로운 관점을 제공하며, 법관들이 단순한 법 적용자가 아니라 헌법적 담론의 중요한 참여자임을 부각시킨다.

드워킨의 비판에 직면한 법실증주의는 내부적 분화를 겪게 되었으며, 이 과정에서 배타적(exclusive) 법실증주의와 포괄적(inclusive) 법실증주의로 분기되었다. 라즈는 『법의 권위』에서 법의 권위가 도덕적 이유를 대체하고 배제하는 "exclusionary reasons"에 기반한다고 주장하여 정교한 배타적 법실증주의를 옹호하였다(Raz, 1979/2009). 라즈의 배타적 법실증주의는 법의 내용이 도덕적 고려에 의해 결정될 수 있음을 인정하면서도,

법의 존재와 내용은 사회적 출처에 의해서만 결정된다는 출처명제(sources thesis)를 견지하였다. 라즈는 법의 권위가 "서비스 개념(service conception)"에 기반한다고 보았는데, 이는 법이 시민들이 독립적으로 해야 할 도덕적 계산을 대신 수행하여 전반적으로 더 나은 결과를 가져다준다는 의미이다. 그는 법이 도덕적 고려를 참조할 경우 이러한 권위적 기능을 수행할 수 없다고 주장하면서, 승인규칙이 도덕적 기준을 포함하는 것은 개념적으로 불가능하다고 보았다. 라즈는 또한 "pre-emption thesis"를 통해 법적 권위가 기존의 도덕적 이유들을 대체하고 배제한다고 강조하였으며, 이는 법의 실천적 권위를 설명하는 핵심 개념이 되었다. 반면 줄스 콜먼(Jules Coleman)은 드워킨(Ronald Dworkin)이 제기한 법실증주의 비판을 수용 가능한 범위에서 흡수하면서도, 법의 성립과 타당성을 궁극적으로 사회적 사실에 근거시키려는 실증주의적 기획을 유지하기 위해 포괄적 법실증주의(inclusive legal positivism), 곧 통합 법실증주의(incorporationism)를 옹호하였다. 이 입장은 하트(H. L. A. Hart)의 틀을 대체하기보다는 수정·정교화하는 방식으로, 하트와 드워킨 사이의 중간적 지점을 이론적으로 정식화하려는 시도로 이해될 수 있다. 콜먼의 핵심 전략은 법실증주의의 중심 명제 가운데 하나로 논의되어 온 분리명제(separability thesis)를 "법과 도덕 사이에 필연적(necessary) 연결이 존재한다"는 테제를 부정하는 최소한의 주장으로 재해석하는 데 있다. 이 재해석에 따르면 분리명제는 법의 존재 조건이 반드시 도덕적 기준을 포함해야 한다거나 반드시 배제해야 한다는 강한 형태의 결론을 함의하지 않는다. 오히려 특정 법체계가 채택한 승인규칙(rule of recognition)이 우연적(contingent)으로 도덕적 기준을 편입할 수 있다는 가능성을 열어 둔다. 예컨대 어떤 헌정 질서가 "잔인하고 비정상적인 처벌은 금지된다"와 같은 도덕적·평가적 용어를 법적 타당성 판단의 기준으로 삼을 수 있으며, 그 경우 해당 용어는 단순한 수사적 장식이 아니라 어떤 규범이 '법'으로 인정되는지 결정하는 조건으로 기능할 수 있다. 다만 콜먼은 이러한 도덕적 조건들조차 그 법체계 내부에서 법적 구속력을 갖는 이유를 도덕적 진리의 자족적 권위가 아니라 사회적 수용과 제도적 관행이라는 출처에 두려 한다. 즉 승인규칙이 도덕적 기준을 포함하는 것은 가능하지만, 그 포함 자체가 성립하는 근거는 결국 어떤 사회가 특정 기준을 "법적 타당성의 표준"으로 받아들이는 사회적 사실이라는 점에서 그는 법실증주의의 근본 정신을 보존하고자 한다.

이와 같은 입장 설정은 법적 타당성이 오직 사회적 출처에 의해서만 결정된다고 보는 배타적 법실증주의(exclusive legal positivism)의 출처명제(sources thesis)와의 분기점을 분명히 한다. 배타적 법실증주의는 법을 성립시키는 근거에서 도덕적 요소를 원칙적으로 배제하려 하지만, 콜먼은 그러한 배제를 법실증주의의 필수 구성 요소로 보지 않는다. 그의 관점에서 법적 타당성은 사회적 출처에 의해 결정될 수도 있고, 승인규칙이 허용하는 경우에는 도덕적 내용에 의해 결정될 수도 있다. 이때 중요한 것은 도덕적 내용이 '직접' 타당성의 근거가 되는 것처럼 보이더라도, 그 도덕적 내용이 법적 판단 기준으로 작동하게 만드는 메커니즘은 승인규칙이라는 사회적 규칙과 그 규칙의 수용에 의해 설명되어야 한다는 점이다. 요컨대 콜먼은 "도덕이 법에 들어올 수 있다"는 점을 인정하면서도 "도덕이 법을 법이게 하는 최종 근거"라는 결론에는 이르지 않으려는 절충적 구조를 취한다.

스콧 섀피로(Scott J. Shapiro)는 21세기 법실증주의의 확장된 논의 지형에서, 법을 사회적 계획(social planning)의 한 형태로 이해하는 계획이론(Planning Theory of Law)을 제시함으로써 기존 실증주의의 설명 자원을 재배치하려 했다. 섀피로에 따르면 전통적 실증주의는 법을 규칙 중심적(rule-centered)으로 설명하는 경향이 강했는데, 이러한 접근은 현대 법체계가 수행하는 거대하고 복잡한 조정 기능 그리고 제도·절차·권한 배분과 같은 구조적 측면을 충분히 포착하지 못한다는 한계를 드러낸다. 그가 제안하는 대안적 틀에서 법체계는 단순히 개별 규칙들의 집합이 아니라 대규모 사회 집단이 공유하는 복합적이고 포괄적인 계획(complex plan)으로 이해된다. 대규모 공공 사업의 추진, 광범위한 사회적 협력의 필요, 이해관계자 간 충돌의 관리와 같은 문제들은 개별 행위자들의 분산적 판단만으로는 효율적으로 해결되기 어렵고, 따라서 법은 집단적 행위를 조직하고 조정하기 위해 발전된 정교한 사회 기술(social technology)로써 작동한다. 여기서 '계획'은 목표와 수단, 절차와 권한, 수정 메커니즘과 집행 장치를 포함하는 구조적 틀을 의미하며, 법은 그 틀을 통해 불확실성을 줄이고, 상호 예측 가능성을 높이며, 집단적 행위의 비용을 낮추는 방향으로 기능한다.

섀피로의 계획이론은 법의 권위(authority of law)를 설명하는 방식에서도 특징적이다. 그의 관점에서 법이 구속력을 갖는 이유는 초월적 도덕성의 명령이라기보다, 사회 구성원들이 공동의 문제 해결을 위해 계획에 참여하고 협력할 때 발생하는 조정의 효율성과 성과에 근거한다. 계획은 구성원들 사이의 전략적 불확실성을 제거하고, 공통 목표를 향해 행동을 정렬하며, 각자가 독립적으로 행동할 때보다 더 나은 결과를 산출하도록 설계된다. 따라서 법의 권위는 강제의 사실만으로 환원되지도 않고, 도덕적 정당화만으로 성립하는 것도 아니며, 집단적 실천으로서 계획이 수행하는 조정 기능과 그 기능을 가능하게 하는 제도적 구조에 의해 설명된다.

마지막으로 섀피로는 하트의 승인규칙 개념을 계획이론의 어휘로 재해석함으로써 실증주의의 핵심 직관과 자신의 이론을 연결한다. 승인규칙은 법적 계획을 제정하고 수정하는 최상위의 지침적 계획(master plan)으로 이해될 수 있으며, 이를 통해 어떤 규범이 법체계에 편입되는지, 어떤 방식으로 변경되는지, 누가 어떤 절차로 권한을 행사하는지가 규정된다. 이 재구성은 법의 존재가 사회적 출처(social sources)에 의존한다는 실증주의의 중심 명제를 유지하면서도, 법을 단순한 규칙 목록이 아니라 목적 지향적인 사회적 실천이자 체계적 조정 장치로 파악하게 해 준다. 다만 이러한 서술은 사용자가 제공한 요약을 바탕으로 한 학술적 정돈이며, 섀피로가 제시한 세부 논증(예컨대 계획의 합리성 조건, 권위의 정당화 범위, 도덕적 언어가 포함된 규범의 처리)에 대해서는 원저 텍스트의 정확한 문맥과 용례를 확인하는 추가 검토가 필요하다는 점은 방법론적으로 유보되어야 한다.

대표 참고문헌

Fuller, L. L. (1958). Positivism and fidelity to law: A reply to Professor Hart. *Harvard Law Review*, 71(4), 630-672.

Dworkin, R. (1967). The model of rules. ***University of Chicago Law Review***, 35(1), 14-46.

Dworkin, R. (1984). ***Taking rights seriously***. Harvard University Press. (Original work published 1977).

Hart, H. L. A. (1961). ***The concept of law***. Oxford University Press.

Radbruch, G. (2006). Statutory lawlessness and supra-statutory law (S. L. Paulson & B. L. Paulson, Trans.). ***Oxford Journal of Legal Studies***, 26(1), 1-11. (Original work published 1946)

Alexy, R. (2002). ***The argument from injustice: A reply to legal positivism*** (S. L. Paulson & B. L. Paulson, Trans.). Oxford University Press. (Original work published 1992)

Raz, J. (1979). ***The authority of law: Essays on law and morality***. Oxford University Press.

Habermas, J. (1996). ***Between facts and norms: Contributions to a discourse theory of law and democracy*** (W. Rehg, Trans.). MIT Press. (Original work published 1992)

정의가 없는 자유
: 법, 자유, 정의란 무엇인가?

초판발행 2026년 01월 09일

지 은 이 | 전형준 이현정
디 자 인 | 이나영
발 행 처 | 주식회사 필통북스
출판등록 | 제2019-000085호
주 소 | 서울특별시 관악구 신림로59길 23, 1201호(신림동)
전 화 | 1544-1967
팩 스 | 02-6499-0839
홈페이지 | http://www.feeltongbooks.com/

ISBN 979-11-6792-249-6 [93360]

정가 18,000원

삼원사는 교육미디어그룹
주식회사 필통북스의 인문서적 임프린트입니다.